JN299780

グローバリゼーションと社会学

モダニティ・グローバリティ・社会的公正

宮島 喬／舩橋晴俊／友枝敏雄／遠藤 薫
[編著]

ミネルヴァ書房

はしがき

　21世紀を迎えて，グローバリゼーションは，ますます加速化している。たとえば輸出に依存する日本の企業の収益が，円安あるいは円高によって大幅に変動し，企業の存続そのものを大きく左右することは，経済分野におけるグローバリゼーションの著しい進行を象徴的に示している。社会学研究者の目からは，グローバリゼーションはどうとらえられるか。

　グローバリゼーションを一般的に定義するならば，社会変動が国民国家を超えて地球規模で生起するようになることであり，より具体的に定義するならば，人の交流，モノの交流，情報の交流が国境を越えて起こるプロセスだといえる。

　現代社会の原型を，母なる西欧近代の胎内に求めるのが社会科学およびその一分野としての社会学の通説であり，西欧近代においてはじめて，人々の活動は国民国家の枠組みに位置づけられるようになった。ひとつの極論ではあるが，西欧近代が生み出した国民国家が一種のフィクション（擬制）だとすれば，近代社会の根幹をなす個人もまた一種のフィクション（擬制）だということになろう。もちろん，ここでフィクション（擬制）という意味は，国民国家も個人もまったく実体を伴っていなかったという意味ではない。現実を抽象化した理念的実在としての「国民国家」や「個人」という概念をもちいて，さまざまな社会制度がプランニングされ，社会が構想されていったという意味である。

　しかるに20世紀後半からの世界の動き（＝グローバリゼーションの進行）は，「国民国家」の概念を解体し，失効させていった。と同時に，私たちの「社会」イメージを変容させていった。近年，日本の若者が発する「社会が見えない」「社会というものが実感できない」という言葉の背景に，グローバリゼーションの進行に伴う「社会」像のゆらぎがあると考えるのは，あながち的はずれではあるまい。

グローバリゼーションの進行と「社会」像のゆらぎは，「人と社会のあり方」を追究する社会学という学問にとって，解体の危機であるとともに再生のチャンスでもある。かくて本書は，今まさに私たちの世界を覆い尽くそうとしている，グローバリゼーションという事象を読み解くことによって，社会学の有効性を問い直す試みである。

　本書は，グローバリゼーションという事象を，事象それ自体に密着した形で社会学の立場から分析する第Ⅰ部と，逆に社会学という学問の意義をグローバリゼーションの多様な側面を素材にしながら明らかにする第Ⅱ部とからなる。

　読者の皆さんが，本書を通して，将来社会の姿が少しずつではあるが見えるようになり，「人と社会のあり方」について思いをめぐらせることができるようになるならば，本書を世に問う目的はほぼ達成されたといってよいであろう。

　書かれたものの読み方は，まったく自由であり，読者に委ねられている。誤読もまた，読者のその後の人生の糧になるのであればゆるされてしかるべきであろう。「斜めからの」シニカルな読み方が新しい発想につながることもあるであろう。しかしながら本書を執筆した14名の執筆者（コラムを含めると18名の執筆者）のグローバリゼーションを語る熱い思いと本書の目的を，読者の皆さんが少しでも共有して下さるならば，執筆者たちにとってこれにまさる喜びはない。

　　　2013年3月

　　　　　　　　　　　　　　　　　　　　　　　　　　　編　者　一　同

グローバリゼーションと社会学
―モダニティ・グローバリティ・社会的公正―

【目　次】

はしがき

序章　グローバリゼーションと社会学………**宮島喬・友枝敏雄・遠藤薫** 1
 1　グローバリゼーションの社会的インパクト　1
 2　問われる社会学的パラダイムと公正の問題　3
 3　モダニティ，グローバリティと社会学的思考　5
 4　取り上げる諸テーマと問題提起　9

第Ⅰ部　公正な社会を求めて

第**1**章　グローバリゼーションの経験と場所…………**伊豫谷登士翁** 19
 1　グローバリゼーション研究の課題　19
 2　領域の解体とあらたな場所性の構築　22
 3　グローバリゼーションの経験──「格差社会」をめぐって　30

第**2**章　グローバリゼーションとEUのアイデンティティ……**宮島　喬** 38
 ──国民国家からいずこへ
 1　国民国家の相対化　38
 2　ローマ条約と「超国境ヨーロッパ」　40
 3　主権の委譲ということ　42
 4　「人の自由移動」とは何か　44
 5　移動の自由と人権原理　46
 6　生活の保障はどこが与えるか　49
 7　反グローバリゼーション　50
 8　むびにかえて──国民国家からいずこへ　53

目次

第3章　アジアにおけるグローバリゼーションとローカルなもの……吉原直樹 58
　　　　――メガシティ・ジャカルタの都市再生をめぐって
　1　カウンターグローバリゼーションとローカルなもの　58
　2　コロニアル体制とカンポン　60
　3　KIPとガバメントの機制　63
　4　ポストコロニアルとメガシティ　67
　5　ポストKIPとガバナンスの地平　69
　6　ローカルなものの両義性　71

第4章　グローバリゼーションから「アジア社会学」へ……園田茂人 77
　　　　――新たな学問的要請をめぐって
　1　社会学と地域研究――乖離から協力へ？　77
　2　グローバリゼーションがもたらす社会学へのインパクト　79
　3　グローバリゼーションの中の「固有性（ローカリティ）」――中国を事例に　85
　4　グローバリゼーションと「アジア社会学」の探究　89

第5章　グローバリゼーションとフェミニズムの挑戦……牟田和恵 99
　1　フェミニズムの課題　99
　2　フェミニズムの困難　100
　3　ケアへの着目とフェミニズムの展開　105
　4　ナショナリズムを超える　112
　　　　――戦時性暴力・基地性暴力に抗する取り組みとフェミニズム
　5　社会学への示唆――むすびにかえて　115

第6章　リスク社会と再帰性……長谷川公一 120
　　　　――福島第一原発事故をめぐって
　1　リスク社会と再帰的近代化論　120
　2　福島第一原発事故のリスク社会論的考察　124

v

第7章　グローバリゼーションとエネルギー・環境問題……舩橋晴俊　139
　　　──システム準拠的制御の可能性
　　1　グローバリゼーションの意味とふたつのタイプの制御努力　139
　　2　エネルギーとグローバリゼーション　143
　　3　環境主義によるあらたな制御努力の登場　148
　　　──グローバリゼーションと制御問題の位相の変化

第Ⅱ部　モダニティからグローバリティへ

第8章　第二の近代と社会理論……友枝敏雄　163
　　1　社会学の対象　163
　　2　社会学の方法　168
　　3　20世紀から21世紀へのトレンド　172
　　4　21世紀の社会理論をめざして　175

第9章　モダニティのあとの社会学の課題……盛山和夫　188
　　　──グローバリゼーションにおける可能性
　　1　危機の学問から学問の危機へ　188
　　2　モダニティの学の終焉　193
　　3　ポスト近代型社会学の道　198

第10章　モダニティの理想と現実……山田真茂留　205
　　　──グローバル時代のコミュニティとアイデンティティ
　　1　連帯の夢と実態　205
　　2　コミュニティとアイデンティティの現在　209
　　3　多文化主義の光と翳　214
　　4　社会の理解と構想　218

目　次

第**11**章　モダニティ・グローバリティ・メディアリティの交差 ……… **遠藤　薫** 230
　　　　　　──社会変動をあらたな視座からとらえる
　　1　「グローバリゼーション論」再考　230
　　2　グローバリゼーションと情報／メディア問題　231
　　3　〈近代化〉というグローバリゼーション　232
　　　　　　──印刷革命から近代国家体制
　　4　〈近代〉の進化か，〈近代〉の反転か──情報革命　233
　　5　2011年初頭における世界変動　235
　　　　　　──欧米中心主義に対するアジア・アフリカの動き
　　6　世界変動のあらたな理解　243
　　7　世界の変化とモダニティ・グローバリティ・メディアリティ　245

第**12**章　文化のグローバル化と「グローバル文化」論 ……**丸山哲央** 249
　　1　グローバル化と文化　249
　　2　社会学と文化概念　250
　　3　コミュニケーションメディアの変遷　252
　　4　文化のグローバル化と電子メディア　256
　　5　文化の実存的要素と評価的要素　259

第**13**章　グローバル化社会の理論社会学 ……………………**黒石　晋** 271
　　1　均等化と不均等化　271
　　2　グローバル化社会の構造──その過程と実在　272
　　3　グローバル化社会に出現する「制御システム」としての準・主体　274
　　4　不等価交換による搾取ではない，選択・制御である　283
　　5　「制御」の形式の復権　285

第14章　グローバリゼーション下での政治的なエスノセントリズム……**中井　豊**　291
　　　　　――進化シミュレーションをもちいた考察
　　　　1　グローバリゼーション下のエスノセントリズム　291
　　　　2　政治的な一般交換を行う社会　293
　　　　3　タグと自集団での評判にもとづく友人選別戦略　295
　　　　4　エスノセントリズムの進化シミュレーション　298
　　　　5　3つの均衡状態――ホッブズ状態，内集団びいき状態，博愛状態　300
　　　　6　エスノセントリズムとリベラル多文化主義の発生　304

あとがき　309
索　　引

Column

1　グローカリズム――共生配慮型社会へ…今田高俊　93
2　social と modern…厚東洋輔　183
3　モダニティのコンテクスト…井上　俊　225
4　公平な分配はいかにして社会に広がるのか？…佐藤嘉倫　265
　　　――公平な分配とシミュレーション

序　章

グローバリゼーションと社会学

宮島喬・友枝敏雄・遠藤薫

1　グローバリゼーションの社会的インパクト

　20年前の標準的な社会学テキストをひも解くと，南北問題や開発・発展の問題に論及しているものはあれ，地球環境問題，国際社会などを正面から取り上げるものはまれで，「モダニティ（modernity）」や「グローバリゼーション（globalization）」のタームも使われていない。この間に社会学のパラダイムがかなり変わったことがわかる。

　経済の領域は別として，社会科学一般でグローバリゼーションが論じられるようになるのは，1990年代半ば頃からではなかろうか。長いタイムスパンで，モダニティ（近代）の一様相としてこれを見ようとすれば，17世紀ヨーロッパに遡り，局地的共同体から社会関係が「離床〔ディスエンベッディング〕」していく過程をたどるというアプローチも成り立つ（Giddens 1990）。経済についてはすでに19世紀，英国の綿製品がインドを席巻し，中国，日本の陶磁器や絹が欧米市場に登場するなど，国家，地域を超える関係性を一部生みだしていたのは周知の通りである。しかしグローバリゼーションを今日的な，後期モダニティの特質として急進させたのは，過去20年ほどの間に世界規模で生じた経済的・社会的・技術的与件の大きな変化ではなかろうか。

　それについては別の機会に触れたが（宮島 2009），いま簡単に挙げると，①東西対立の終焉（アジアは部分的にのみ）による資本主義市場経済の世界化，

②IT 及び衛星技術の発達による高速・大量の情報化，③人の国際移動の増加，及びそれの含意する国家主権の相対化，④ブルントラント委員会報告書『われわれの共通の未来』(1987年) 等をきっかけとする地球環境問題の認識。

そこで，最大公約数的理解では，グローバリゼーションとは，市場の世界化，国家主権の相対化，電子的技術の発達による通信・交通・情報処理の高速化・低価格化にもとづく，資本，サービス，情報，人の国境を越える大量の移動，及びそれによる経済，政治，社会の構造の再編成を指す。またそれは「リスク社会」(U. ベック) という特質を強める。以上の諸変化が「圧縮された短期間」に生じたことも重要かもしれない (Mittelman 1996：1)。

グローバリゼーションそれ自体はおそらく肯定も否定もすべきものではなく，不可逆の過程とみるべきだろう。生活の合理化，利便性の増進という面からとらえる見方もなりたとう。だが，それが特定の条件の下で生じさせた諸結果は，人々の生活にあらたな機会と可能性を開くかと思えば，未曾有の困難や課題を投げかけてもいる。

たとえば発達した IT 技術を駆使して自らの活動を飛躍的に広げる者もいれば，ディジタル・ディバイド (情報格差) の犠牲者として取り残される人々もいる。グローバル経済の中で巨大市場を得て富裕化する層もあれば，競争にさらされ労賃コストの抑制に乗り出した企業により，非正規雇用に就く人々が大量に生み出されるケースもある。またグローバル経済の一部に組み込まれる発展途上国では，資源の利権をもつ一部の人々が急に富裕化するかと思うと，民衆は雇用に就けず，先進諸国が開く不熟練労働市場をめざして移民し，その国の底辺労働者層を形成しなければならない。グローバル化する経済はたいてい関係国家に対し規制緩和を要求する。それにより利益を得る経営者，消費者もいる。しかし存立の危うくなるローカル企業もあり，また「周辺（ペリフェリー）」の国・地域で，公害，環境破壊の"輸出"を経験する所も少なくない。

その現実の様態に目を向け，整理するなら，グローバリゼーションは，①経済的不均等発展，②デモクラシー及び市民層の成熟度の違い，③変動の制御技術の発達・未発達，④政治体制，制度の違い，⑤エスニシティ，ジェンダー，

宗教，エートスなど属性，文化の差異の存在，のなかで進行することにより，さまざまな社会学的問題を生じる。

2 問われる社会学的パラダイムと公正の問題

　本書第Ⅰ部では，グローバリゼーションの現実過程を問題にする。従来，社会学的考察では，対象の社会とはしばしば国民国家と重ね合わされる国民社会 (national society) だったが，今やそれは自明ではなくなり，国民社会を超えるトランスナショナルな関係性を分析に取り込まなければならなくなっている。これは第一の要請だが，グローバリゼーションの社会的帰結というと，地位分化，格差化，負の財の集中化などの形をとりやすい。それだけに社会学のパラダイムも，ボーダレス化と不均等，格差化の関係を視野に入れるものでなければならず，そのグローバル化された状況の公正 (jusutice) の如何をも問うことが必要になってくる。仮に公正を，①（狭義の）公正 (fairness)，②衡平 (equity)，③人権の三要素からなると考えるなら，これらに反する状態がさまざまな生活分野につくりだされがちだからである。

　不均等発展のなかで進むグローバリゼーションは，EUなどにも問題を投げかけているが，発展の不均等，格差の大きなアジアでいっそう複雑な問題を生じている。大量に外資が導入され，世界銀行資金が入るということは，グローバル基準で経済社会の編成変えを行うことを意味するのであり，地域の固有の経済や人々の共同関係が破壊される恐れがある。また，植民地支配の影響，政治体制の違い，道徳観の相違などが，グローバリゼーションへの適応の仕方にかなりの差異をもたらしている。かつてW.キムリッカらは，「アジア的多文化主義」を主題とする一書を編み，グローバリゼーションのアジア的特徴をつかもうと，中国，タイ，インドネシア，インド，日本などの他と異なる固有性に光をあてたが，これは必要な研究といえる (Kymlicka and He 2005)。

　一方，「環境的公正」の問題として論議されてきた事態があり (Bullard 2005)，世界的にも，一国内でみても，経済的に後進的な周辺部に廃棄物が捨

てられ，環境破壊の危険のある施設が集中的に配置される。したがってアメリカでは大統領令により，企業が操業を開始しようとする時，環境的公正を一条件として考慮しなければならないと定めた。潜在的な危険を秘めた原子力発電施設が周辺部に設けられるのは周知の通りで，天災や過誤により人々の制御を超えて暴走する時，グローバリゼーションの結果増幅的な被害をもたらす。その最たるものが原発事故で，フクシマはその例である。

　また，途上国出身の移民労働者が参加してくる労働の場で，エスニシティや文化を理由に待遇格差が持ち込まれるのは，グローバル労働市場の通常の姿となっている。平等待遇を法で定める国，ポジティヴ・アクションが導入されている国もあるが，二重労働市場が生まれるなど，平等化は容易には進まない。

　そしてグローバル化のなかで女性というアクターがどんな位置に置かれるか。カースルズとミラーは，今日の国際移動における「女性化」という特徴を強調したが（2011：13, 14），従前の共同体の下で抑圧されつつ従属的役割を担っていた女性たちが，情報に接し，国境を超える市場に労働力を提供するようになっていることと関係する。それだけに家事労働，ケア労働などさまざまな面で，ジェンダーをめぐる平等，公正が問われるようになっている。また国境を超える紛争，戦争でジェンダー問題が告発されるようになったのも今日の特徴である。ユーゴ紛争の中で犯された「民族浄化」なる集団レイプは，オックスフォード・アムネスティ・レクチュアーズにおけるキャサリン・マッキノンの印象的な告発によって語られ，衝撃を与えた（Shute and Hurley, 1993）。

　いうまでもないが，そうしたグローバル化の諸変動の下で，行為者は受動性のなかにあるわけではない。社会的行為や社会運動に関心をもつ社会学が重視するのは，行為の再帰的ないし自省的（reflexive）なダイナミクスである。舩橋晴俊は，行為主体とグローバリゼーションの関係について，「行為機会の拡大」，「グローバリゼーションの進行への関与」，「行為の影響の拡大」等を指摘する（本書第7章）。ギデンズはモダニティの特質を再帰性にも求め，さまざまな社会運動や政治運動，科学者や専門家の異議申し立てが起こっていることを強調していた。

一方，Z. バウマンはグローバル化の下での「アイデンティティに関わる言説のおどろくべき増加」(Bauman 2002：471) に目を向ける。再帰的行為として，アイデンティティを求めての宗教帰依，地域主義へのコミットメント，あるいは半ばルーツ探しの父祖文化への傾倒なども起こりうる。文化の面へのグローバリゼーションの影響はそうした形でとらえられるのではないか。

3 モダニティ，グローバリティと社会学的思考

第Ⅰ部では，グローバリゼーションの現実過程と問題を扱うが，第Ⅱ部では，より理論的な立場から近代（モダニティ）を問い直したのち，モダニティとグローバリティとを貫いて流れる歴史変動のダイナミズムを，主に理論的に，また分析手法と関連させ，言い換えるとあらたな理論枠組み，あらたな分析手法によって読み解くことを試みる。以下では，第Ⅱ部の諸章を通してそのような試みを行うにあたり，それらに共通する前提となっている考え方を述べておこう。

社会学を少しでも学んだことのある人ならば常識に属することだが，社会学は母なるヨーロッパ近代の胎内において誕生した。

西洋史の世界では，ヨーロッパ近代の始まりをどこに求めるかについては，いくつかの議論がある。代表的なものとしては次の3つがある。時代順にあげるならば，第一は15世紀から16世紀にかけてのルネッサンスと宗教改革，第二は18世紀末におけるイギリスの産業革命とフランス革命，第三は19世紀末におけるイタリア，ドイツにおける近代国民国家の誕生である。このように近代の始まりについては約400年近い幅があり，それぞれ有力な議論なので，この3つの始まりについて優劣をつける必要はないであろう。

むしろここで重要なのは，それ以前の社会とは異なる社会が立ち現れたという認識が，ヨーロッパの人々に浸透していったことである。あえて一般化して述べるならば，当時のヨーロッパで生まれていた社会の形が，それまでの社会とは異なっており，〈社会〉が〈個人〉とも〈自然〉とも異なるものとして認

識されるようになった結果，社会事象を対象とする学問として社会科学が誕生したと言える。すなわち統治もしくは支配そのものを研究対象とする政治学，市場（財の交換）を研究対象とする経済学，近代社会そのものを研究対象とする社会学が誕生するのである。ちなみに社会学の起源を，「社会学（sociologie）」という言葉を紡ぎ出したオーギュスト・コントに求めるならば，社会学は19世紀前半に誕生したことになる。

　社会学は，近代社会そのものを研究対象にしていることから，「近代の自己認識の学」もしくは「近代の自己了解の学」と呼ばれている。近代に発見された個人が，「我思う（自己を意識し反省する）」主体であるのと同様に，近代を自己認識・自己了解するという社会学の営みには，当然のことながら近代そのものを批判し，否定する契機が含まれている。したがって自己批判・自己否定を通して社会を更新していくこともまた社会学が引き受けてきた課題である。社会の更新ということを具体的に述べるならば，社会問題の解決，社会の変革のための社会計画，新しい「社会」像の提示といったことになるであろう。いずれにせよ，近代を問い直すことが，誕生以来，社会学という学問の大きなミッションをなしている。

　では，本書が射程にしている20世紀後半以降の社会学的な〈知〉において，近代（モダニティ）を問い直すとともにグローバリティを読み解く作業はどのようになされてきたのであろうか。

　20世紀から21世紀への世紀の転換期における社会学的な〈知〉は，とくにふたつの焦点をめぐって構造化されてきた。そのひとつが，現代をポストモダニゼーションの過程とみなす「ポストモダン論」であり，もうひとつが現代をグローバリゼーションの席巻過程とみなす「グローバリゼーション論」である。たしかにポストモダン論は，「モダニティの彼方」にあるものを明瞭に提示しえない場合，単なる「モダニティ批判論」に堕する危険性をはらんでいる。しかしわたしたちが無意識に前提としていたモダニティの内実を，正面から問い直し，脱構築する可能性を示唆した点でポストモダン論は高く評価されるべきであろう。同様にして，グローバリゼーション論は，モダン社会の枠組みを超

える社会変動の趨勢を提示した点で優れていた。いずれにせよ両者は，21世紀の社会を対象化し，社会学的な〈知〉として再構成しようとする際に，もはや「近代化」という理論装置ではとらえられないことを白日のもとに曝した。ベックの指摘にならうならば，21世紀の社会は，「第一の近代」の位相にあるのではなくて，「第二の近代」の位相にあるのだ（Beck 1986＝1998, 2010）。

　第Ⅱ部の7つの章に共通するモチーフは，「第二の近代」という視点である。まず第Ⅱ部の最初の第8章，第9章，第10章では，現代社会が「第二の近代」の位相にあることをふまえながら，あらためてモダニティを問い直すことが意欲的に試みられている。これら3つの章の通奏低音をなすのは，モダニティの理想もしくは学知（Wissenschaft）が行き詰まり，その夢が破れた地平を乗り越え，ポスト近代型の社会学的な〈知〉を構築しようとする意図であり，社会学という学問を志した者ならではのアカデミックな試みである。

　かつてわが国では，「近代の超克」ということが言われた（柳父 1982）。これはかの戦時下の1942年に登場したものである。そして第二次世界大戦後には，「戦争の教訓」をふまえて近代主義者と呼ばれる知識人たち——丸山眞男，川島武宜，大塚久雄に代表される——が，日本社会の前近代性を指摘し，日本社会を近代化するための知的啓蒙を行った。「近代の超克」から70年以上，そして60年代に活躍した戦後知識人からは50年近く経ち，グローバル化の著しく進んだ現在においては，モダニティをとらえる視点は大きく異なっている。すでに述べたように社会学が，誕生以来，モダニティを直視し対自化することを存在理由としてきたことを想起するならば，この3つの章の試みはきわめてラディカルなものでありながらも，ひたすら社会学の王道に立ち返る学問的な営みだと言える。

　後に述べる第8〜10章が，どちらかといえば過去から現在へのパースペクティブに力点をおいて議論を展開しているのに対して，第11〜14章では，現在から未来へのパースペクティブに力点がおかれている。これら4つの章の通奏低音をなすのは，グローバリティもしくはグローバリゼーションというキーワードである。

グローバリゼーションとローカリゼーションというベクトルは，広義に考えれば，人類史上，つねに人間社会がその双方への動力を潜在させていたものであった。そして，たしかに，その時代時代において，中心的なパワーは自らの権力強化に向けた統一化を望み，一方，非中心的なパワーはそれに対抗的な価値を主張したといえるかもしれない。しかし，中心的なパワーにせよ非中心的なパワーにせよ，それらは必ずしも単独ではない。むしろ，複数であることの方が常である。しかも，いかに強力なパワーといえども，すべての価値を自らの内部からのみ生み出すことはできない——マクロな視点から世界システムを俯瞰するなら，「グローバリゼーション」は必ずしも強大なパワーの望む方向を指し示してきたとは限らないのである。グローバリゼーションといい，ローカリゼーションといい，グローカリゼーションといっても，世界システムの動きは，大小さまざまなパワーの相互作用の総体として現れる「意図せざる結果」に他ならない。

　文化におけるグローバリゼーションとローカリゼーションが，素朴な文化帝国主義論に見られるようなナイーブな一方向的グローバリゼーションのローカルへの浸透でないのは当然として，グローバル文化をローカライズする民衆のたくましさというグローカライゼーションという観点もまた，場合によってはミスリーディングを生じる。そもそもグローバルカルチャーとは，多様なローカルカルチャーの（ハイブリッドであるというよりも）吸収と再配分の動的様相なのである。

　しかしながら，では，そのような吸収と再配分を行う主体は誰かといえば，主体は不在なのである。多くの議論において，そのような〈主体〉は，〈アメリカ〉という国家に措定されるが，しかし，アメリカという国家はまさに移民の国として，ローカルの集積としてそこにあるのである。そして，アメリカもまた畢竟ひとつのローカルに過ぎない。

　「グローバル文化圏」とは，一種の仮想された空間に過ぎず，これを「アメリカ文化」というように実体化することは，大きな誤りを犯すことになる。むしろ，現在の世界状況を創り出しているのは，局所的に仮想された「グローバ

ル文化圏」を頂点として，重層的かつ循環的に構成されたモラルコンフリクトの動的システムであると言える。

4 取り上げる諸テーマと問題提起

　本書の各章のテーマとそこで提起される問題を以下に紹介し，位置づけておきたい。
　第1章の伊豫谷登士翁「グローバリゼーションの経験と場所」は，グローバル化の進む空間は均質な空間ではなく，統合の進む空間である半面，具体的な場ではさまざまな亀裂をつくりだしていることを強調する。経済的グローバリゼーションはたしかに旧来の「領域」を解体するが，あらたな不均等，不均衡領域をつくりだす。「世界のもっとも貧困な地域から移動してきた人々が，もっとも豊かだと言われる大都市のなかにコミュニティをつくりあげる」(29頁)。グローバル・シティと呼ばれる領域が，資本の戦略の場として，どのような格差化と再編成（家族やコミュニティ）を生んでいるかは大きな社会学的解明の課題であろう。と同時に，劣化した労働市場にどう介入するか，日常の生活をどう守るかは，反グローバリズム思考からではなく，グローバルな思考から創造なければならないとする。
　第2章の宮島喬「グローバリゼーションとEUのアイデンティティ」は，脱国民国家化を制度的に推し進めたEUを対象にし，各国の内なるデモクラシーと市民層の成熟ゆえに，開放と自由の政治空間をある程度実現したことをたどっている。だが，そうして生まれるグローバル空間は不況，格差化のなかで不安を抱える労働者など民衆層には，外からの力の侵入によっていつ何時雇用を奪われるかわからない脅威の空間として表象される。EUグローバリゼーションのこの光と影は，国民国家を超える共同体づくりが史上初に出会っている困難のテストケースではなかろうか。
　一方，アジアでは，このデモクラシーと市民層の成熟という条件を欠くなかで，また不均等発展と異質性の存在のなかで，グローバル化の波が及んでいる。

第3章の吉原直樹「アジアにおけるグローバリゼーションとローカルなもの」は，インドネシア都市の民衆居住の場であるカンポン（Kampung）の改善に焦点をあてる。西欧のようにまず国民国家の形成があって，その変質が起こるというよりは，植民地統治の下でゆがんだ社会・インフラの形成が先行してきたという事実が重要である。民衆の生活の貧困，不衛生，閉鎖コミュニティへの分断などは放置され，過去数十年の内にその改善が課題になると，それが一挙にグローバリゼーション過程に引き入れられる。送金（レミタンス）をめざしての大量の海外移民もひとつなら，外資導入，先進国 ODA の受け入れ，または世界銀行の融資に頼る経済発展と社会整備も行われる。事実，カンポンの整備は，グローバル化を象徴する世銀のプロジェクトとして，根本的には世銀基準で進められた。「住民参加」のモデルと称えられるが，結局は強権による「クリアランス」型へと変容を遂げているのではないか。
　中国を中心とした世界は，資本の活発な移動とアジア内外に広がる人の移動によってグローバリティを非常に増している。第4章の園田茂人「グローバリゼーションから『アジア社会学』へ」は，比較実証が可能なように，調査データ（アジア・バロメーター）にもとづき議論を進めているが，ヨーロッパと反対に，「アジア内部の共通性以上に，相違性への理解が求められるようになっている」という。ボーダレスな経済，資本移動の空間が生まれたかにみえながら，むしろ日，韓，中などの価値の相違を探ることがメインの主題になる「アジアの社会学」が必要となる，といったグローバリゼーション研究が重要となる。なお，この中国を中心とするアジアでは，国家主権の相対化という特徴は必ずしも指摘できず，グローバル化から利益を引き出すのに，国益の観点から国家が資本や人の移動を促進している点に特徴がある。
　第5章の牟田和恵「グローバリゼーションとフェミニズムの挑戦」は，ケアという営為の本来的なあり方を論じ，ケア責任が女性に偏って担われるという問題がグローバル化社会のジェンダー不公正の重要な次元であることに注意を喚起している。とりわけ，家事育児，介護を担う労働力が国境を超えた市場で求められ，途上国の女性がそのために移動するというグローバル化が起こって

いる。女性たちは低賃金としばしば労働法規の適用もない状況に置かれ，弱者移民（vulnerable migrants）というべく，公正，衡平，人権のいずれの観点からみても，不公正な条件にある。と同時に，もっと直接の性的暴力を生じるのもグローバル化世界である。戦争とは国境を超えて暴力を行使するもので，古来，女性を犠牲者とする性暴力は戦争につきものと言われた。それがあらためて国際人道法に反する罪として議論され，責任者訴追等に進んだのが90年代である。そうした関心の高まりのなかで日本の従軍慰安婦も問題化された。グローバル化時代のフェミニズムは，この認識転換に立ち，女性の「二級市民」化をあらためて問題視することから，従来の馴染みの個人的な「自立」，「平等」とは異なる，繋がりと相互依存の確認に立つ自立，平等を求めている。

第6章の長谷川公一「リスク社会と再帰性」は，原発事故という3・11以後日本社会のかつて経験したことのない危機の考察を通して，リスク内蔵社会のメカニズムに光をあて，再帰性の試練をも問おうとするものである。U.ベックによれば，原子力のような自己破壊的なメカニズムを内在させる第二のモダニティでは，いつそれがブーメラン的に向かってくるかわからない。福島原発事故がどれほど未曾有のもので損害額が算出不能なほど巨額であることは，ここで言うまでもない。ベック自身は，フクシマの衝撃と教訓から原発廃止に踏み切るドイツのメルケル首相に，原発事故の損害はとうてい支払い不可能としてその転向を促した学者のひとりである。本章は事故が引き起こされた背景と無防備なまま次々と取られていった安易な稼働措置を逐一検討し，ベックと認識を共有するとともに，原子力政策の転換のリーダーシップを欠く政治を日本的「無責任の構造」として批判する。

第7章の舩橋晴俊「グローバリゼーションとエネルギー・環境問題」は，エネルギー源の調達やその使用の産物の処理がグローバルな関係のなかで行われている現状を念頭に置き，最終解決の処方箋さえない原子力テクノロジーを主に対象に，制御という主体の行為がどんな可能性と未知の問題をもつかを検討している。それは，3つのメカニズム，すなわち「社会的ジレンマ」「環境負荷の外部転嫁」「自存化傾向の諸問題」よりなる環境問題に立ち向かうことを

意味する。これらを克服するような——超越的ではなく——システム準拠的な規範的原則を見出していかなければならない，とする。その考察は，超国籍的巨大企業一般の行動についてと同時に，フクシマの災害をもたらした巨大電力会社についても行われなければならない。

　第Ⅱ部では，グローバル化された近代を，社会問題においてよりも，社会学理論に内在させてとらえることになる。

　第8章の友枝敏雄「第二の近代と社会理論」では，「第二の近代」においては，社会学はその対象とするものにおいても，対象へアプローチする方法においても，革新を迫られているとして，著者はまず「第二の近代」における社会学がかかえこんだ方法論上の難点を指摘している。いうまでもなく社会学は，社会を対象とし，その社会で起こっている変動を記述し説明することを重要な研究テーマにしている。そこで「第二の近代」における社会変動の趨勢として，グローバリゼーションと個人化を前提にしたうえで，社会理論の端緒として何を考えたらよいかという問いについての考察を試みている。そしてこの問いへの解答として，「グローバルな市民権」と「重なり合う個人と第三者」ということが提示されている。

　第9章の盛山和夫「モダニティのあとの社会学の課題」では，まず今日の社会学が1960年代までに形成されてきた社会学的な〈知〉から大きく断絶していることが指摘される。その結果，社会学の学問的共同性が衰弱している。著者はこのことを，社会学の求心性の低下とも述べている。社会学は近代ヨーロッパで誕生して以来，近代化の過程とともに発達してきた。近代化の過程では，①社会と等値された国民国家，②家族，③階級が前提とされていたのであるが，20世紀末以降の「第二の近代」では，これらの自明性がくずれていく。そこでモダニティ型の社会学にかわって，ポスト近代型社会学の可能性が著者なりの視点から検討されている。

　第10章の山田真茂留「モダニティの理想と現実」は，近代の理想である連帯が，人種問題をかかえ多文化主義思想を前提とするアメリカで，その実現の過程でいかに屈折していったかを考察する論考である。いうまでもないが，モダ

ニティの理想とは，属性的な差（人種，階層）を乗り越え，民主的に構成される社会を立ち上げることである。1960年代以降アメリカで盛り上がった公民権運動は，人種差別のはなはだしかったアメリカ社会においてモダニティの理想を実現する試みであり，それ以前の社会より一歩前進したといえよう。しかしそれはあくまで一歩の前進にしかすぎず，バウマンの言う「ゲーテッドコミュニティ」の言葉に示されるように，社会にはさまざまな分断がみられる。「第二の近代」においては，グローバリゼーション時代の真の連帯を見つけ出すことこそ社会学の課題ではないかとする。

第11章の遠藤薫「モダニティ・グローバリティ・メディアリティの交差」は，「グローバリゼーション」を通時的な社会変動のダイナミズムとしてとらえ，その各段階において現れる社会特性を，モダニティ，グローバリティ，メディアリティとしてとらえることによって，あらたな分析視角を得ようとするものである。現代における「グローバリゼーション」論の隆盛は，1980年代末から1990年代初頭のいわゆる「民主化のドミノ倒し」を重要な契機としている。その背景には，メディア・情報技術の急速な展開があった。さらに，インターネットにより，グローバリゼーションは日常レベルで加速度的に推進されていった。中国・中東・アフリカの社会変動もまた，この大きな潮流のなかに位置づけて考えられねばならない。通時的なグローバリゼーションの展開が，モダニティからグローバリティ，そしてメディアリティという変容を，再帰的に自己創出してきたのである。

第12章の丸山哲央「文化のグローバル化と『グローバル文化』論」は，「グローバル化」論とグローバル化の結果現出したグローバルな社会や文化の本質を分析する「グローバル性」論とを分けて考えることにより，あらたな分析視座を得ようとするものである。その根底にあるのは，グローバル化の状況下で，ひとつの文化システム内の文化諸要素間で不均衡な発展状態が生ずる，という仮説である。身体性と共同性に規定され具体的な時空間と結合して生み出されるシンボル複合体としての文化要素（実存的要素，評価的要素）は，完全には現実原則から離脱できない。一方，グローバルなレベルで，記号独自の自律的展

開のもとに創出され，絶えず再生産，再統合を繰り返す「グローバル文化」は，特定の記号領域において形成される文化要素（認知的，表出的）が特化した文化といえるのである。

　第13章の黒石晋「グローバル化社会の理論社会学」は，理論社会学の立場から，ひとりひとりの行為がどのように連鎖して大きなシステムを構成し，それが世界的な規模に広がってゆくかを論じる。人間は「欲望するヒト」であり，良くも悪くも「欲望」が人間を動かす。それは文化文明をもたらす原動力でもあるし，またそれを破壊する邪悪な力ともなる。そのような欲望はもともと個々人の心中にある未分化のエネルギーであるが，これが何らかのきっかけを得てヒトを動かすのが「行為」であり，これがさまざまな契機により他者に波及すると「反応」となり，次第に行為の大きな連鎖システムを構成するようになる。そして，こうして築かれる連鎖システムは，国境を越えて張り巡らされ，グローバル化している。それらは，大きなシステムになればなるほど，ひとりひとりには見えにくく，しかもきわめてしぶといシステムを自己組織化することになる。

　第14章の中井豊「グローバリゼーション下での政治的なエスノセントリズム」は，市場原理主義を信奉するグローバリゼーションが，規制緩和，外国資本導入，自由貿易協定等を介して，格差問題や雇用問題等の社会不安を先鋭化させ，民衆を直撃するのだが，民衆の側は，この不安を取り払い社会問題を解決し得る新しいアイデンティティを模索し始めており，この見直しの過程の1例として，エスノセントリズムが台頭してくるという仮説を，コンピュータ上での実験によって検証しようとするものである。具体的には，人工社会の中に2種類のagentを準備し，各agentに友と敵の区別にもとづくさまざまな行動規範をもたせて進化シミュレーションを行った結果，多くの試行実験において，2種類の互いに反目し合う内集団びいき集団が現れて来る。そして，この状態は，両グループの間で不利益な事件が起こった時，それをきっかけに醸成される。この実験からいくつかの具体的示唆が呈示される。

文献

Bauman, Zygmunt, 2002, "Identity in the Globalizing World," E. Ben-Rafael and Y. Sternberg eds., *Identity, Culture and Globalization*, Brill.

Beck, Urlich, 1986, *Risikogesellschaft: Auf dem Weg in andere Moderne*, Suhrkamp（＝1998，東廉・伊藤美登里訳『危険社会』法政大学出版局。）

Beck, Urlich, 2010, "Varieties of Second Modernity: the Cosmopolitan Turn in Social and Political Theory and Research," *British Journal of Sociology*, Vol. 61 Issue 3.

Bullard, Robert D. ed., 2005, *The Quest for Environmental Justice*, Sierra Club Books.

Castles, Stephen and Mark Miller, 1993, *The Age of Migration: International Population Movements in the Modern World*, Macmilan.（＝2011，関根政美・関根薫監訳『国際移民の時代』名古屋大学出版会。）

Giddens, Anthony, 1990, *The Consequences of Modernity*, Polity Press.（＝1993，松尾精文・小幡正敏訳『近代とはいかなる時代か？』而立書房。）

Kymlicka, Will and Baogang He, 2005, *Multiculturalism in Asia*, Oxford University Press.

Mittelman, James H., 1996, "Dynamics of Globalization," James H. Mittelman ed., *Globalization: Critical Reflections*, Lynne Rienner Publishers.

宮島喬，2009，「グローバリゼーションの社会的インパクト」『学術の動向』1号，日本学術会議。

Shute, Stephen and Susan Hurley, 1993, *On Human Rights*, Basic Books.（＝1998，中島吉弘・松田まゆみ訳「戦時の犯罪，平時の犯罪」ジョン・ロールズ他『人権について』みすず書房。）

柳父章，1982，『翻訳語成立事情』岩波新書。

第 I 部
公正な社会を求めて

第1章

グローバリゼーションの経験と場所

伊豫谷登士翁

1 グローバリゼーション研究の課題

グローバリゼーションの拡がり

　グローバリゼーションは，人々にどのように経験されてきたのであろうか。この言葉は，単に企業や自治体のキャッチフレーズとして使われるだけでなく，人々の日常生活にまで浸食してきている。ある人々には限りない希望を与えてきたが，他の人々には絶望を引き起こす言葉でもあった。人々の経験のあり方は，住む場所，階級や人種，性別などによって大きく異なるであろう。グローバリゼーションがもっとも強く表れる場のひとつとして労働の場がある。世界的に雇用状況が悪化するなかで，職に就いているか否か，どのような仕事に就いているのか，賃金や雇用条件がどのようなものであるかなどによって，グローバリゼーションの受け止め方には，きわめて大きな落差がある。

　日本においても，「国際化」が謳歌された1980年代から，バブル崩壊以降の不況が深刻化するなかで，グローバリゼーションという語は肯定的評価から否定的評価へと転換してきた。消費者としては海外から輸入された安価な物を求めながら，労働者としては所得の上昇を求めるというジレンマが，人々を当惑させてきた。言葉がメディアを通して独り歩きしており，依然として人々を惑わすバズワードなのか，それとも時代を切り取るキーワードなのか，という問いが投げかけられる。さらに，グローバリゼーションという語がもっている強

烈なインパクトは，社会科学を研究する者にとって，これまでの体系化され，制度化されてきた分析枠組みに再考を迫るものである。

　それでは，グローバリゼーションは世界をどのように変えてきているのか？人々の生活や労働のあり方はどのように変化してきたのか？　どのような文化や価値観を生み出してきたのか？　さらに，グローバリゼーションはどのような空間を創り出してきたのか，そしてこれから何を創り出すのか？　はたして，グローバリゼーションの何が問題であるのか？

　こうした問いに対する適切な分析枠組みを，わたしたちは見いだしてはいない。さらに深刻な問題として，グローバリゼーションが引き起こしてきたとされているさまざまな問題に対処する手段や政治を，いまだもち合わせていないのである。明らかなことは，グローバリゼーションは，政治や経済，文化や社会などの諸領域を横断して多様な形で，世界的な規模で，同時代的に起こってきており，その大きな変化は現在も進行中である，ということであろう。グローバリゼーションを研究するということは，単に今進行中の事象を明らかにするだけでなく，欧米中心に進められてきた近代的な知のあり方を再構成しなければならないということ，そしてそのためには，歴史認識や世界観の転換へとたどりつくであろうということである。

複数のグローバリゼーション

　グローバリゼーションを均質な世界の拡大ととらえる議論，あるいはアメリカ化と同義と考える研究は，最近では多くはない。電子通信技術の発達は世界の空間地図を塗り替えてきているが，誰もがそれを有効に利用できるわけではない。冷戦体制崩壊後のアメリカの圧倒的な軍事力は，一国支配のように見えながらも，国家間関係にもとづく世界の権力構造を切り崩してきている。個々の地域は固有の歴史をもっているのであり，複数のグローバリゼーションがある。今進行しているのは，近代世界の基盤であった国家領域を越えて，均質化と分断化，統合と分裂，包摂と排除とが，複雑に入り組んで急速に拡大してきている，ということである。国家という境界を越えて拡がる分断線を，国民国

第1章　グローバリゼーションの経験と場所

家を単位とするあるいは国民国家間の位階構造としてとらえることはできなくなった。国民国家を分析単位としてきたこれまでの思考枠組み，また専門分化した学問分野のなかだけでは，今という時代が直面する課題を理解しえなくなってきているのである。

　経済のグローバリゼーションは，何よりもまず，あらゆる領域への市場化の浸透として表れてきた。しかしグローバリゼーションは経済の領域にとどまらない。政治においては，国家の主権行為としての政策の自由度は著しく制限されてきている。人権や環境のレジームはグローバルな規範として各国の法体系を拘束してきている。今日の大衆文化といわれるものの多くはグローバル・カルチャーとして生産され，日常生活や規範へと浸透している。ナショナルな文化やライフスタイルと考えられてきたものは，経済のサービス化の浸透とともに，市場による価値評価に晒される。政治や文化といったナショナルな刻印を帯びてきたものが，市場化のなかに組み込まれてきているのであり，経済・政治・文化といった区分ができなくなってきている。

　近代から免れることができなかったように，今や人々は，グローバリゼーションから遁走することはできない。本章の課題は，市場化の浸透として顕著に表れてきている経済のグローバリゼーションであり，それを人々が経験する場である。しかしながら経済のグローバリゼーションは，政治や法の越境的な拡がり，グローバル・カルチャーの浸透，膨大な人や情報の移動，さらにグローバルなものとナショナルなものとの交差と重なって現れる。

　今，市場化の浸透は，民営化や規制緩和という名のもとに，教育や医療といった公的な領域，あるいは軍事や監獄といった国家主権の領域から，人々の日常的な営為である社会や文化にまでおよび，国境を越えた拡がりと結びつきを強めている。市場における合理性が，容赦なく国境を越えた競争へと導いてきた。グローバリゼーションといわれているのは，これまでのナショナルな境界を前提とした「国際（インター・ナショナル）」的な諸体制とは異なる局面である。それは，単に国境を越える貿易の拡大や巨大企業の多国籍化，あるいは膨大な人の移動だけではない。こうした大きな物語の背後にあるのは，人々をナ

ショナルな領域への帰属に結びつけてきた近代の揺らぎである。ここで課題とするのは，資本のグローバルな動きが人々の日常経験の場としてのローカル（地域）をどのように変えてきているのか，すなわちグローバル資本の動きが人々の労働や生活にどのような影響を及ぼしてきているのかということである。グローバリゼーションが不可逆的な過程であるとしても，グローバルな動きが吸着するローカルな場こそが，人間の歴史を取り戻す場でもある，ということを展望してみたい。

2　領域の解体とあらたな場所性の構築

国際余剰資本の台頭

　膨大な過剰資本が世界市場を彷徨っている。かつてケインズは資本主義がマネーゲームに陥ることを危惧したが，100年に一度といわれる経済危機の時代において，彼の生きた時代とは比較にならない規模と質の変化を伴って，天文学的なマネーが，世界経済を動かすようになってきた。この20年ほどの間に，巨額の余剰流動性資本が富を生む場所を求めて世界中を動き回り，膨大なマネーの流れ込んだ小国がバブル経済に浮かれ，一夜にして債務国へと転落する姿を，わたしたちは何度も目撃してきた。今や危機の震源はあらゆる地域に拡がってきており，世界市場を動き回る国際余剰資本の流れが，経済の成長と貧困の極を移動させ，流入先の都市の景観を，そして国家のあり方から人々の生活や規範，価値観までも，大きく変えてきている。

　巨額のマネーフローが創り出す世界は，どのような空間であり，場所であろうか。それは，ウォール街やシティ，バブルに踊る巨大都市，急激な地価の騰貴と下落，そしてコンピュータのディスプレーに映し出されるヴァーチャルな空間だけではない。膨大な額の経済取引がデジタル空間で行われるとしても，ヘッジファンドのような金融商品の生産という作業は具体的な場において行われる。金融商品の生産とその担い手，そして金融取引を支えるための装置や機構は，具体的な場所を必要とする。グローバル・シティとは，後述するように，

国際余剰資本が創り出したあらたな空間であり，場所である[2]。

　バブル経済の崩壊，そして2008年のいわゆるリーマンショック以降，経済危機の原因は，貨幣経済が実物経済を振り回していることにある，というのが一般的な理解であり，これを投機として批判するのはむずかしくはない。しかし，金（ゴールド）の呪縛から解き放たれた世界貨幣（国際通貨体制）が擬制資本として独り歩きをはじめ，国家間体制によってはコントロール不能な肥大化した余剰資本が世界市場で行き場を求めて彷徨っているとすれば，事態は深刻である[3]。国際過剰資本に対して一定の軛として機能してきたIMF・GATT体制，政治的な安定装置として機能した冷戦体制といった戦後体制が急速に崩れてきており，巨額のマネー資本の動きがあたかも剥き出しの暴力として表れてきているからである。グローバリゼーションと呼ばれる時代において，国境を越える資本の活動がどのように空間を組み替え，新しい活動の場を創り出そうとしてきたのか。もはや資本主義は制御不能になってしまったのか。それともグローバル資本が自らの創り出した世界を規制するのか，あるいは別の道が残されているのか。

資本のグローバル性とナショナルな単位

　資本に境界はなく，もともと越境的であり，グローバルであった。境界を越える資本の活動は，サービスを含む商品と資本の移動，そして人の移動を伴いながら，既存の空間を組み替え，具体的な場所を再編成してきた[4]。再編された場所は境界を越えて連接し，ひとつの空間を生み出す。しかしながら，資本の創り出す空間といっても，境界の消失した均質な空間ではない。そこには，さまざまな分断や亀裂が生み出される。個々の場において，政治が介入し，居住する人々の生活の場がある。資本が創り出す近代世界の空間の具体的な場は，必ずしも，資本の論理のみにしたがって生産／再生産されてきたのではない。個々の場所は，社会の再生産される場であり，歴史的な痕跡を残しながら，再編成された場となるのである[5]。

　越境する資本の動きに対して，国家という境界は，具体的な場として特別な

制限を独占してきた。経済の脱領域化と政治や文化の領域化はしばしば対比的に取り上げられてきたが、ここで指摘しておくべきことは、それらの差異は相対的である、ということである。経済活動が境界を越えて地球的規模での連関を強めるといっても、労働力としての国民はナショナルな単位で再生産され、賃金の国際的な差異は、むしろ境界によって強固に維持されてきた。国家は資本主義の揺籃であったと言われるように、国家の形成を抜きにして、資本主義を語ることはできない。他方、政治や文化も、ナショナルな単位で構築され、表象されてきたとはいえ、国内政治は国際政治と切り離されているわけではなく、文化はこれまでも境界を越えて相互に浸透してきた。何よりも、政治や文化といわれるものが国民国家間体制のなかで「発明」されてきたものであり、他者との差異化から作為的に境界づけられてきたのであった。

　それでも、政治や文化の領域性は、資本の脱領域化に対して、場所の制限として機能してきた。世界貨幣である金(キン)が世界の共通言語であったのに対して、言語や慣習などによって画される境界は資本の活動に対する制限として機能した。しかし、場による制限から資本が解き放たれる条件は、時代とともに変化する。国境を越えた政治的、文化的な標準化は、これまでもさまざまな局面で進んできたのであった。グローバリゼーションとは、ある意味では、経済だけでなく、政治や文化の脱領域化と再領域化が極端なまでに進行しつつある時代である、ということができる。そうした動きは、国民経済だけでなく国民文化や国内政治などの、ナショナルに構成されていると暗黙のうちに考えられてきた単位を再構成し、そこにさまざまな孔をあけてきたことを意味する。

グローバル・シティ ── グローバル資本の戦略的な場

　グローバルな資本活動はどのような空間を創り出し、ローカルな場所を組み替え、解体／再編してきたのか。グローバリゼーションの創り出した典型的な場所として、「世界都市（ワールド・シティ）」とは区別された、「グローバル・シティ」と呼ばれる都市がある。グローバル・シティはサッセンによって次のように定義される。

第1章　グローバリゼーションの経験と場所

　世界経済の現局面において，グローバル・シティは，経済活動のグローバルな分散とグローバルな統合とを結びつけるものである。グローバルな統合によって，経済的な所有と支配の集中が続くなかで，ある特定の主要都市に戦略的役割を担わせてきた。これらの都市こそが，私がグローバル・シティと呼ぶものである。グローバル・シティと呼ばれる都市のなかには，何世紀にもわたって世界貿易や金融のセンターであったところもある。しかしこうした長期にわたる機能を越えて，今日のグローバル・シティは次の3つの特徴をもっている。第一は，世界経済の組織における命令機能，第二は，現代の主要産業である金融と企業向けの特別なサービスにとって鍵となる場所であり市場であること，第三は，これら産業の主要な生産の場であり，これら産業の技術革新が行われる場であること。……グローバル・シティは，単独では成り立ち得ない。(Sassen 2000：4)

　ニューヨークやロンドン，東京などの世界の主要都市は，ヒト・モノ・カネそして情報の流れが交差し，相互に連接することによって，世界経済を動かすための装置や機構が集積するひとつの空間を創り出してきた。そこでは，世界経済をコントロールするのに必要とされるさまざまな企業向けのサービスが生産され，天文学的なマネーを動かすための金融センターが発達し，巨大企業の経営管理の中枢機能や国際余剰資本を運用するあらたな金融資本が集積する。グローバル・シティは現代の富が生み出される場所であり，世界でもっとも高度な専門性をもった人々が集まり，最先端のアメニティや文化商品が生産／消費される都市空間である。ここにはこれら機能を支える低賃金労働者として，膨大な移民労働者が集まる。

　グローバル・シティとは単に世界都市の延長にあるのではない。それは，今起こりつつある変化が投影された断絶あるいは亀裂が表れる場であり，空間である。多国籍企業の本社は，必ずしも中枢都市にあるわけではなく，またある必要もない。情報通信の発展は，企業活動の分散を可能にしてきたのであり，

本社機能すら，中枢都市から離れた場所におかれる場合がある。このことは，世界経済を支配する中枢機能が，著しく専門分化し，これまでの本社機能といった概念ではとらえきれなくなってきていることを意味する。世界経済の統合化があらたな局面に入ったと言い換えてもよいかもしれない。こうした変化を表しているのが，世界経済をコントロールするための企業者サービスや金融機能の構造的な転換であり，多様化である。

　グローバル・シティが戦略的な場であるという意味は，それが世界経済の中枢的な命令機能，金融・企業サービスの機能を有する結節点である，ということだけではない。グローバル・シティは，グローバリゼーションと呼ばれる資本主義のあらたな局面に照応した世界統治の新しい機能を創り出してきているのであり，越境する市場化によってもたらされた富と貧困の累積を集約する場として再編された場と言うことができる。言うなれば，グローバル・シティは，世界の富と世界の貧困が交差する場として，グローバルな経済的・政治的そして文化的な機構が働く場として，戦略的に創り出される。

　しかし，膨大な情報や巨額のマネーは，ヴァーチャルな空間にのみあるのではない。情報やマネーが商品として生産されるには，具体的な場での人間の労働が必要となる。そしてそれを生産する高度な専門能力をもった人を世界中から集めるには，高度なアメニティが形成されなければならない。さらに，何よりもそれらを支える，単純な低賃金労働力が供給されなければならない。言うなれば現代の富を生み出すシステムが構築される場として，グローバル・シティがある。

　グローバル・シティの行方を決めるのは，資本の論理にしたがって編成されるヴァーチャルな空間の統合のあり方だけではなく，そこで生活を営む人々である。そこは，一日数兆ドルの資金が動き回り，ほんの数％の人々が，天文学的な所得を得る世界である。しかしそうした活動を支えているのは，不安定就業の膨大な単純労働者である。高度化した通信技術によって連接する高層ビル群，そこに働く高度な専門知識をもつ人たちの仕事を支えるのは，その数倍の数の低賃金労働者であり，その多くが移民労働者である。グローバル・シティ

には，そうした世界で最高の所得をもつ人々と現代の貧困ともいえる非正規労働者が共存する。グローバル資本はヴァーチャルな空間だけでなく具体的な場を必要とする。さらにそうした具体的な場は，高額所得者だけによって構成されるのではなく，膨大な低賃金労働者によって支えられている。世界的な規模での豊かさが世界的な規模での貧困を生み出す。ここにグローバル・シティが抱える重要な課題はある。

　また，グローバル・シティは，これまでの都市間競争としての世界都市としてあるのではない。網の目あるいはグリッドのようなネットワークによって結びつけられた空間でもある。言うまでもなく，これまでの世界経済の中心であったニューヨークやロンドンの重要性が低下したのではない。むしろ，これら二都市は今なおグローバル・シティの中枢である。しかし，ここで注目すべきは，サッセンが「グローバル・シティは，単独では成り立ち得ない」と指摘している点であり，さらにグローバル・シティに東京を加えた積極的な意味である。[6]グローバル・シティは，単独で存在するのではなく，他のグローバル・シティと高度な通信網によるネットワークで連結された空間として機能する。そこでは，世界経済をコントロールする能力が生産され，まさに富が創り出されている。それは，記号化された金融商品や企業向けサービス商品を次々と生産し，流通し，消費し続けるヴァーチャルな空間である。これは，これまでのような国民国家間関係によって構築された統治という枠を越えた，世界経済の新しい統治機能と言うことができるであろう。

　ヴァーチャルなグローバル空間は，膨大な過剰流動性を抱えた金融資産の動きによって変動するようになり，経済のグローバル化は，単に多国籍企業や多国籍銀行のグローバルな統合化あるいは「グローバルな管理能力(グローバル・コントロール・ケイパビリティ)」だけでは論じられなくなってきた。80年代から90年代の国際金融危機は，その表れである。金融の新しい商品が生産される場としてのグローバル・シティは，数多くの金融関連サービス企業の集積によって構成される金融センターであり，そのグローバルな統合能力が，グローバルなネットワークによって結びつけられ，グローバル・シティへと再編されてきた。

しかしこのような変貌は，単にこれまでの世界都市の中枢機能から現出されるものではなく，さらに都市の階層化した機能から導き出されるものでもない。むしろ，地政学的に分散した都市機能の間での機能的な分業を高度に結びつけうるような都市ネットワークが必要とされることになる。24時間化した世界市場に典型的に示されるような，世界的な経済機能の分散を統合する機構と言い換えることができる。

　グローバル・シティとは何か。おそらくそれはいくつかの定義が必要であり，さらに固定的・静態的ではありえない。グローバル資本が吸着する場としての世界都市がグローバル・シティであるとするなら，そのネットワークは，通信網などのインフラストラクチャーの整備された空間であり，ヴァーチャルな網を通じて世界的に拡がっている。また，ニューヨークやロンドンの金融センター機能も，決してシティやウォール街だけで成り立っているのではない。グローバル・シティのトップにある金融センター機能を支えているのは，分散された機能を担う世界各地の都市やタックスヘイブンなどであり，そして何よりも，ほんの数ブロック離れた移民街に住む膨大な貧しい労働者群である。

富と貧困の交差する場

　グローバル・シティはその典型的な場としてあるが，あらためて言うまでもなく，グローバルとローカルはあらゆる場所でさまざまな形で出会う。グローバリゼーションは，ナショナルな法や社会，文化を組み替えながら，具体的な場やローカルな場に浸透してくる。規制緩和や民営化に典型的に表れているように，近代国家のさまざまな制度や機構は，グローバリゼーションを推し進める装置へと転換してきた。発展途上国においても，市場化が農村社会にまでおよび，農業の産業化と消費社会の浸透によって，人々は急速に生存維持手段を失ってきた。農村から都市への急激な人の移動がメガシティを生み出し，さらに輸出加工区や近隣諸国への出稼ぎ労働，そして先進諸国への移民労働者を供給してきた。1980年代以降の日本における外国人労働者の急増は，こうした世界的な労働力移動の流れのなかにあった。

発展途上国では，一方で，多国籍企業の下請けによる工業化が推し進められ，輸出加工区が形成されるとともに，他方で，女性を含めた膨大な人口がもっとも国際競争力のある商品として発見されたのである。世界経済は，1960年代から70年代を転機として，発展途上国と呼ばれた国々の膨大な人口を包摂する世界的な統合化を完成させ，1980年代から90年代以降には，ヘッジファンドなどの新しい金融商品の生産を含めた世界的な統合化のあらたな局面へと展開することになった。

　ここで重要なことは，グローバル・シティを結節点としてローカルな場がグローバルに結びついてきていることであり，世界経済の中枢都市であるグローバル・シティと底辺とみなされてきた発展途上国とが，移民労働者の移動によって直結されるようになったことである。国境を越えるモノ・カネ・ヒト，そして情報の移動は，グローバルな空間を創り出し，統合を進めるとともに，さまざまな亀裂を具体的な場に創り出してきた。現代世界の膨大な人の移動は，その亀裂を端的に表すものである。世界のもっとも貧困な地域から移動してきた人々が，もっとも豊かだと言われる大都市のなかにコミュニティをつくりあげる。そして移民の存在が，先進諸国の国家政策から社会や文化といわれてきたものを揺るがす争点になっている。

　具体的な場における亀裂は，グローバルな資本活動が創り出した空間への介入の場でもある。形式的であれ，マジョリティがセイフティネットに守られて，安定的な雇用を享受する時代，自分にとって確たる場所があるという時代は，永久に失われた。移動する人々があらたな場所を生み出してきており，グローバル空間に介入してきている。近代社会の基盤であった家族・共同体や国民そして国家が揺らぐ場所の中枢に，グローバリゼーションに抗うローカルな場が立ち現れてきている。

3 グローバリゼーションの経験
―「格差社会」をめぐって―

　人々がグローバル化をもっとも直接的に経験するのは，雇用や日常生活での不安であり，しばしば「格差社会」あるいは「貧困」として取りあげられてきた。格差や貧困は，資本主義の最初から抱えてきた社会問題である。今，世界的な規模で雇用や生活に何が起こっているのか。雇用の不安定化が極端なまでに進み，日本では『蟹工船』がリアリティをもって読まれる。家族やコミュニティの崩壊は，先進諸国だけでなく，世界の共通した問題である。

　こうした不安は，単にバブル経済の崩壊やリーマンショック以降の不況の長期化にのみあるのではない。時代が大きな転換期にある，という不安である。それは直接的には，福祉国家体制というナショナルなセイフティネットが維持しえなくなったこと，そして安定的な生涯雇用形態の時代が終焉をむかえたということ，さらには進歩や成長といった神話が崩れ去ったこと，すなわち資本主義が構造的に変化し，近代がひとつの時代として問い直されるようになったということである。

　時代の転換として現代の格差や貧困の問題を考えた場合，格差社会をめぐる近年の論調には，少なくとも次のふたつの重大な落とし穴があった。そのひとつは，一部の先進諸国における主流の男性労働者を前提としてきた点である。発展途上国，農業や自営業，中小企業，さらにマイノリティや女性の雇用の多くは，これまでも不安定であり，労働条件や賃金に大きな格差があった。現在の格差に関わる議論は，格差そのものが問題とされたのではなく，先進諸国の主流であった男性の職種に不安定化が及んで始めて問題化されてきたのである。

　もうひとつは，格差の拡大が世界的な規模で進行している点である。それはかつての南北問題としてだけではなく，北のなかに南が創り出され，南のなかの北が生まれてきている。発展途上国の多くは，今も劣悪な労働条件にある低賃金労働による生産の拠点である。しかし発展途上国だけが不安定な雇用にあ

ると考える時代は過去の話であり，ニューリッチと呼ばれる多くの富裕層が巨大な消費市場を生み出してきた。他方，先進諸国には，先端的な産業を支える過酷な下請け製造業，24時間の都市型サービス産業，ケアや看護あるいは家事労働などの劣悪な労働条件の職種が大量に必要とされ，生み出されてきた。これらの職種には，しばしば女性や移民労働者やマイノリティと呼ばれる人々が就いてきた。しかし，性別・人種別秩序の正当性が崩れてきたことによって，従来の階層秩序が崩れてきている。巨大企業の生産拠点の世界的な展開と膨大な移民労働者の移動を通じて，あたかもひとつの労働市場として世界が編成されて，そのなかでの階層秩序の再編成が進行している。階層秩序の転換は，さまざまな意味で近代社会の根幹であった中間階層にまで及び，グローバル化の経験が浸透してきたということである。

　格差社会に関わる議論は，これらの歴史的な過程やグローバルな展開を看過してきたわけではない。しかし，今グローバルに展開する格差といわれる現象の背後には，より根底的な変容が進行している。それは，ナショナルな共同性を基盤として創りあげられた，「西洋」中心の近代のさまざまな装置ならびに価値規範が崩壊し，再編成されつつあることである。それは世界的な規模で言えば，国民という共同体を一定の領土に帰属させることによって成立してきた国民-国家的秩序，植民地支配によって創りあげられてきた近代世界秩序の崩壊である。

　それゆえに，現代の貧困や格差は，かつての飢餓を想起させる，直接的に生存を脅かされる恐怖に直面しているものではない。あらためて指摘するまでもなく，世界のなかで飢餓がなくなったと言っているのではない。社会問題としての格差や貧困は今でも存在する。しかし，こうした貧困や格差が社会変革へと結びつかなくなった，ということこそ問題である。人々の生存を保証してきた国家や共同体といった拠り所が崩壊し，帰属や居場所を失った人々が急速に増加してきている。それは，アイデンティティがナショナルなアイデンティティとして特権化された時代の終焉のはじまりであるかもしれない。居場所の喪失は，近代における時間や空間編成が大きく転換するなかで，人々にとっての

抵抗の場所が変質してきていることを示すと言えよう。

現在の格差や貧困は，人々の故郷や帰属あるいはナショナルな感覚を保障してきた国民-国家の揺らぎとして意識され，合理性や成長を暗黙のうちに与件としてきた近代における編成原理の変容として現れてきている。そのひとつは，たとえば近代を支えてきた競争原理，バウマンの言葉によるならば「労働倫理」の解体である（Bauman 2004＝2008）。すなわち，競争によって維持され，発展・成長してきた神話の溶解であり，自分の戻りうる場所としての「故郷」や自分の声に耳を傾けてくれる人々がいる場への「帰属」の消失が場所の解体を引き起こしてきているのである。(8)

近代的な場所の解体とは，行政や司法権力としての近代国家の機能が崩壊してきていることを意味するのではない。むしろネオリベラリズムと総称される政策体系の中で，国家による管理機能は強化されてきた。ここで進行しているのは，国民と国家が一義的に結びついた「国民-国家」の時代の終わりである。だからこそ逆に，文化的な真正性を掲げる新しいナショナリズムが，ナショナルな最後の砦として，グローバリゼーションの過程で台頭してきたのである。(9)

人々は，グローバリゼーションから免れることはできない。そして人々は，グローバリゼーションに巻き込まれることの不安，そしてグローバリゼーションに置き去りにされることの不安を抱える。その不安は，しばしばナショナル対グローバルという図式の中で理解されてきた。しかしグローバルとナショナルは対立するものではない。ナショナルなものを利用してグローバルなものが具体的な場所に浸透してきているのであり，グローバリゼーション研究の課題とは，むしろナショナルとグローバルとの共犯にある。グローバリゼーションの理論は，グローバルな空間とそれが展開するローカルな場所からの思考に達しないかぎり，しばしば新しいナショナリズムを覚醒させることになる。

グローバルな思考を求めて

批判的グローバリゼーション研究を立ち上げようとするアペルバウムとロビンソンらが主張するように，グローバリゼーション研究は，「国際」を冠した

これまでの多くの研究分野の単なる延長としてあるのではない。国家間関係を超えたところにグローバリゼーションの時代はある，という認識である。それゆえに，グローバリゼーション研究を発展させるには，社会科学が陥ってきた「方法的ナショナリズム」を超えることが要請される。彼らが強調するように，「グローバル・スタディーズ」とは，トランス・ナショナルな事象の具体的な展開を明らかにすることだけではなく，思想や哲学を含めた方法的な課題であり，従来の専門分野を超えた研究課題である。

グローバル・シティという分析概念はグローバリゼーション研究を進めるうえでの「分析上の戦略的な方法」(Sassen 2001 = 2008：387)であり，それは，ナショナルな空間がどのように解体／再編成されてきているのかを問うことによって，社会科学のあり方に対して挑戦する試みであった。グローバリゼーションによって，ナショナルな場所や境界が崩壊するとともに，世界の貧しい地域と豊かな地域とが直接的に連接する場所が生まれたが，その接触する場こそが，グローバル・シティであった。それら地域を結ぶ役割を，膨大な移民労働者が担っている。外国人として排除されてきた人々が，政治や経済だけでなく，社会や文化をも変えつつある。グローバリゼーションを研究する目的は，グローバリゼーションをより住みやすい世界へと転換することにあり，人の移動に関わる研究は，わたしたちと他者，包摂と排除といった対抗図式を越えた水準へと引き上げうるひとつの研究課題を提供しているのである。

グローバリゼーションとは，フローが空間を転換し，新しい場所性を生み出す時代でもある。グローバリゼーションの過程において，領域と国家との暗黙の一致を前提としてきた近代の枠組みが大きく転換してきている。国家間関係として構築されてきた近代世界の時間と空間は組み替えを迫られ，領域性を支えてきた近代世界の制度や機構は変型してきたのである。空間を所与のものとしてではなく，「社会的生産物」ととらえるならば，そしてそれを「歴史」が折り重なって生み出されてきたものとして描こうとするなら，空間の均質化，断片化，序列化という性格を，国境を越えた規模でとらえかえす必要がある。

社会科学は，これまで貧困を重要なテーマとしてきた。貧困は社会政策の基

本問題であっただけでなく，失業といった社会科学全体の問題でもあった。しかし，これまで経済学がテーマとしてきたのは，基本的には，豊かさの分配であった。今問題となっているのは貧困の配分である。世界的な規模での労働力の価値低下にいかに歯止めをかけることができるのか。これはきわめて困難な課題である。しかしそこに思想が及ばないかぎり，反グローバリズムの思想はしばしば新しいナショナリズムを覚醒させることになる。形式的であれ，マジョリティが安定的な雇用を享受する時代は終わったのであり，福祉国家体制に戻ることはできない。労働市場のグローバリゼーションに対応した介入の方法は，そして日常の生活を守る方法は，グローバルな思考の中から創造しなければならない。

注

(1) 「グローバル資本」という資本があるのではない。グローバル資本の典型である多国籍企業も，個々の国家における法人格を備え，個別の国の規制を受ける。ここでいうグローバル資本とは，世界的な視野と規模で意志決定を行う資本のことである。経済のグローバリゼーションとして起こっていることは，これら企業が世界的な規模での活動が可能となり，個々の国家が政策や法，制度を改変せざるを得なくなってきている体制のことである。

(2) ここで空間とは，特定の観点から切り取られた分析的概念であり，場所は，そうした空間概念が折り重ねられて，地理的に一定の意味を付与された地域を指す概念と，考えておきたい。空間と場所にとって，境界のもつ意味は異なる。空間にとっての境界は抽象的であり，たとえばコンピュータによるアクセスの相違などが反映することになるが，場所にとっての境界は具体的な範囲を特定でき，地理的な境界によって区分けされる。ここで念頭にあるのは，S. サッセンが言うところの「グローバル・シティの場所性（プレイスネス）」(Sassen 2001 = 2008 : 391) である。

(3) 板木雅彦は，「1990年代半ばをもって国際過剰資本のもっとも発達した形態が誕生した」と指摘している（板木 2006 : i）。その簡潔な規定は，たとえば，「先進資本主義諸国から吐き出された絶対的過剰資本が徐々に蓄積され，所得再投資とキャピタル・ゲイン収奪によってさらに膨張を重ね，ついには生産過程とも消費過程とも切り離されて，債券や株式の姿で世界を回流するに至った資本が，

国際過剰資本の一般的形態、あるいはその絶対的かつ相対的形態である。そして、国際過剰資本が国際擬制資本（証券資本）として完成されたときに、世界各国の産業資本との主客が逆転する。」（板木 2006：196）

(4) ルフェーブルは、『空間の生産』において、「空間には歴史がある……この空間の歴史をこれから書かなければならない。」（Lefebvre 1974＝2000：9）、そして、近代世界の空間は、均質化-断片化-序列化という性格をもち、「均質化すると同時に断片化された空間」（Lefebvre 1974＝2000：14）ととらえている。

(5) 資本に対する場の制限として都市を考える着想が、D. ハーヴェイ『ポストモダニティの条件』（Harvey 1990＝1999）、によるものである。彼は、「空間的障壁が減少することによって、今日グローバルになっている都市システムのなかでのヒエラルキーが再び確立され、再編成されている」ととらえる（Harvey 1990＝1999：379）。グローバル・シティを支えるシステムが都市間競争か、それともネットワークかは、グローバル・シティという概念をどの点から把握するかということに関わるのであり、二者択一ではない。

(6) 東京をグローバル・シティということに対しては異論もあり、しばしばバブルに振り回された都市として東京が挙げられる。東京が、ニューヨークやロンドンに匹敵する「国際金融センター」の形成に失敗したことは、あらためて指摘するまでもない。ロンドンやニューヨークは、金融をはじめとする膨大な生産者サービス機能が集積し、世界経済をコントロールするノウハウを蓄積してきた。こうした世界経済を支配する権力が、イギリスやアメリカの歴史的なグローバル・ヘゲモニーと結びついてきたことは、容易に推察できる。それに対して東京は、「非ヘゲモニー依存型」の「なりたがり」世界都市であったと評される。ここで言う世界都市とは「政治イデオロギーに限りなく近い一種の当為概念であった」とされる。単なる資金供給の地位に低落した東京は、世界経済の中枢都市の地位を失った、と評価されるのである（町村 2006）。しかしながら、サッセン自体の意図は、これまでのヘゲモニー都市の延長上にグローバル・シティを置くのではなく、アジアに位置する東京を加えることによって、専門特化したグローバルな諸機能の分業が作り上げられてきたことを重視するからであろう。言い換えるならば、東京に代表されるような非欧米地域を加えることによってはじめて、グローバル・シティは完成するのである。

(7) ここで、ジェンダー差別や人種差別がなくなった、と言っているのではない。むしろより巧妙な形で強化されていることは付け加えておきたい。

(8) ここでは場所の崩壊は、必ずしも否定的に評価されるわけではない。競争社会

に勝つことを「目標」とはしないことがひとつの生き方として積極的に評価されることもある。ここで念頭にあるのは，イリイチやゴルツの再評価として注目を浴びているラトゥーシュの議論（ラトゥーシュ 2010）などである。

(9) この点は重要であり，ここではとりあえず，アパデュライによる次のような指摘を参考にされたい。「グローバリゼーションによって，より多くの国で，国の経済的主権や国民の幸福という夢が失われると同時に，不確実性は増幅し，文化を純粋化したいという気持ちを駆り立てるようなあらたな誘因が作り出されていくのである。」(Appadurai 2006＝2010：12)「何の認可も制約も受けずに動きまわろうとするグローバル資本の奔放な欲求と，国民国家が経済主権の空間を保障するといういまだに根強いファンタジーとのあいだにあらたな緊張の数々を作り出している」(Appadurai 2006＝2010：44)。

(10) *Critical Globalization Studies* の「イントロダクション」において，編者は，「グローバル・スタディーズ」の特徴を次のように説明している。「グローバル・スタディーズは，世界を，個々の国民国家の相互作用（インター・プレイ）としてではなく，単一の複合的（インタラクティブ）なシステムと捉えている。グローバル・スタディーズは，国際関係よりは，国境を越える（トランスナショナル）過程，複合的作用（インタラクション），フローに焦点をあてており，出現しつつある越境的な現実によって生み出される一連の理論的，歴史的，認識論的，そしてさらには哲学的問題に取り組んできている。しかもこうした現象を研究する分析的観点は，単一の政治学分野に基づくのではなく，社会科学と人文科学の多様な専門領域の理論的仕事に基づくのである。」(Appelbaum and Robinson 2005：xi)

文献

Appadurai, Arjun, 2006, *Fear of Small Numbers: An Essay on the Geography of Anger,* Duke University Press.（＝2010, 藤倉達郎訳『グローバリゼーションと暴力——マイノリティの恐怖』世界思想社。）

Appelbaum, Richard P. and William I. Robinson eds., 2005, *Critical Globalization Studies,* Routledge.

Bauman, Zygmunt, 2004, *Work, Consumerism and the New Poor,* Open University Press.（＝2008, 伊藤茂訳『新しい貧困——労働，消費主義，ニュープア』青土社。）

Harvey, David, 1990, *The Condition of Postmodernity: An Enquiry into the Origins of Cultural Change,* Blackwell.（＝1999，吉原直樹監訳『ポストモダニティの条件』青木書店。）

板木雅彦，2006，『国際過剰資本の誕生』ミネルヴァ書房。

ラトゥーシュ，セルジュ，2010，中野佳裕訳『経済成長なき社会発展は可能か？――〈脱成長〉と〈ポスト開発〉の経済学』作品社。

Lefebvre, Henri, 1974, *La Production de l'espace,* Anthropos.（＝2000，斎藤日出治訳『空間の生産』青木書店。）

町村敬志，2006，「グローバリゼーションと都市空間の再編――複数化していく経路への視点」似田貝香門・矢澤澄子・吉原直樹編著『越境する都市とガバナンス』法政大学出版局。

Sassen, Saskia, 2001, *The Global City: New York, London, Tokyo,* Princeton University Press.（＝2008，伊豫谷登士翁監訳『グローバル・シティ――ニューヨーク・ロンドン・東京から世界を読む』筑摩書房。）

Sassen, Saskia, 2000, *Cities in a World Economy,* 2nd.ed., Pine Forge Press.

第2章

グローバリゼーションとEUのアイデンティティ
──国民国家からいずこへ──

宮島　喬

1　国民国家の相対化

　グローバリゼーションの下での国家の変容については，よく「脱規制」または「規制緩和」が強調的に語られる。これらは市場経済メカニズムに対して加えられてきた政治・行政的な制限，抑制が取り払われること，または緩められることという経済的意味合いで用いられる。けれども，いうまでもないが，国家がその主権の名の下に行ってきた規制にはさまざまな非経済的な，言い換えると政治的，社会的さらには文化的性質のものがある。近代国民国家を理念型的に想起しながら，この点を論じてみよう。

　「国民国家（nation state）」とは，典型的には19世紀ヨーロッパに成立をみた近代国家をイメージすればよいが，自覚と一体感をもった国民，何ものにも制約されない主権，その主権によって統治される不可侵の領土，という3つの要素からなる政治共同体であるとされる（木畑 1994）。ここで含意される規制は，第一義的には政治的なものである。もちろん関税をかけること，自国労働市場への外国人の参入を制限すること，なども市場への規制の主権による作用ではある。しかし20世紀前半までの世界をみるとき，何といっても主要な，かつ問題的な国家主権の行使は，武力をもって自国民の利益を擁護すること，そのため必要ならば戦争をも行うこと，また領土主権の名の下に異なる民族を強権支配するか，排除することなどにあった。

しかし，世界を巻きこむ二度の大戦，ナチスの侵略，その大量の人種殺戮を経験したヨーロッパでは，戦後，「国家悪」への認識さえ生まれ，主権の絶対への強い反省が生まれた（宮島 2004）。人権，民主主義の理念，その制度の強固化，二度と武力による紛争に訴えない恒久平和の追求，とくに独仏間でのその確認は戦後のヨーロッパ統合の暗黙の出発点となった。また，大国の力による支配を復活させないため，ヨーロッパ共同体（EC）は出発当初から，政策決定の原則を，人口40万人のルクセンブルクからその100倍の人口をもつ独，仏，伊三国にいたるまで，全加盟国の一致にもとづくこととした。

　他方，ECの発足を画したローマ条約（1957年）をあらためてひもとく者は，経済同盟的な性格が色濃く現れ，こと経済に関しては新古典主義が基調をなし，加盟国間の関税撤廃による単一市場の形成というビジョンそれ自体が自由貿易主義を再定式化しているという印象を抱くだろう。こうした側面は，今日にいたるもヨーロッパ統合についてまわっている。しかしそれがヨーロッパ統合の本質とみなすのは一面的である。今日，グローバリズムを推進し自由貿易主義を呼号するアメリカが，では，自国の主権の相対化，あるいは主権の他への委譲を受け入れ，多国間主義に転じるかというと，決してそうではない。外からの掣肘を嫌う強い主権国家アメリカへの希求，この信念は不動といってよい。ヨーロッパは違う。それとの対比でいえば，ヨーロッパは上にも述べた「多国間主義（multilateralism）」という合意のガヴァナンスに立つのである（Sweeney 2005, 293）。アメリカ的グローバリズムに欠けているものを追求し，独自の成果を挙げてきて，しかし今困難にも直面しているのが，EUの現状ではなかろうか。

　ここで，今ひとつの重要なポイントに触れれば，一般にグローバリゼーションの理解をめぐっては，資本・商品・サービス（情報も含め）の障壁なき自由な移動にもっぱらアクセントを置く主にエコノミストたちの見解と，それに遅れて，より部分的にしか実現していない「人」の自由な超国境の移動の意義を強調しながらグローバリゼーションをとらえる理解が，微妙に対立している。そしてこの両側面を切り離さず，共に推進しつつ，国民国家レジームの相対化

を行ってきたのが，EC, EU であるといえる。このことは強調されてよい。第二次世界大戦後のヨーロッパでは，世界のあらゆる地域に先駆けて，国家的規制の緩和，制度的トランスナショナリゼーションが進んでいるのであるが，上の特質がそこにどのような特質と問題点をもたらしているか。

2 ローマ条約と「超国境ヨーロッパ」

S. サッセンは，EU を例にあげながら，「国際人権規約」「難民条約」など，さまざまな条約や国際的協定が事実上諸国家の権能を制約し，超国境（トランスナショナルな）レジームをつくりあげてきたという点を強調している（Sassen 2004 : 65）。これは，強力な多国籍企業，資本輸出力，情報支配，場所によっては軍事力配備などにより「アメリカン・スタンダード」を拡大し，グローバル化を推し進めてきたアメリカ方式とは，たしかに異なる点である。

時間的に遡り，順序を追って述べれば，1948年のヨーロッパ評議会（Council of Europe）の創設とその下での「ヨーロッパ人権条約」の成立（1950年），次いで，シューマン宣言にもとづき「統合」路線を初めて具体化した「石炭鉄鋼共同体条約（ECSC）」の成立（1951年），そして「ローマ条約」へといたる。ヨーロッパ人権条約は，世界人権宣言にうたわれた市民的・政治的権利と自由を保障し，かつ同条約を法源とする独自の司法機関（ヨーロッパ人権裁判所）を備え，発足後の EC においても共通して人権保障の基礎となった。一方，ECSC は，「フランス，ドイツに産する石炭，鉄鋼の全体を，他のヨーロッパ諸国にも開かれた組織の枠組み内の共通の最高機関の管理の下に置くもの」（Schuman [1950] 2003 : 14）と宣せられた。この石炭・鉄鋼の「共同化」は，主にドイツ・ルール地方の埋蔵資源を対象にし，これが同国の軍事化に使われるのを防ぎたいとするフランスの狙いを現していたが，イタリアやベネルクス諸国にも支持され，多国間的な管理体制，すなわち「ヨーロッパ石炭鉄鋼共同体」のそれを生んだ。

今ひとつ，重要だと思われるのは，以上のような合意の形成とトランスナシ

第2章　グローバリゼーションと EU のアイデンティティ

ョナルな枠組みづくりが，必ずしも大国主導ではなく，むしろベネルクス3国のような小国が積極的にリードしたという点に特徴があることだ。ローマ条約の作成のための厖大な作業を推進したのが，主にベルギーのスパークやオランダのベイエン（各外相）だったことは，知られている（小島 2007：269以下）。これら小国は，戦争や軍事衝突のさいにつねに大国（実際にはドイツ）の犠牲となることが多いため，切実に平和の保障を求めていたのであるが，今ひとつの期待もあった。それは，小国ながら，鉄鋼業（ベルギー，ルクセンブルク），石油精製および電機（オランダ）で大きな生産力をもっていた三国は，国内市場の狭小さにつねに悩み，障壁のない広い市場を欲し，共同市場の設立にとりわけ熱心だったことである。遡れば，「ベネルクス関税同盟」の設立（1948年）によって，すでに共同市場のささやかな実験は行われていたわけである。

　ところで，共同市場化とは何だったか。それはもっぱら自由，開放を意味していたわけではなく，ローマ条約署名6ヶ国は，民主主義，人権を重視し，統合ヨーロッパをつくり，単に関税を漸次的に撤廃するだけではなく，共通の対外関税を課すことに同意するという対外共同行動も受け入れねばならなかった。アメリカや日本など域外の国からの輸入産品に各国がそれぞれに税を課すことは許されなくなり，EU が一括して課税することとした。これはいわゆる関税同盟の域をこえるもので，国家としての関税自主権を放棄し，それを一括してブリュッセル（EC）に委譲することを意味した。

　こうした点が，拘束力の弱い政府間組織という性格をもつヨーロッパ評議会との違いである。ちなみに，発足 EC に加わらなかったイギリスであるが，同国はローマ条約づくりの作業にある時期までは代表を送っていた。それが，この対外共通関税を設けることへの反対から，6ヶ国と袂を分かつことになった。したがって，EC はかなり境界のはっきりした組織であり，国家主権の一部委譲を行いながらあらたな共同体をつくることに同意する，画期的だがハードルの高い条件を課す組織となった。

　「条約」という言葉を今まで区別なく使ってきたが，条約による新しい関係の形成には，二つのレベルがあるというべきかもしれない。その趣旨が普遍的

で，国内法との齟齬も少ないとみられ，広い範囲の国々による署名を期待しうるような条約と，既有の国家権限にも小さからぬ影響を与え，国内法の改正も必至とするような義務を課する条約がある。後者は，その作成の過程でも逐次諸関係国の合意を求めていくものであり，厳密な遵守義務が求められ，そのため締約国も自ずと限られるという性質のものである。

3 主権の委譲ということ

　ヨーロッパ評議会への参加国は，当初からイギリスはもちろん，EEC 6 ヶ国のほか北欧諸国も含んでおり，数が多かった。これに関連して興味深い指摘もある。最初の EC 構成国であるフランス，ドイツ，イタリア，ベルギー，オランダ，ルクセンブルクのいずれもが第二次世界大戦のなかでナチスによる侵略をこうむって，政権崩壊ののち，レジスタンスを組織したり，または敗戦による壊滅と支配層の全面交代を経験するなどしている。そして戦後は，統合されたヨーロッパを志向している。それに対し，ナチスの直接の支配を経験しなかったイギリス，ノルウェー，スウェーデンには統合ヨーロッパという理念はほとんど不在だった (Larat 2003 : 20)，と。もちろん，スイス，アイルランドなども後者に属する。スイス，ノルウェーを除き，これらの国も周知のように遅れて二次，三次の EC 加盟の申請国とはなるが，「統合 (integration)」という言葉をあまり好まず，国民的利益の名において EC，EU の条約に留保を示すことも多かった。

　このことは，国民国家システムを超えた共同体をつくる，あるいは受け入れる行為は，主権国家の問題性を経験して，それを超えることの必要を感じる姿勢と関連していることを予想させる。一般民衆がそのような認識に立つのは容易ではなかっただろうが，強いリーダーシップをもつ政治指導者がそうした認識を持することが可能だったかぎりで，このことが意味をもったのではないか。筆者はそのような観点から，モネ，シューマン，アデナウアー，ガスペリら，戦後のヨーロッパ統合の舵取りをした政治家のプロフィルを検討したことがあ

る（宮島 2011：33-37）。抗争し，暴走する主権国家に翻弄されながら，抵抗し，複数の文化または国籍を経験してきた「マージナル・マン」のタイプがこの指導者たちには多かった。

しかし，国家の垣根を低くする統合であるEECの結成に，わかりやすいメリットがあることも必要だった。それは，さしあたりは経済的な分野で目に見える具体的な利益があることだった。この点，モネらは現実主義者であったうえに，経済運営の経験も豊富であった。強まる冷戦のなかでそれだけ西ヨーロッパの経済的復興が急務となり，東への対抗上，数百万人から数千万人の小規模な，隔壁をもった国内市場が並立しているという状況は好ましくなく，共同市場の設立が余儀なく必要だという論は，少なくとも政治経済界には説得力をもった。なお，そうした経済的な顧慮から統合に比較的柔軟な立場をとるモネらは，実はイギリスのECへの加盟を一貫して望んでおり，これにノンを突きつけ一就したフランスのドゴールの政策には批判的だった（Urwin 1996：286）。また，オランダ，ベルギーなどの小国が，狭隘な国内市場を一挙に拡大してくれるこの運動に期待をかけたことはすでに述べた。

この共同市場を追求するECの経済をどのように特徴づけるかは，議論のあるところである。国別になされていた保護政策（関税，課徴金，輸出奨励金等）を漸次撤廃していくことからして，各国家からみれば経済への介入のしにくい新古典主義的な経済運営とみられるが，EC経済をトータルでみると，対外共通関税がかけられるし，農業分野では共通農業政策のなかでECによる価格支持政策が適用される。保護あるいはインセンティヴを与える政策は継続されていて，その実施主体が各国家から共同体レベルに移されただけといえないこともない。なお，ファンドとして十分ではないといわれながら，ヨーロッパ社会基金（ESF）が当初から設けられ，これは雇用・失業対策，主に職業訓練に充てられてきた。

もうひとつ，EC，EUの広義の経済政策を特徴づけるのは，域内の地域格差の縮小，地域経済の活性化であって，1973年の第一次のEC拡大後に，政策課題として浮かび上ってくる。経済のボーダレス化によって，相対的低開発の

地域のなかで好条件を備えた地域には工場進出は起こるが，そうでない周辺部との格差はいっそう拡大する。これに危機感をいだいた新加盟国のイギリスやアイルランドの要求で，ヨーロッパ地域開発基金（ERDF）が創設された（1975年）。それが80年代にはさらにギリシア，スペイン，ポルトガルという南欧3ヶ国が加盟することによって問題が大きくなり，この ERDF や ESF を統合しての構造基金（Structural Funds）の設立へと進む。格差縮小により重点が置かれていくのである。これらの基金政策は，いうなれば EU のなかでの富あるいは GDI の地域間再配分を行おうとするものである。格差の発生はやむをえないとし，最低限のセーフティネットで対応すればよいとする自由主義型経済とは一線を画するものとなる。

4 「人の自由移動」とは何か

さて，EC，EU が実現してきた「人の移動の自由（free circulation (movement) of persons）」とは何であろうか。

EU のトランスナショナル化をもっとも象徴するのが人の移動とユーロ通貨導入だといえるが，前者はローマ条約の第四八条まで遡る。同条は「労働者の自由移動は共同体内で遅くとも移行期の終了(3)までに実現される」として，a. 実際に提供される雇用に応じる権利，b. そのために加盟諸国の領土内を自由に移動する権利，c. そのために加盟国のひとつに滞在する権利，を認めている。域内での資本，商品と並んで，労働力（という商品も）国境なき移動が保障されねばならないというのがその趣旨であるが，他国で就労許可なしに就労すること，就労のために当該国に滞在することも権利として含む。

この原則は純理論的に導かれたものだろうか。むしろそれは現実的要請に根ざしていたとみるべきで，経済成長をめざす西ヨーロッパ諸国の深刻な人口欠損，労働力不足を反映していたといえるだろう。フランスはすでに戦争直後から外国人労働者の大量受け入れを目標に掲げていたし，西ドイツは，東ドイツ（DDR）や東欧諸国からの大量の難民（亡命者）によって労働力需要を埋めて

きたが、それでも足りず、ローマ条約の準備がまさに進行中だった1955年から、イタリアを皮切りに、スペイン、ギリシアなど南欧諸国と二国間協定を結び、労働者受け入れを開始していた（Alba et als. eds. 2003：31）。そしてベルギーやオランダも、ともに移民（外国人）労働者を必要とする国だった。

　だから、そうした現実的インタレストをいかに普遍的規範の下に包みこむかが課題となっていたわけで、第四八条二項は次のようにうたう。「この自由移動は、雇用、報酬、およびその他の労働条件にかんして、加盟国労働者間の国籍による一切の差別を廃することを意味する。」これはやがて整備されていくEC法における基礎的な原則となる。

　けれども、労働力需要を満たすにはEC域内だけの労働力の移動では不十分であることを、これらの国はそれまでに実証していた。フランスはECの一国であるイタリアから戦後多数の労働者を受け入れてきたが、50年代末にはもはや満足な数を受け入れるのがむずかしくなり、やがて西ドイツとの争奪戦でも──この隣国のほうが相対的に高賃金で受け入れたから──不利となる。フランスの戦後の復興を支えたもうひとつのマンパワーは、アルジェリア人であって、1947年以降年間数万人の入国超過（入国数から出国数を引いた数）があり、これは1962年のアルジェリア独立後も続く。一方ドイツは、ベルリンの壁建設という特殊な事情が生じ、東からの人の流入が途絶え、南欧諸国からの受け入れでは足りず、周知のようにトルコやユーゴスラヴィアなどEC外から大量の契約労働者[(4)]の受け入れを図る。

　ということは、労働力の調達自体は、EC域内をはるかに超えたグローバリゼーションをすでに並行的に経験していたということである。向仏のアルジェリア人労働者などは、母国の独立後もしばらくパスポートフリーで入国を認められていた（Stona 1992：399）。ちなみに、イギリスでも1960年代まで旧植民地出身者（"コモンウェルス移民"）には自由な入国が認められていた。

　もちろん、これらはEC域内の移動とは意味が異なるわけであるが、大きな文脈では、域内と域外をつなぐ労働市場のグローバル化が、戦後ヨーロッパではつねに存在しつづけたわけである。イギリスやフランスの内部に、「第三世

界の内部化」といってもよいような大規模な移民コミュニティの形成が進み，ロンドンのイーストエンドや，マルセイユのカルティエ・ノールのような，あたかもそれぞれカリブ海諸島や，アフリカ大陸と直結するかのような民族的光景を現出していた。

けれども，EC域内の労働者と域外の労働者との間には，目に見えなくとも一線が引かれていた。労働市場では，求職において内国人およびEC加盟国出身者優先の原則があり，そうした制度的差別のほか，アフリカ系，カリブ系，アジア系などであるがゆえの人種・民族的差別が日常的にみられた。たとえば70年代前半まで存続したフランスの劣悪なスラム住宅であるビドンヴィルの主な住民は，ヨーロッパ系移民ではなく，アルジェリア系移民であった。グローバリゼーションとは，現実には，こうした不均等や差別を含みながら進んできた。

そしてEC諸国の多くは，1973〜74年の石油危機の際に，国内の雇用状況の悪化を理由として新規外国人労働者の受け入れを停止したのであるが，この時，EC域内からの外国人労働者の入国はその例外とした。さらにマーストリヒト条約以降，域内出身外国人は入国管理では内国人とほとんど区別されなくなり，域外外国人との権利差がさらに大きくなる（これについては後述する）。

5　移動の自由と人権原理

ECでは当初労働市場との関連で定式化されていた移動の自由は，次第に人権の観点から，またシティズンシップの問題として修正されていく。ここにはヨーロッパ人権条約の影響力が大きく，同条約にもとづく人権裁判所の判断なども関係してくる。そこにECらしさがあるといえる。少しその流れを追うと，1964年には，域内移動の自由を得るのは，前記の労働者だけではなく，労働者の配偶者と家族成員となり，家族が一体で移動することが認められた（*Code de la personne*, p. 164）。68年には，その配偶者や家族成員については，「国籍を問わず」，すなわち非EC加盟国の国籍の者であっても，域内移動の自由が認

第2章　グローバリゼーションとEUのアイデンティティ

められることになった（p.175）。ただし，家族を伴う場合には，その国の労働者にとってふさわしい広さの住宅を確保していなければならないという条件が付く。さらにEC内の他国への留学やその他の活動のための自由移動も認められていく。

一方，域内自由移動と次元を異にするが，70年代の後半に生じてきたひとつの大きな問題は，ECの一国内に定住しようとする非EC国籍の外国人労働者たちに，母国からの家族呼び寄せを認めるか否かだった。外国人労働人口の縮小をめざした国々は，呼び寄せを認めるのに消極的だった。だが，有力NGO等は，主にヨーロッパ人権条約によりながら，家族が一体で生活することは移民労働者にも認められるべき権利である，とのキャンペーンを展開する。この働きかけは政府や司法の判断に効果を及ぼし，70年代の終わりには西欧の多くの移民国で，呼び寄せの権利が認められていく。この「家族再結合（family reunification）」と呼ばれる移動は，どの国でも母国に住む配偶者と未成年の子どもに制限され，その他幾つかの条件は付くものの，それらを満たせば，ほぼ自動的に認められるものとなった。

その結果起こったことは，域外からの労働者の入国が1973年〜74年を境に急激に減少するのに反し，家族の入国がそれを凌駕して続くという変化である。フランスの場合について，図2-1に示す（Costa-Lascoux 1989：38，42）。このグラフでは必ずしも明らかではないが，たとえば域外に位置する北アフリカの一国モロッコからフランスへの家族流入は，1971年には約7000人だったのが，80年には1万4000人近くに増加している。

このことは，「人の移動の自由」がヨーロッパでは複雑な意味をもち，複雑な要素からなっていることを物語る。これにさらに加わるのが，同じく人権，人道の原理に立つ受け入れとしての庇護申請者（難民）の受け入れである。難民，すなわち所属国のなかで政治的迫害を受け，国外に逃れた者を受け入れる義務は「難民の地位に関する条約（難民条約と略，1954年に発効）」で定められている。ただし，ドイツやフランスは同じような義務を，独自に自国の憲法（基本法）のなかでも定めている。いうまでもなくEC，EU加盟国はすべて難

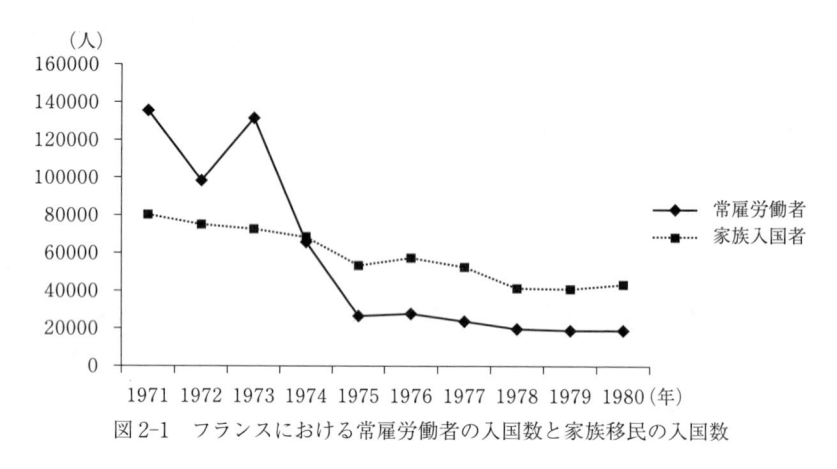

図2-1　フランスにおける常雇労働者の入国数と家族移民の入国数

民条約の締約国であり、難民を申し立てる者には一定の条件の下で国内に受け入れ、審査の対象とする。難民認定の率は二割以下と決して高くはないが、申し立て者には「送還禁止（*non refoulement*）」の原則を適用しなければならないケースもあり、そのため定住者が生まれる確率も低くはない。

　ちなみに難民はグローバリゼーションを強く反映する人の動きである。情報と人のネットワークを通じ地球上の遠隔の地域からヨーロッパをめざす難民は増える一方である。EUでは、複数の国への同時的な、または順次の難民申請を認めないこととした（ダブリン条約）。それでも、多数の申し立てがあり、各国で数千人から数万人の申請者の受け入れがあるということは、西欧諸国が、難民の生じやすい現代世界のなかで重要な役割を果たしていることを物語る。その総数は、2000年1年間では約24万人であり、アメリカ、カナダ、オーストラリアの三国の合計をはるかに超える。

　たとえばその一国イギリスの例をとると、2009年の難民申請者（asylum seekers）の受け入れ数約3万人のうち、公表されている上位15国籍でこれを分類すると、アフリカ系難民が38％、中東・西アジア系のそれが29％、その他アジア系は15％などとなっている（OECD 2011）。人の移動のグローバル化をもっとも代表するもののひとつが、難民移動であることが窺われよう。

6 生活の保障はどこが与えるか

　EU加盟諸国の労組や労働者にとっては、生活の安定と保障は当然の願いである。雇用と社会保障はそのなかでも最大の関心事であって、「社会的ヨーロッパ（Social Europe）」への期待にもそれが込められている。けれども、それらの面でEUはあまり期待に応えていないとみられている。さまざまな政策分野について「各国政府とEUのどちらが決定を下すべきか」という設問がEUの世論調査（ユーロバロメーター）にしばしば含まれ、各国民から回答が寄せられるが、「医療・社会保障」については「EUが行うべき」はつねにもっとも低く、30％程度にすぎない（それに対し、環境政策や第三世界援助になると、「EUが行うべき」が70％に迫る）。

　事実、EUに社会政策と呼びうるものがあるかとなると、それは手薄であり、ヨーロッパ社会基金（ESF）はすでにみたように、雇用保険的な給付ではなく、その創設時から失業対策への補助金と位置づけられ、主に若者の職業再訓練に充てられる。また、EUでは各国の老齢年金の通算制度が設けられ、複数の加盟国で何年かずつ就労した者が規定の年齢に達した時、通算して年金を受け取れるようにはなっている。しかし、年金保険や雇用保険の制度をもち、運営しているのはEUではなく、あくまでも各国である。

　そのうえ社会保障制度は、歴史的な事情を反映して、各国ごとにかなり異なる。フランスの年金制度を例にとると、北欧諸国にみられるようなベヴァリッジ型の普遍的な公的制度は弱く、そのひとつの起源を社会保険（労働者保険）に負っていて、それ以前から存在していた相互扶助組合、社会事業なども背景としていながら、職種ごとにきわめて複雑に形成されてきた（藤井・塩野谷編 1999：12）。それだけに特殊性を残したこれらの制度に長年慣れ親しみ、利益を見出している勤労者たちは、年金をはじめとした社会保障制度が国家主権内に残され、安心を与えてくれるのを当然とする。"身遠な"EU政府にそれが移管されることなど考えもしなければ、望みもしない。

ここに，グローバリゼーションに抗しがたいものを感じながらも，生活防衛の最後の砦として勤労者が固執するナショナルな制度として社会保障というものがある。

ところが，やや別の論理も働き，今EU内では，一様に年金改革の必要が叫ばれている。フランスでもドイツでもイタリアでも，これが政治的課題とされ，人々からは生活不安を誘うものと受け止められ，グローバリゼーションの帰結とも感じられている。

それは年金の受給開始年齢の引き上げ（67歳！），保険料自己負担分の引き上げ，官民の格差の是正などの改革からなり，これに労働者，労組は強い抵抗を示している。背景としては，フランスのような企業の拠出が高い割合を占める国では企業の抵抗が強まり，国庫の支出の大きな国では財政赤字をこれ以上増やせないという事情があり，さらに全般的な背景として雇用が増えず失業が増加するという不況局面と，高齢人口の増加と若者人口の減少が進んでいるという制度自体の危機がある。そしてこの「年金改革」を，多くの労働者や民衆はEUの進めている政策ではないかとみなし，反EU感情をいだきがちである。

7 反グローバリゼーション

EC，EUにおける「人の自由移動」は，90年代まではこれといった内からの強い警戒や抵抗なしに進んできたという印象がある。その意味では1980年代は過渡期だった。ギリシア，スペイン，ポルトガルがそれぞれに加盟審査をパスしてECの一員となった時期である。この3国は，「中心」よりは「準中心」に位置する国とみなされていたが，フランス，ドイツ，ベルギーなどにとっては，三国は何よりも長年の労働移民の送出国だった。試みに当時のフランス，（西）ドイツの外国人在留数をみてみると，フランス（1982年）にはポルトガル人約77万人，スペイン人が約33万人，ドイツ（1985年）にはスペイン人が約15万人，ギリシア人が約28万人がそれぞれ滞在している。決して小さい数字ではない。3国のEC加盟は，可能性として，北の国々に向けて大量の移民の出国

をうながすのではないかとみられ、「自由移動」体制への参加は 7 年の期限を設けて先送りされた（宮島 1991：51）。

　けれども、その 7 年間を経た後、もはや南から北への大きな人の流れは起こらなかった。この間に南欧諸国は社会保障制度の整備を行い、北からの企業誘致、資本導入を行い、EC もかなりの規模で構造基金を振り向けたからである。むしろ北から南への投資、あるいは「工場輸出」が勢いづき、南では不熟練あるいは半熟練労働者はこれらに働き口を得て、自国に留まるという傾向をみせるようになる。以後、北への移動というと、専門職や熟練労働者のそれが主なパターンになったといわれる。といっても、フランス、ドイツなど多くの国はマーストリヒト条約以降、域内の移動者に対しては労働許可証を廃止し、入国記録も保存もしなくなったため、数の確認はむずかしい。何よりも自由移動をめぐる空気として見逃せないのは、当時、南欧 3 国に対して比較的友好的な態度が他の EC 諸国の側にみられたことである。「リスボンの春」、「ポスト・フランコの民主化」など、70 年代にこれら 3 国が、軍事政権や権威的体制から自らを解放し、政治的民主化をなしとげたことが、ヨーロッパ内では歓迎されていたからである。

　ところが、今世紀に入っての EU の「東方拡大」、具体的には 2004 年以降の計 12 ヶ国の EU 加盟に伴う「自由移動」問題はどのように受け止められたか。歓迎ムードは少なく、メディアの扱いでもむしろ警戒心を煽る動きが目立った。ドイツもフランスも、東方諸国の国民の自由移動をただちには認めず、7 年間の期限を設けて先送りした。イギリス、スウェーデン、遅れてオランダ、イタリアなどが移動への扉を開いたが、流入が増えたポーランド人、ルーマニア人、リトアニア人などに対しては反発が少なくない。たとえばイギリスで 55 万人に及ぶポーランド人滞在者、イタリアで 89 万人に達するルーマニア人滞在者（いずれも 2009 年時点）（OECD 2011）は、歓迎されているというにはほど遠く、むしろ市民感情にはゼノフォビア（外国人嫌悪）的な反応がみられるのである。07 年 10 月、イタリア・ローマで、ルーマニア出身の新来者による殺人事件が起こり、センセーショナルな報道とあいまって、外国人排斥の世論が強まり、イ

タリア-ルーマニア間の外交問題にまで発展しかけた。

「グローバル化（フランス語では「世界化」mondialisation）」は，過去10年ほどの間にEU市民の間にだいぶ親しまれる言葉となった。ただし，一部の人々を除き，圧倒的にネガティヴな意味においてである。

大衆向けのメディアが半分風説として報じ，通常なら無視してもよいような報道が，重要な政治的帰結を伴ってしまうという出来事が起こる。それは「ポーランドの配管工」問題，「ボルケンシュタイン指令」問題という，意味ありげなキーワードによって流布された，あえていえばメディア・イッシューである。その「指令」は，「サービス業の自由化」として取り上げられ，誇大に報じられた。フランスでは，この指令のせいで出身国の劣悪な条件そのままで他国からサービス業労働者が大挙してやってくるのではないか，という観測が流されて，労組の反発まで招いた（Lequesne 2008=2012：93）。また同指令に関連して，サービス労働が自由化されれば東方の労働者が安い賃金で働きにこようと待ち構えているという噂が飛び，これが「ポーランド人配管工」ニュースなるものを生んだ。すなわち，西側のEUの6分の1の賃金で働くポーランド人の配管工がやがてやって来て，町々に溢れかえるのだ，という噂である。

政治家たちは根も葉もない噂だと打ち消すが，誰が噂を製造しつづけるのかメディアは取り上げつづけ，ひとつの政治的な効果をもちはじめた。それは，欧州憲法草案の批准のための国民投票が予定されている国々で否定的効果を及ぼしはじめたのである。多くの国民は憲法草案の内容にではなく，「ボルケンシュタイン」「配管工」などの活字の躍るメディア報道に引きつけられる。EUが制度を整え，力を伸長すれば，国境の垣根はいよいよ低くなり，経済の自由化と民営化がいっそうの勢いで進み，雇用や年金も脅かされるのではないかという論理で，欧州憲法に「ノー」をいうべきだという声が高まる。こうして05年初夏から夏にかけフランスで，次いでオランダで憲法批准の国民投票では否と出た。

擬似イベント，擬似イッシューといってもよいこうした出来事にEU市民たちが大量に動かされることは今までなかった。そして，本章では立ち入らない

が，EU憲法問題の後のEUに，さらに巨大な世界的なイッシューとしてもちあがったのが，ユーロ危機である。ここでも，自分たちの制御の力の及ばない経済・金融のグローバリゼーションへのヨーロッパ市民の強い警戒心と不安が渦巻いている。先の読めない事態が今日でも続いているが，暫定的結論に移らねばならない。

8　むすびにかえて
―国民国家からいずこへ―

　人口約5億人を超えるEUは巨大である。近い将来，東欧，バルカンの数ヶ国が加わりさらに拡大されるだろうが，今後どんな体制に向かうのかは依然はっきりしない。国家連合なのか，連邦制なのかという議論は以前から行われてきたが，共通通貨がすでに17ヶ国で使われ，これらの国では通貨管理権が放棄されているから，もう単なる国家連合とはいえない。ただし8ヶ国は非ユーロ国に留まり，外交と防衛で統一政策が生まれているともいえず，連邦制への距離はだいぶある。グローバリゼーションについては，2011年現在，世界の金融ファンドの直撃，IMFやG7蔵相会議等の決定・介入に支配され，財政赤字を抱える南欧諸国の国債の格下げによるユーロ危機のため，各国も国民も一段と警戒的になっている。

　ここで立ち入る余裕がないが，トランスナショナルに動く投資資金の保護と銘打ち，EUの外（いうまでもなく，アメリカ）に本拠を置く民間の信用格付け機関がEU諸国の国債や銀行の評価を行い，ユーロ危機に重大な影響を与えたことは周知の通りで，アングロ・サクソン系の非正統の権力によって経済・財政が一部支配されているという感覚は強まっている。[8]より一般的な問題としては，S.ストレンジが着目したように「ビッグ・シックス」の名で呼ばれる，世界的な六大監査法人はいずれもアングロ・アメリカン系企業であり，イギリスの上位企業のほとんどの監査法人となっており，その他のEU諸国企業にも大きな影響を及ぼしていないとは考えにくい（Strange 1996=1998：223-24）。その

役割は,当然信用格付機関のそれに近いものとなる。

　反グローバリゼーションの感情から,ヨーロッパ統合に消極的な勢力（各国の右翼政党など）が支持を伸ばす傾向をみせている。その先は,国民国家体制への回帰だろうか。だが,それはすでに困難であり,仮に旧通貨への復帰のシナリオを描いてみても経済,財政が改善される見通しはない。また,そこまでの議論はないが,人の移動の自由を禁止し,これを以前の国境ごとの検問体制にもどすことを市民たちは希望しているだろうか。そうではあるまい。まして単一市場を廃することは想像もつかない。かつて域内関税撤廃が進められる過程で危機を経験した産業もあり,単一市場化は平坦な道ではなかったが,しかし今ではこれに適応し,消費生活の豊かさを市民の大勢は楽しむようになっている。[9]

　けれども,以前からつねにEC,EU内にあったのは,小規模な農民,自営業,サービス業の業主たちの,資本の自由な移動によって他国の自営業や大規模店などが参入してくることへの不安である。また移動して他国で就労するような意思をもたない一般労働者は,競争相手が外から入って来ることのほうに脅威を感じやすく,総じて統合からの受益感は低い。この人々をプロEUにすることは,現状では容易ではないだろう。

　最後にふたつの大きな課題に触れなければならない。

　EU内の決定にせよ,EU外からの働きかけにせよ,政治的決定に対して加盟諸国の一般国民は"身遠"と感じ,非民主的なトップダウンと感じることが多く,これがともすれば政治的アパシーをも生んでいる。ギリシアやスペインの政治家たちもこれとパラレルに,G7首脳会議や欧州閣僚会議等の決定に対し無力感を抱いている。デモクラシーの仕組みをどうつくるか,これは半世紀来の課題でありながら,EUの今なお最大のアキレス腱をなしている。なすべきことのひとつは,いまだ諮問機関にとどまる欧州議会を実質的な立法機関に変えること,今ひとつは,EUの所管の政策に対し一般市民の直接の声を届かせるシステムをつくれるかどうか,である。リスボン条約（09年発効）では「市民イニシアティヴ」と呼ばれる100万人以上の市民の同意を集めた提案の方

式を打ち出している（鷲江編 2009：116）。はたしてそれは行使可能か。一歩前進になるのか。

　第二には，グローバル化が市民たちに与えている大きな不安である，生活に保障を与えるべきセーフティネット（この言葉には問題があるが）のほころびに，どのように対応するかという問題がある。共通の問題としては，民営化，受給年齢引き上げなどの圧力の下にある社会保障制度をいかに維持するかであるが，頼りになりうる制度枠組みは何か。それは今のところ各加盟国の国内制度を措いてほかになく，これにはオールターナティヴはほとんど考えられないのが現実である。グローバル化EUにしては逆説的であるが，市民の生活の保障に関しては国家を超えることは至難なのである。

　以上，EUの直面している問題の現状からして，国民国家からいずこへ，という問いに答えが出せるのはまだまだ先のようである。

注
(1) 1950年代前半には，ヨーロッパの組織化をめぐっては，「統合主義者」と「政府間主義者」（連合主義者）の対立があり，せめぎ合っていたと分析されている（Delors 1996：10）。前者に対応するのがECSC，後者に対応するのがヨーロッパ評議会である。
(2) その発足当初には，「ヨーロッパ経済共同体」（EEC）と呼ばれた。1967年7月にEEC，ECSC，EAEC（ユーラトム）が合体し，EC（欧州共同体）の名称が使われるようになった。ただ，慣用として，EECをECと呼び換えることも行われてきた。
(3) この段階では明瞭ではなかったが，共同市場の完成とされるのは，マーストリヒト条約の成立（1992年）時であり，自由移動の完全な実現もこの時点とみなされる。
(4) 二国間協定により労働条件，滞在条件などが保障され，他方，在留期限も明示されるような導入の型（「ゲストワーカー」の呼称もある）を指す。これらが欠けている植民地出身労働者との対比で，こう読んでおきたい。
(5) たいていの国で呼び寄せる家族員数によって定められた最低限以上の月収および住宅面積が定められ，条件とされた。

(6) ドイツの基本法（1949年採択）第16条では「政治的に迫害されている者は庇護権を有する」とし，フランス第五共和制憲法は第53条の1では，「自由のための活動を理由に迫害され，または他の理由でフランスの保護を求めるすべての外国人にたいし，庇護を付与する権能を常に有する」とうたっている。

(7) フリッツ・ボルケンシュタインは欧州委員会委員（EU内閣の大臣に相当）で，オランダ人であるが，彼の名を冠した指令（06年）が，その検討の段階で突如メディアで大きく取り上げられ，虚実をとりまぜて報じられ，議論を呼んだ。その「指令」とは，EU加盟国のサービス業（労働）従事者がEU内の他国で働く際の条件を簡素化するというものだった。

(8) ムーディーズとスタンダード＆プアーズというふたつの代表的な信用格付け会社は，元々アメリカ外にはアナリストをもたなかったが，90年代にはヨーロッパ・日本・オーストラリアに約100人のアナリストをもつようになった（Sassen 1996＝1999：64）。この格付け機関のグローバル化に対抗する手段をEUはもたない。

(9) たとえば"ワイン戦争"が記憶される紛争としてある。1970年代後半，より安価なイタリア産ワインが無関税で流入してくることに対し，ラングドック農民が抗議し国道にバリケードを築くといった出来事があった（Touraine et als. 1981＝1984）。

文献

Alba, Richard, Peter Schmidt and Martina Wasmer eds, 2003, *Germans or Foreigners?: Attitudes toward Ethnic Minorities after Reunification Germany*, Palgrave.

Costa-Lascoux, Jaqueline, 1989, *De l'immigré au citoyen*, La Documentation Française.

Delors, Jacque, 1996, *Combats pour l'Europe*, Economica.

藤井良二・塩野谷祐一編，1999，『フランス』（先進諸国の社会保障6），東京大学出版会。

木畑洋一，1994，「世界史の構造と国民国家」歴史学研究会編『国民国家を問う』青木書店。

小島健，2007，『欧州建設とベルギー——統合の社会経済史的研究』日本経済評論社。

Larat, Fabrice, 2003, *Histoire politique de l'intégration européenne (1945-2003)*, La

Documentation Française.
Lequesne, Christian, 2008, *La France dans la nouvelle Europe*, Presses de Sciences Po. (=2012, 中村雅治訳『拡大 EU とフランス政治』芦書房。)
宮島喬, 1991, 『ひとつのヨーロッパ いくつものヨーロッパ』東京大学出版会。
宮島喬, 2004, 『ヨーロッパ市民の誕生――開かれたシティズンシップへ』岩波新書。
宮島喬, 2011, 『一にして多のヨーロッパ――統合のゆくえを問う』勁草書房。
OECD, 2011, *SOPEMI* (*Perspectives des migrations internationals 2011*).
Sassen, Saskia, 1996, *Loosing Control? Sovereignty in a Age of Globalization*, Columbia Univ. Press. (=1999, 伊豫谷登士翁訳『グローバリゼーションの時代――国家主権のゆくえ』平凡社。)
Schuman, Robert, [1950] 2003, "The Scuman Declaretion," B. F. Nelson and A. Stubb, eds., *European Union*, L. Rienner.
Stona, Benjamin, 1992, *Ils venaient d'Algérie*, Fayard.
Strange, Susan, 1996, *The Retreat of the State: The diffusion of Power in the World Economy*, Cambridge University Press. (=1998, 桜井公人訳『国家の退場――グローバル経済の新しい主役たち』岩波書店。)
Sweeney, Simon, 2005, *Europe, the State and Globalisation*, Peason Education.
Touraine, Alain et als., 1981, *Le pays contre l'Etat*, Seuil. (=1984, 宮島喬訳『現代国家と地域闘争』新泉社。)
Urwin, Derek, 1996, *Dictionary of European History and Politics since 1945*, Longman.
鷲江義勝編, 2009, 『リスボン条約による欧州統合の新展開』ミネルヴァ書房。

第**3**章

アジアにおけるグローバリゼーションとローカルなもの
――メガシティ・ジャカルタの都市再生をめぐって――

吉原直樹

1 カウンターグローバリゼーションとローカルなもの

「レクサスとオリーブの木」と「グローバリゼーション」のアトラクタ

　かつてグローバリゼーションをとりあげる際にしばしば引例されたのが，トーマス・フリードマンの『レクサスとオリーブの木』である。アーリは，そこにモダニティの両義性を読み取り，次のように述べている。

　　フリードマンの言うところの世界の半分は，グローバルな世界において成功を収めるために自らの経済を近現代化し，合理化し，民営化することで，よりすぐれたレクサスを生産することに従事している。これは「第一のモダニティ」である。そして残りの半分は，誰がオリーブの木を手に入れるのかについての決着をつける戦いに巻き込まれている。このオリーブの木は，ルーツ，係留，アイデンティティを表しており，ラッシュが「もうひとつのモダニティ」と呼んでいるものである。(Urry 2003：91)

　アーリはフリードマンの『レクサスとオリーブの木』をこう読み解いて，「『グローカリゼーション』のアトラクタ」なるものに言及している。彼によれば，それは「グローバリゼーションがローカリゼーションを進め，ローカリゼーションがグローバリゼーションを進めるといった並行的で不可逆的な相互依

存的なプロセス」(Urry 2003：15) のことである。

グローバル資本主義の機制

しかしフリードマンのいう「レクサスとオリーブの木」にしてもアーリのいう「『グローカリゼーション』のアトラクタ」にしても，9.11以降の世界を目の当たりにしてきた者からすれば，きわめて図式的であるという印象をぬぐえない。それをそのまま踏襲すると，ひょっとしたら間違ったシグナルを送ることになるかもしれない。上田紀行が指摘しているように，グローバリゼーションは「電脳投資家集団」に好都合な汚職の追放，民主化，情報公開を部分的にうながしたかもしれないが，じつは，それ以上に所得格差の拡大や自然環境と文化の破壊をもたらしたのである（上田 2005：65-71）。つまり，オリーブの木も「『グローカリゼーション』のアトラクタ」も，グローバリゼーションの暴力／脅威にさらされている人々には，それほど稔りあるものにはならなかった。むしろ「オリーブの木はすべてなぎ倒され，整地されてしま」(上田 2005：64) い，「『グローカリゼーション』のアトラクタ」もグローバル資本主義の機制にすっかり呑み込まれてしまった，といえるのである。

グローバリゼーションとコロニアル-ポストコロニアル

ともあれ，コミュニタリアンの主張に積極的に加担しないかぎり，オリーブの木とかローカルなものに人々の安心の場をもとめるのは非現実的であるといわざるを得ない。したがってここでは，グローバリゼーションに対する地域の側のリアクションをカウンターグローバリゼーションとしてとらえ，それがカウンターゆえにグローバリゼーションに呑み込まれ，ひいてはそれを補強する役割を担っていることを明らかにしたい。同時に，フィールドをアジアに据えたとき，ローカルなものに深く足を下したコロニアル-ポストコロニアル体制がこのグローバリゼーション-カウンターグローバリゼーションのプロセスに深い影を落としていることをみる必要がある。

以下述べるように，前者は後者の促迫要因（その作用のしかたはきわめて屈曲

化しているが)として存在する。もっとも，管見のかぎり，過去のグローバリゼーション・スタディーズにおいて，コロニアル-ポストコロニアルにかかわらせてグローバリゼーションのありようを追及したもの，換言するならグローバリゼーションにおけるコロニアル-ポストコロニアルの含意（connotation）について意識的に追求したものはさほど多くない。本章では，ジャカルタの都市再生事業の動向，とりわけ KIP をめぐって展開されてきたそれを検討するなかで，上述の含意とそこから読み取ることのできるローカルなものの位相を明らかにすることにつとめたい。

2 コロニアル体制とカンポン

KIP とカンポンの文化構造

いわゆる第三世界における大都市の都市再生事業は，これまで不良居住形態の除去をメインとする居住基盤整備事業に特化する傾向にあった。そしてそれは一方で対象地住民の社会経済的性格を無視した移転計画であったため貧困をいっそう激化させ，他方でインフラ改良に回収の見込みのない多額の費用を投入し，加えて強権発動を伴ったため社会不安を招くものであったと指摘されてきた。ここでは，プライメイト・シティ[2]（primate city＝首位都市），とりわけ中心都市（central city）における「都市貧困層の生活要求に対する最も成功したアプローチ」（布野 1991：212）としてしばしば言及されるジャカルタの KIP（Kampung Improvement Program），さらにポスト KIP の動向を見据えながら，グローバリゼーションの進展に符節を合わせた都市再生事業のありようについて概観する。あわせて，そこに通底するローカルなものの内実について検討する。ちなみに，KIP はコミュニティに根ざした都市再生（community based urban renewal）事業として世界中に広く知られている。そこでは「外から」の開発主義国家体制（＝開発独裁体制）と「内から」のカンポン[3]（Kampung＝都市集落）の文化構造が規定要因として作用している。とくに後者は，前身であるバタヴィア（Batavia）の時代を含めてジャカルタ（Jakarta）そのもののライ

フ・ヒストリーに深く刻み込まれている。

「東洋の女王」から「東洋の墓場」へ

さてジャカルタについては，これまで，植民都市の時代から今日にいたるまで複合社会として特徴づけられてきた。ジャカルタが植民都市に特有の複合社会として歴史的に形成されるようになるのは，17世紀に入ってからのことであるが，1740年までにその外形はほぼできあがっていたといわれる。すなわち，この頃までに他地域から渡来してきたさまざまな民族が少数の例外（中国人及び奴隷）を除いて城塞都市バタヴィアの外部に移住させられた。そして植民者オランダは民族ごとに城外の土地に隔離させながら住まわせて，周辺地域／後背地の開発をはじめとして雑多な仕事を分け与えた。ここに民族ごと，出身地別のカンポンの基礎ができあがったのである。その後，バタヴィアは一時「東洋の女王」と呼ばれるまでに繁栄を極めたが，やがて市内の人口が減りはじめ，逆に周辺／後背地の人口は急伸するようになった。そしてヨーロッパ人自体が後背地へと移動するようになってバタヴィアの衰退が決定的となったのである。いうまでもなく，植民地支配の中枢の機能もまたバタヴィアから後背地へと移動することになった。そうしたなかでそれまでバタヴィアを外部から仕切っていた城壁や運河は取り壊され埋められ，バタヴィアは「東洋の墓場」と化したのである。

放置されたカンポンとアダットの世界

やがて産業革命の波はバタヴィアにも波及し，市域が拡大した（図3-1参照）。それとともに，鉄道をはじめとして港湾，道路，下水道，住宅等のインフラストラクチャーの建設と整備が急ピッチですすんだ。しかしそれは，基本的にヨーロッパ人向けになされたものであり，カンポンは放置されたままであった。したがって公衆衛生，排水，ゴミ処理，住宅改善等はほとんど手つかずであった。改善がなされても，それはもっぱらオランダ人居住地区に限定されていた。こうした状態が独立後も続き，独立後約20年間は，カンポンに対してほとんど

第Ⅰ部　公正な社会を求めて

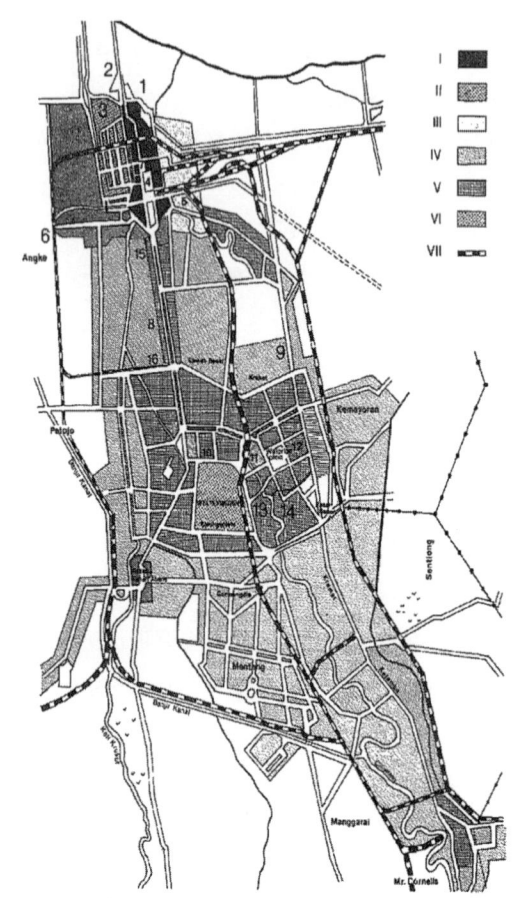

Ⅰ　17世紀前半　Ⅱ　17世紀後半　Ⅲ　18世紀　Ⅳ　19世紀
Ⅴ　20世紀　　Ⅵ　公園および広場　Ⅶ　鉄道

図3-1　バタヴィアの1938年以降の都市的発展
出所：Grijns and Nas（2000：6）より引用。

第**3**章　アジアにおけるグローバリゼーションとローカルなもの

何の施策も行われなかったのである。

　ところが，カンポンはこのように始原の段階から植民地行政の直接的な管理対象／施策対象に入らなかったために，良くも悪くも自己完結的な生活を行う場となった。そして，植民都市とカンポンという複合社会の構造内部に，アダット（慣習）にもとづく共同体の性格が深く残存することになり，結果的にジャワ農民の隣人関係──「住んでいる場所が隣接していること」を契機として拡大適用された親族内の対等者同志の互酬的な交換及び非対称的な関係──がカンポンには埋め込まれることになったのである。後述するように，カンポンにおけるこうした隣人関係の自律性はコロニアル体制の所産であったが，ポストコロニアルのKIPの基盤をもなしていた。

3　KIPとガバメントの機制

世界銀行のプロジェクトとしてのKIP

　ジャカルタにおいて市域の拡大とともに都市問題が一般的に認識されるようになったのは1920年頃である。それはとくにカンポンにおいて集中的に立ちあらわれたが，都市問題を多少とも意識した都市計画，たとえばカンポン・フェアベタリング（kampung verbetering）のようなものにはカンポンは入っていなかった。たしかにカンポン・フェアベタリングがインフォーマルにはKIPの祖型をなしたといえなくはないが，カンポンを見据えたKIPがフォーマルな形で出現するのは1960年代後半のことである。正式には，1969年，サドキン（Sadkin）市長によってKIPが開始された。それは当初国民的英雄の名にちなんで，インドネシア語でタムリン・プロジェクト（Proyek MH Thamrin）と呼ばれた。それがKIPと呼ばれるようになったのは，タムリン・プロジェクトが世界銀行の融資を受けるようになる1974年以降のことである。世界銀行の融資は1976年からはスラバヤでも行われ[(4)]，1980年からは5都市にまで広がっていった（後掲の表3-1参照）。KIPが世界銀行のプロジェクトとされるにあたっては，KIPが第二期五ヶ年計画（1974年〜78年）に組み入れられ，国家的政策に

なったこと，すなわちスハルトのオルデバル（新体制）／開発主義国家体制の末端に位置づけられたことが大きく影響しているが，結果的に世界銀行のプロジェクトとされることによって KIP は世界に広く知られることになったのである。

ところで KIP が世界に広く知られるようになったのは，それが事業の実施計画に「住民参加」を導入した点にあった。それは一般に「セルフヘルプ」型の居住基盤整備事業と呼ばれ，インフラ整備／改良を比較的少額の費用で実施し，同時にカンポン居住者のポテンシャリティ（潜在能力）を効率的に活用するという点に対して国際的に高い評価が寄せられたのである。ちなみに，ワードは KIP に莫大な費用を要する近代的生産設備による大規模な開発ではなく，低廉で豊富な労働力資源を利用する開発の有効性／可能性をみている（Ward 1982）。他方，テイラーは，KIP の特性として，大きい労働力ポテンシャル，地域内の微に入ったコミュニケーション・ネットワークにもとづく地域に根づいた計画策定，そして地域住民のニーズの直接の反映，を指摘している（Taylor 1982）。

名目的な「住民参加」

こうした世界銀行のプロジェクトとしての KIP は，たしかに施設パッケージの設置等において一定の実績をあげた（Devas 1980）。また早瀬保子がカンポンの経済状況調査結果から明らかにしているように，KIP の対象地域住民の収入が増え，そうした世帯の収入増が個別の自発的な住宅の改善へと結びついた（早瀬 1989）。こうした成功（実績）の要因としては「住民参加」が取り上げられることが多かった。だが実際のところはどうであったのだろうか。KIP の実施手順を追うなかで検討してみよう。

澤滋久によると，まず①クチャマタン（kecamatan＝郡）単位で，カンポン（あるいは RW＝町内会）毎の開発要請を受ける。これに応じて，②ジャカルタ特別市（DKI Jakarta）当局内で各種部署の枠組みを越えて編成された KIP ユニットが調査を開始する。このユニットは通常，施行場所の行政機関に権限を

委任する。次に，③施設の必要性，緊急性，優先度等を公的な基準にもとづいて点数化し，施設パッケージの設置を決定する。そして④住民に資材や労働力の提供を求めるが，その指導・決定はクチャマタンが召集する住民会議が行う。その際，官庁から派遣された技術者／専門家が施行の方法や手順を指導する（澤 1994）。こうしてみると，①から④を貫く「住民参加」はきわめて名目的なものであり，実質的には資材の提供や労働力の提供といったものにとどまっていることがわかる。前掲のディーヴァスが指摘する設備計画への低い参加状況，そして計画運営をチャマット（Camat＝郡長）やルラ（Lurah＝村長）が担い，彼らがKIPユニットに交渉するといったトップヘヴィ状況は，このことを端的に示している（Devas 1980）。

ゴトンロヨンを通しての「住民動員」

考えてみれば，「住民参加」が資材の提供や労働力の提供に限られていたということ，そしてそれが結果として「低コスト」を保障するものであったということは，「住民参加」が実質的には「住民動員」としてあったということを裏書きするものでもある。「住民参加」には，先に述べたカンポンにおける隣人関係の自律性が広範囲に「取り込み／吸収」される過程が埋め込まれていたのである。そしてそうであればこそ，KIPは，住民間のゴトンロヨン（Gotong-royong＝相互扶助）を通して資源を調達するシステム及び政府から住民への上位下達（top-down）の回路として機能するRT/RW（町内会／班）に深く足を下したオルデバル（新体制）／開発主義国家体制に共振することになったのである。こうしてオルデバル／開発主義国家体制の進展とともに，KIPは「住民動員」の性格をいっそう色濃く帯びるようになるとともに，部分的に住民統制の性格を兼ね備えるようになる。

ガバメントに適合的な都市再生事業としてのKIP

KIPはカンポンの改良よりはむしろそれらを一掃する「クリアランス」型へと変容を遂げていくなかで，居住地単位での住民統制の役割を担うようにな

第Ⅰ部　公正な社会を求めて

図3-2　ゴールデントライアングル
（Golden Triangle）
出所：Ziv（2002：52）

る。ジャカルタの新しい中心地であるゴールデン・トライアングル（黄金三角地帯）（図3-2）は，かつて多くのカンポンがひしめきあうディープ・ジャカルタの一角を占めていた。それがKIPによってスカイスクレイパーやモールが立ち並ぶジャカルタ随一のオフィス街へと変身した。そこにはカンポンの住民を動員して強制立退きをせまるといった強権的なカンポン・クリアランスの過程が織り込まれていた。いずれにせよ，これまでKIPの特徴とされてきた「自助」，「住民参加」，「低コスト」が高度に統合的なシステムの要素としてあったこと，そしてそのこと自体，先にみた植民都市とカンポンという複合社会の構造に深く根ざしていたのである。さらにあえていうなら，KIPは「住民参加」というキャッチフレーズにもかかわらず，国家主導の「トップ・ダウンのヒエラルキー的形態」をメルクマールとするガバニング様式，すなわちガバメントに適合的な都市再生事業のひとつとしてあったのである。

4 ポストコロニアルとメガシティ

KIPの展開過程

　KIPは都市インフォーマル部門と居住形態としてのカンポンの異常な肥大化を底流とするプライメイト・シティに特有のものとしてあった。そしてそれ自体，1950年代から1980年代における人口急増に伴う政治的不安定化を受けて展開されたマクロな社会統合政策，ならびにそれを支援する世界銀行および国連主導の社会開発政策（social development）と符節を合わせていた。KIPの展開過程を概括した表3-1からは，このことが達意に読み取れよう。ともあれ，KIPはナショナルなレベルの向都労働力移動（rural-urban migration）／過剰都市化に伴う諸矛盾の表出に対する弥縫策としてあったのであり，しかもコロニアルの地層に深く足を下していた点に際立った特徴があったといえる。

拡大首都圏化＝メガシティ化

　しかし1980年代後半以降，ジャカルタはコロニアル体制下の一国社会次元の社会組成（societal）原理をひきずっていたプライメイト・シティの段階から離陸して，先進社会のグローバル・シティ／ポストグローバル・シティとの構造的連鎖の下で，ポスト開発／ポストコロニアルのあり様が取りざたされるメガシティの段階へと突入することになった。メガシティとしてのジャカルタは，以前にもまして人口の巨大な凝集体（agglomeration）となり，拡大首都圏化の道をたどることになった。そして都市とグローバル経済とをつなぐ結節点としての役割を担うようになったのである。いうまでもなく，こうした拡大首都圏化＝メガシティ化は，「資本蓄積を欠いている1970年代以前の『擬似都市化』段階」（Guinness 2000：88），すなわち過剰都市化の連続線上にはない。メガシティの内部で生じた中心都市のリストラクチャリング（構造再編）及び郊外の開発，さらにインフラストック――高速道路とか大規模ニュータウン，ショッピングモール等――の配置／立地は，すぐれてグローバリゼーションに共振す

表 3-1　世界銀行支援の KIP

名称・実施期間	予算／世界銀行貸与額	対象都市	目的
Urban-1(1974-1980)	US$5,100万／2,500万	Jakarta	都市貧困層の居住環境改善
Urban-2(1976-1983)	US$1億480万／5,250万	Jakarta, Surabaya	都市貧困層の居住環境改善 意思の創出
Urban-3(1979-1983)	US$9,600万／5,400万	Jakarta, Semarang, Surabaya, Surakarta, Ujungpandang	既存 KIP 地区の拡大，小都市への波及，衛生関連事業
Urban-4(1981-1988)	US$8,593万／4,300万	Banjarmasin, Denpasar, Padang, Pontianak, Samarinda	全国的 KIP 施行拡大，サイト＆サービス，政策的住宅金融機関（BTN 等）

出所：World Bank, *Indonesia Impact Evaluation Report.* より作成。

るものとしてある。とくに1997年の通貨危機以降，いわゆる「ウォール街の金融と IMF とアメリカ財務省の複合体」（Harvey 2005b＝2007：38）による新自由主義的な構造調整プログラムの後押しによって上述のアーバン・リストラクチャリングはいっそう進展することになった。

分極化したランドスケープ

　さらにメガシティ・ジャカルタでは，「新中間層」の台頭→分解がみられるようになるとともに，農業と非農業が混在するデサコタ（desakota＝デサ（村）とコタ（町）の合成）には地元（in situ）の膨大な低賃金労働力のプールができあがっている。そしてカンポンとは性格を異にする「劣悪居住区（permukiman kumuh）」とか「劣悪地帯（kawasan kumuh）」があちこちにできている。これらは新中間層用のコンドミニアム／ゲーテッドコミュニティの林立とともに，メガシティの「建造環境（built environment）」の分極化を強くうながしている。この分極化したメガシティのランドスケープ（景観）は，一見したところ，プライメイト・シティにおける高級住宅地とスラムといったランドスケープと同形のようにみえるが，それは後者の単なる変形ではない。新自由主義的なグローバリゼーションの展開とともにすすんだ，資本による空間のいっそうの「取り込みと周辺化」をより顕著に示すランドスケープとしてある。またそうであればこそ，KIP において強くみられたような，利権資本主義とむすび

ついた一部特権層のイニシアティヴの下での，新中間層の存在が希薄なままの都市の居住基盤整備が行われるということにはならないのである。

5　ポスト KIP とガバナンスの地平

ポスト KIP と RT/RW の変容

　ちなみに，KIP は，メガシティ・ジャカルタでは1980年代後半になってほとんど見られなくなった。その主たる理由としては，農村に伝統的にみられるような相互扶助慣行（ゴトンロヨン）をカンポンの居住環境整備に生かすような「住民参加」方式が有効でないことが明らかになったからである。とりわけそれまでの KIP で採用されていた高密度のカンポンに対する「クリアランス」型のアプローチが，多くの者にとってただ「移動する」だけのものであることに加えて，低所得層を締め出すプロジェクトであることが明らかになった[5]。そこには，後述するように，KIP が「住民参加」＝「住民動員」のツールとして取り込んだ RT/RW の変容が深い影を落としていた。

CIP とコミュニティのあらたな担い手

　さて，ポスト KIP の居住基盤整備として近年ジャカルタに立ちあらわれているのが CIP（Community Infrastructure Programme）である。それはジェリネックによると，「自治体と NGO が役割分担してプロジェクトを策定し実施する手順を具体化したもの」（Jelinek 1996）であり，とりわけ「劣悪居住区」や「劣悪地帯」の低所得層を施策対象に据えている。CIP でとくに注目されるのは，KIP のように RT/RW にのみ依拠していないことである。そこではコミュニティの担い手がもはや RT/RW にとどまらないことがリアルに認識されている。ちなみに，筆者が1996年に中心都市の複数のカンポンで実施した RT/RW 調査では，運営は依然として全員一致にもとづいていたものの，住民のニーズを RT/RW の外で充たそうとする動きがすでにあらわれていた（吉原・ドゥイアント1997；Yoshihara and Dwianto eds. 2003）。地域に根ざした計画

策定の方法，まさに KIP が得意とした「セルフヘルプ」型の戦略は，RT/RW が機能するなら有効である。しかし地域を越える横断的なイッシューの噴出に対して RT/RW が没機能化している現状で，RT/RW の動員を介して戦略とか制度を設計し施行するのは「住民参加」方式としてもリアリティをもち得ない。むしろこうしたやり方を強行するなら，ロー・インカム・ハウジングはいうにおよばず，カンポンのコミュニティすらも解体させることになりかねない。

ローカル・イニシアティヴにもとづくガバナンス

現在，CIP が戦略の中心に据えようとしているのは，いわゆるガバナンス方式である。それは居住民のケイパビリティ（capability）を高め，地域社会の活性化をうながし，地域住民の雇用機会を創出するために，それぞれが一定の自律性をもつ各セクターとかエージェント（ステイク・ホルダー）が，対立や妥協，そして連携を繰り返し，さまざまなベクトルを記しながら何らかの合意を得るというやり方である。CIP ではひとつのシステムとか要素に還元するガバメント方式は採られない。それとともに KIP のようにコロニアルの地層に足を下すのではなく，むしろコロニアルの脱構築（→ポストコロニアル）が課題となる。そのため，RT/RW の外で活動し，コロニアル体制および開発独裁体制に批判的なスタンスをとる NGO とか NPO に熱いまなざしが注がれている。同時に，CIP が着目するガバナンス方式には，制度とか秩序の編成がローカル・イニシアティヴにもとづくという以外は定形的なものはない。KIP が「住民参加」を標榜しながら定型的なマニュアルに依拠していたのとは大きな違いである。

生活世界のダイナミズム

ガバナンス方式の要をなす調整の枠組みや諸セクター・エージェントの組合せは自由自在である。だからこそ，カンポンの基層をなしていた生活世界のダイナミズム[6]をきちんと見据える必要がある。石澤博子によると，それは次のように描かれる。

生活は定形がないゆえに非常に柔軟であり，社会構造はあいまいであるがために中心性を持たず，個人の紐帯はしまりがないために排他性を持たず解放的である。(石澤 1989：79)

　考えてみれば，KIP はこうした生活世界のダイナミズムに目を向けながら，実はそのダイナミズムをスポイルしてしまったのである。最後に，この生活世界の叙事詩の内実を念頭に置きながら，「社会・文化構造」に深く投錨したガバナンス方式の性格について一瞥しておこう。それはグローバリゼーションの進展とともにあらたな社会的含意を担ってたちあらわれているローカルなものの「現在性」を示すものでもある。

6　ローカルなものの両義性

ローカルな「社会・文化構造」の多様な「かたち」

　ガバナンスの具体的な形態は，それぞれの地域のライフ・ヒストリー，諸資源の布置状況（constellation），中間技術（intermediate technology）のあり様とともに多様化せざるを得ない。とりわけ CIP を展開するような場合，地域一律のものは想定しがたい。つまり，あらかじめカンポンを類型化し，類型ごとに微に入った CIP を展開することが避けられないのである。
　もともとガバナンスは西欧出自のものである。したがってそれをジャカルタのような都市社会に適用する場合，当該社会が育んできた文化環境，政治経済的資源，そして都市としてのライフ・ヒストリーのもつ個性を視野に入れる必要がある。そのようにして概念そのものの脱コンテキスト化，再コンテキスト化が行われることになる。KIP がこうしたことにまったく無関心であったというわけではない。むしろそれが「地域に根ざす」ことをめざそうとしたときに視野に入れられていたといっていい。問題は，KIP が開発主義国家体制と共振するあまり，そうした手続きをあまりにも道具主義的，操作主義的にすすめてしまったことである。CIP が基底に据えるガバナンスの形態，すなわち

NGO，NPO，超国家的組織（たとえば世界銀行），企業，そして RT/RW 等々が自治体と「横並び」になって戦略を樹立し展開し，事後評価するシステムは，それを実効あるものにするには，何よりも「パトロン-クライエント（patron-client）」や「ゴトンロヨン」がその基層に湛えてきた生活世界のダイナミズムに立ち返って構築する必要がある。そしてそのときにあらためて課題となるのが，そうした「社会・文化構造」を一元的にとらえないこと，換言するなら，地域ごとに多様な「かたち」をとることを認識することである。[7]いずれにせよ，CIP にもとめられるのは，地域に対するこうした多様性認識のうえに，諸要素・制度・システが互いに自律性を保持しながら，相互牽制や調整を繰り返しつつ，相互の無理解を縮減するプロセスを育むことである。

新自由主義的なグローバリゼーションとガバナンスの共振

　さて最後にあらためて指摘したいのは，ここまで述べてきたようなガバナンスが実は新自由主義ときわめて親和的な関係にあるということである。ちなみに，ハーヴェイは，「国家の意思決定を，回復途上にある階級権力のネットワークと資本蓄積のダイナミズムのうちに統合する方策」として「官民パートナーシップに依存する度合が増大」している事実に着目し，「ガバメント（国家権力そのもの）からガバナンス（市民社会のキーパーソンと国家とのより広い編成構造）への重心移動は新自由主義の特色である」（Harvey 2005a＝2007：109）と喝破している。ガバナンスにもとづく CIP は明らかにポスト開発主義国家／ポストコロニアル体制の実践のひとつとしてある。そしてグローバリゼーションに対するローカルの側からの「社会・文化構造」に深く根ざしたリアクションとしてある。つまり本章の冒頭で言及したカウンターグローバリゼーション／ローカルなものの内実を示すものとしてあるのだ。ハーヴェイによると，CIP はガバナンスにもとづくゆえ，新自由主義的なグローバリゼーションに共振していることになる。そして CIP にみられるカウンターグローバリゼーション／ローカルなものの内実も新自由主義的なグローバリゼーションに響き合い，呑みこまれていることになる。

第3章　アジアにおけるグローバリゼーションとローカルなもの

創発性とオルタナティヴの内実

　だが，CIP がカンポンに今なお底在する既述したような生活世界のダイナミズムに根ざしながら，河野哲也が「創発性」と呼ぶもの，すなわち「下位の諸要素の活動が相互に制限しあうように一定の布置や構造をもたらす」ことによって「下位の性質や過程から，新しい還元不可能な上位の性質や過程が生じること」（河野 2008：249）——筆者の言葉でいうと，何らかの新しい集合性——をひきおこしていると解釈するなら，CIP にみられるカウンターグローバリゼーション／ローカルなものは十分にオルタナティヴとしての内実を有していることになる。そこでは，アーリのいう「『グローカリゼーション』のアトラクタ」がきわめて創建的な役割を果たしているのである。いずれにせよ，グローバリゼーションがすすむなかで，ローカルなものをどう読み解くかは，悩ましい問題構制である。

追記

本章は脱稿してから相当の日時が経っている。ここでとりあげた CIP の動向は，2000年前後の状況のものであり，その後の動向についてはフォローしていない。この点については，いずれ時機をみて別稿で述べる心算である。

注

(1)　9.11はグローバリゼーションを「絶対的なもの」としてとらえ，その枠内で立論する仕方を根底から覆したといえる。9.11以降，ローカルの側でグローカリゼーションに全面的に規定されるようにみえながら，それに従属するのでもなく，また積極的にとらえかえすのでもないといった状態が続いている。たしかに，「レクサスとオリーブの木」も「『グローカリゼーション』のアトラクタ」も，こうした状態を見据えたものではあるが，なお図式主義的なトーンをとどめている。

(2)　ジェファーソンにしたがうなら，プライメイト・シティとは，一般の規模順位の規則性（rank and size rule）に反して2位以下の都市に比してはるかに大きい都市のことを指している。そしてその特徴として，長い間，輸出基地であり，コロニアルの拠点としてあったことが指摘される（Jefferson 1939）。東南アジアに限定すると，ジャカルタ，マニラ，バンコック等はすべてプライメイト・シテ

ィである。

(3) カンポンとは都市、農村にかかわらずジャワの伝統的村落（desa デサ）の「共同体的」性格を引き継いでいる集落のことである。ジャカルタでは全体の6割がカンポンであるといわれている。カンポンはしばしばスラムと混同して用いられるが、ここでは両者を別個のものとして扱っている。もっとも、近年、新自由主義的なグローバリゼーション（後述）に符節を合わせたアーバン・リストラクチャリングによって減衰が著しく、ゲーテッドコミュニティへの「上流化」とスラムへの「落層化」のはさみうちにあっている。

(4) もともと KIP は1968年にスラバヤから始まった。それはインドネシア国歌の作曲家の名にちなんで、「スプラトマン（Supratman）計画」と命名された。その水脈となるものを特定するのはむずかしいが、国連サイドの社会開発の一環として展開されたことは間違いないし、事実、そうした位置づけで取り上げられることが多い。

(5) 「クリアランス」型の典型例は、クブン・カチャン（Kebung Kacang）地区の再開発である。布野修司によれば、この再開発はカンポンの居住形態を中層の集合住宅へと転換しただけであり、低所得層に対しては最低限の生計を維持していく条件さえも奪ってしまったという（布野 1991：225-8）。

(6) ただ、こうした生活世界のダイナミズムは、メガシティの下では、グローバル化の進展とともにすすんだ都市構造再編の影響によって破局的な「かたち」であらわれている。何よりも、「隣接して住むこと」にもとづく諸個人の局地的な相互作用に根ざした地域社会の拮抗力はもはや維持不可能となっており、隣人関係の凝集力の極端な低下を招いている。そしてこうした状況を加速させているのが、夥しい数の都市下層（urban underclass）の滞留であり、従来の「生活の共同」／「貧困の共有」といった慣行に回収されていかない落層化した人々が層として立ちあらわれていることである。そうした人々の間ではドラッグへの依存等による深刻な人間解体状況が広がっている（吉原 2008）。

(7) いうまでもなく、この場合、国家による資源の「再」囲い込みの動きにも、市場による資源の商品化の動きにも同定化されない位置づけがもとめられる。それを基本としながら、「社会・文化構造」に内在する諸要素・制度・システムを節合する（articulate）力を、人々の地域活動の累積に対する観察を介して明らかにする必要があろう。

文献

Devas, Nick, 1980, "Indonesia's Kampung Improvement Programme: An Evaluative Studies," Development Administration Group, Institute of Local Government Studies, University of Birmingham Occational Paper.
布野修司, 1991, 『カンポンの世界』PARCO 出版局.
Grijns, Kees and Peter J. M. Nas eds., 2000 *Jakarta-Batavia*, KITLV Press.
Guinness, Patrick, 2000, "Contested Imaginings of the City: City as Locus of Status, Capitalist Accumulation and Community: Competing Cultures of Southeast Asian Societies," Bridge, Gray and Watson, Sophie eds., *A Companion to the City*, Blackwell.
Harvey, David, 2005a, *A Brief History of Neoliberalism*, Oxford University Press. (＝2007, 渡辺治監訳『新自由主義』作品社.)
Harvey, David, 2005b, *Spaces of Neoliberalization: Towards a Theory of Uneven Geographical Development*, Verlag. (＝2007, 本橋哲也訳『ネオリベラリズムとは何か』青土社.)
早瀬保子, 1989, 「ジャカルタのスラム」新津晃一編『現代アジアのスラム――発展途上国都市の研究』明石書店.
石澤博子, 1989, 「ジャカルタのカンポンと居住政策についての一考察」『東経大論集』10：53-92.
Jefferson, Mark, 1939, "The Law of the Primate City," *Geographical Review*, 29: 226-232.
Jelinek, Lea, 1996, "Kampung Life in Jakarta: Rural Feet in the City," Amin, A. ed., *Post Fordism*, Polity.
河野哲也, 2008, 「アフォーダンス・創発性・下方因果」河野哲也ほか編『環境のオントロジー』春秋社.
澤滋久, 1994, 「ジャカルタの居住環境改善事業における住民参加――カンポン改良改革をめぐって」『経済地理学年報』40(3)：165-182.
Taylor, John Louis ed., 1982, *Urban Planning in Developing Countries*, Pergamon.
上田紀行, 2005, 『生きる意味』岩波新書.
Urry, John, 2003, *Global Complexity*, Polity.
Ward, Peter M. ed., 1982, *Self-help Housing: A Critique*, Mansell.
吉原直樹, 2008, 「プライメイト・シティとアジア・メガシティの間――インドネシアの都市社会計画の基層」橋本和孝・藤田弘夫・吉原直樹編『世界の都市社

会計画』東信堂。

吉原直樹・ドゥイアント, R.D., 1997,「DKI ジャカルタにおけるグラスルーツの一存在形態―― RT/RW についての素描」『東北大学文学研究科研究年報』46：99-130。

Yoshihara, Naoki and Dwianto, R. Dwianto eds., 2003, *Grassroots and the Neighborhood Associations: On Japan's Chonaikai and Indonesia's RT/RW,* Grasindo.

Ziv, Daniel, 2002, *Jakarta Inside Out,* Equinox.

第**4**章

グローバリゼーションから「アジア社会学」へ[1]
——新たな学問的要請をめぐって——

園田茂人

1 社会学と地域研究
—乖離から協力へ？—

　社会学と地域研究は，従来，ソリの悪い学問だった。方や「精神的近代化」（富永健一）の課題を背負い，「近代社会の自己認識」（清水幾太郎）のツールとして発展していった社会学。方や国外の地域を研究対象とし，その地域の特性分析を主な課題としてきた地域研究。この両者は，社会学の理論指向・抽象化指向と地域研究の記述志向・具体化志向という，それぞれの学問的特性も相まって，長く共鳴しあうことがなかった（園田 1993）。

　もっとも，こうした事態が存在しえたのには，それなりの理由があった。

　第一に，社会学者が観察対象としている社会と，地域研究者が研究対象としている社会とが断絶し，相互に影響を与える可能性が低かった。国際政治が国家間の権力関係を外交というチャネルを通じて理解しようとし，国際経済が国家間の経済関係を貿易・投資に注目しながら把握しようとしているのに対して，国際社会が国家間の何に注目し，何を明らかにしようとしているか理解されず，長く国際社会という概念は市民権を得てこなかった[2]。そうした中にあって，自己理解のための社会学と，他者理解のための地域研究が分業するのは，ある意味，当然であった。

　第二に，社会学が伝播し，発展してゆく過程で，自国の社会を研究する者が

社会学者，自国以外の社会を研究する者が地域研究者という分類が一般的となり，それぞれ求められる資質や能力，研究課題が異なるものと認識されがちだった。しかも，社会学のローカル化は，欧米で発達した一般理論を絶えずレファランスとしてきたため，逆説的であるが，欧米社会を地域研究の対象と見なす力学が働きにくかった（園田 1999b）。その結果，社会学者は，欧米社会以外，自国以外の地域を対象とした研究を地域研究の範疇に押し込める傾向を強めてきた（園田 1999a）。

そして第三に，日本とアジアの関係に限定していえば，日本にとってアジアが長く重要な他者として存在してこなかった点を指摘しなければならない。たとえば，「個人主義-集団主義」というダイコトミーは，西洋-東洋（アジア）の違いを指し示すキー概念として存在し続けてきたが，アジア各地の社会関係を記述・説明するローカルな概念（パトロン-クライアント関係，ウリ／ナム関係，ウチ／ソト意識など）は，たえずローカルな事象としてしか理解されず，その共通性と相違性を実証的・理論的に解明する方向には進んでこなかった。アジア社会間での比較研究の欠如は，社会学と地域研究の乖離をうながす原因であり，結果であった。

ところが，徐々にではあるが，日本でも社会学と地域研究，なかでもアジア研究を架橋する試みが出つつある。国際労働力移動研究，都市研究，メディア／文化研究，家族研究，企業研究，階層研究といった分野で，注目すべきアジア間比較が出されつつあり，アジア太平洋社会学会などの地域学会も生まれて活動を始めている。

日本社会学会に目を転じても，2012年度の年次大会で報告された387本の研究報告のうち，日本以外のアジアに関連・言及しているものは43本と全体の11.1％を占めるまでになっている。2011年度の12.6％から若干低下したものの，2008年度の9.4％からは上昇しており，この5年ほどの間にアジアに対する日本社会学会会員の関心が高まっていることがわかる。

2 グローバリゼーションがもたらす社会学へのインパクト

　こうした変化をもたらしたのは，言うまでもなくグローバリゼーション――アジア内の交流が進展したという意味ではアジアナイゼーション――の進展である。

　ヒトの移動は以前にもまして容易・低コストとなり，アジア大で人々の移動が進むようになっている。企業はよりよい投資環境を求めて，アジアの中を――時にアジアを越えて――移動し，利益を上げようとする。観光客や留学生の数も飛躍的に増え，国際結婚も一般的になってきた。情報はほぼ瞬時にアジアを駆け抜け，情報流通の時差・格差を前提にした活動は，無意味とはいわないまでも，今までほどに大きな意味をもたなくなっている。

　筆者自身，みずからの社会学をめぐる教育実践を振り返っても，このアジアナイゼーションの進展を痛感している。

　1990年代，社会学を学ぶ学生にアジア地域への関心をもつ者もいなくはなかったが，圧倒的に少数だった。中国研究を専門にする筆者は，社会学の授業で中国を含むアジアの事例に触れることもあったが，授業を聞く学生たちからは「何でアジアの事例を織り込むの？　何で欧米ではないの？」といった反応が返ってくることが多かった。

　ところが2000年代になると，学生自身のアジアへの関心も強くなり，ゼミでも「海外ゼミ」と称してアジアの諸大学（具体的には韓国の延世大学と高麗大学，台湾の東呉大学，香港の香港中文大学と香港大学，中国の上海大学と復旦大学）と共同調査をするようになり，社会学というディシプリンを通じてアジア理解をすることが，ごく日常的な光景となってきた。

　2011年には韓国国際教育財団（Korea Foundation）の後押しもあって，東京大学の学際情報学府，ソウル国立大学の情報言論学科，北京大学の新聞与伝播学院の3つの教育機関を結んで，東アジアのモダニティをテーマに共同Eスクールを開講し，筆者が東京大学のモデレーター役を果たしたが，このように，

情報技術の発達によってアジアの社会学者が日常的に接触し，共同で授業を運営するまでにいたっている。

　これは，アジアに「国際社会」が生成・発展しており，アジアの中で初めて，アジアが重要な他者――理解すべき重要な対象――となりつつあることを意味しているが，このことは暗黙のうちに国境を設定して発展してきた従来の社会学のあり方に，大きなインパクトを与えている。

　第一に，アジア内部の共通性以上に，相違性への理解が求められるようになっている。

　たとえば，従来の「個人主義－集団主義」というダイコトミーはアジア内部の違いを説明する概念としては不十分で，ローカル化された概念は比較可能性を担保していない。(4)個別にローカル化された概念を結びつけるために，比較可能性を担保した概念を作り上げる必要があるばかりか，これを経験的・実証的に裏付けるデータを獲得しなければならない。

　第二に，アジア内部の社会間の関係を意識した研究が必要とされつつある。
　例を挙げよう。

　海外に進出した企業の中でどのような人間関係が形成されるようになるかは，その時々のホスト国と企業の進出元との関係によって大きく異なっている。台湾に進出した日本企業を例にとっても，日本の経済的プレゼンスが圧倒的に大きく，植民地時代に教育を受けた層が従業員として残っていた1970年代と，台湾の経済力が高まったばかりか，高学歴化・英語化が進み，植民地時代の記憶をもつ従業員がもはや存在していない2000年代では，内部での職務分担の形や企業そのものの魅力，内部の人的資源管理の方法は明らかに異なっているが（園田 2006b），こうした背景への理解抜きに，ヒトや資本の移動が引き起こしている／引き起こしてきた問題を十全に理解することはできない。

　比較と関係の重要性。社会現象の同時進行と脱領域化／再領域化が進むばかりか，アジアという地域が政治的・社会的に再構築されつつある現在，日本の社会学は，アジアの現代性を意識した研究へと大きく舵取りすべき時期に来ている。

第4章　グローバリゼーションから「アジア社会学」へ

データアーカイブの構築から比較研究のフロンティアへ

　その第一歩を踏み出す方法は，いろいろあるだろう。国際労働力移動や国際結婚など，共通の問題関心を抱くアジア各地の研究者がネットワークを作り，情報を交換する中で比較研究を進める方法もあれば，複数の領域をカバーしたデータアーカイブを作る過程で，各国の専門家を集め，共同で比較研究を進めてゆく方法もある。

　筆者も参加しているアジア・バロメーター・プロジェクトの場合，後者のスタイルをとっているが，プロジェクトを実施する過程で学んだことが多くある。その最大のものが，従来の比較研究には決まったパターンが存在しており，旧来の常識をなぞるだけの比較研究が少なくない，という点だ。

　少々古いデータではあるが，2003年調査のデータをもとに，ネポティズム（身びいき主義）についての各国の反応を見てみよう（園田 2006a）。

　図4-1は，問13「あなたが，ある会社の社長だったとします。採用試験であなたの親戚が２番の成績をとりましたが，１番の人とあまり成績の開きはありませんでした。あなたなら，１番の人と２番の人と，どちらを採用しますか」という設問に対して「１番目の人」と回答した者の割合を，中国とマレーシアに限って，回答者の年齢階層別・教育水準別に示したものである（猪口他 2005：337）。

　中国では年輩の低学歴層にネポティズムを否定する傾向が強いのに対して，マレーシアでは逆に若い高学歴層にこうした傾向が見られるが，なぜ中国とマレーシアで，このような違いが見られるのか？　社会主義市場経済を標榜する中国で，市場経済に敏感な若年高学歴者が「関係（コネ）」を肯定するようになったから？——この理論では，同様に社会主義市場経済化をひた走るベトナムで，高学歴者に「１番目の人」と回答した割合が少ない現状を説明することができない。中国は儒教文化圏の北東アジアであるのに対して，マレーシアはそうでないから？——この説明では，中国と韓国・日本が異なるパターンを示している事実を説明することができない。

　このように，アジア地域内部の違いを首尾よく説明しようと思っても，従来

第Ⅰ部　公正な社会を求めて

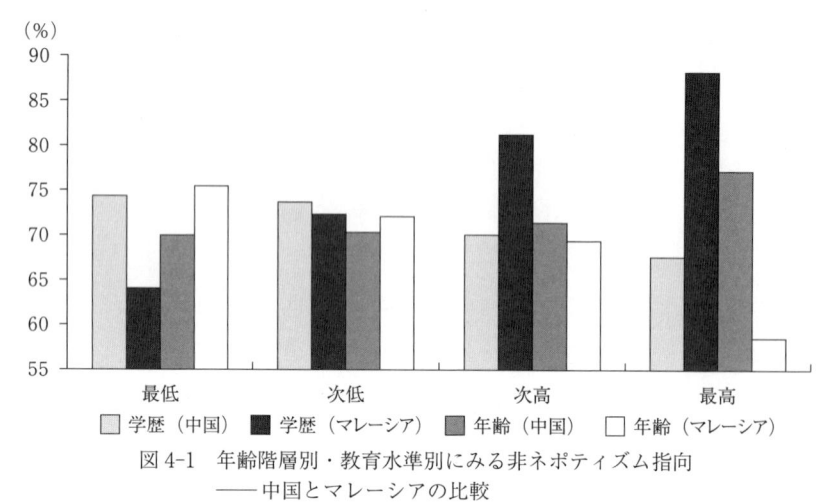

図4-1　年齢階層別・教育水準別にみる非ネポティズム指向
　　　　――中国とマレーシアの比較

注：数値は，問13の質問に対して「1番目の人」と回答した者の割合を示す。学歴の「最低」は中卒以下を，「次低」は高卒レベルを，「次高」は高専・専門学校レベルを，「最高」は大学・大学院レベルを，それぞれ示す。また，年齢の「最低」は20歳代，「次低」は30歳代，「次高」は40歳代，「最高」は50歳代を，それぞれ示す。

の社会学理論からは手がかりが得られないケースが少なくない。となれば，自ら理論枠組みを作らねばならなくなるが，逆に，それだけ従来の研究を突破する可能性を備えているともいえる。

　筆者が主導してきたJSPSアジアアフリカ学術基盤形成事業「アジア比較社会研究のフロンティア」（2010年度～2012年度）では，東アジアの若手研究者を糾合し，こうした「従来の常識を突破する」試みを奨励してきた。宗教や中産階級，メディア，アイデンティティなどをキーワードに，いくつかの挑戦的な論文が生まれており（園田 2012, 2013），そこから新しい知の地平が開かれていく可能性もある。

常識の解毒剤としてのデータ

　データ収集を先行させることによって研究を進める場合もあるが，データを既存の知識と付き合わせてみることで，わたしたちの常識――とりわけ地域研究者が作り出すそれ――を相対化するケースも少なからずある。

第4章　グローバリゼーションから「アジア社会学」へ

　2005年の4月に，北京や上海で生じた反日デモのケースを考えてみよう。[6]

　都市部の若者を中心に過激な反日デモが生じた際，日本の中国研究者には「愛国主義教育による弊害」という論理で説明する者が多かった。江沢民政権が自らの正統性を強化するために1990年代半ばから愛国主義教育を強化・徹底し，戦争中に日本軍が起こした残虐行為を過剰なまでに強調した結果，反日感情を植え付けられた若者がデモを引き起こすことになった，というのである（園田 2005：79）。

　この仮説——実証的に検証されないかぎり仮説にすぎない——を検証するためには，反日感情を操作的に定義し，これが若者に強く見られることを証明しなければならない。

　アジア・バロメーターの2003年調査では，問15-2に「あなたは中国人であることをどの程度誇りに思いますか」という問いが，問20Bに「日本があなたの国に良い影響を与えていると思いますか」という問いが，それぞれ設けられているが，「愛国主義教育による弊害」仮説が正しいのなら，1990年代に教育を受けた20歳代の方で誇りを強くもち，日本からの影響を悪く評価するはず。ところがアジア・バロメーターのデータは，この仮説を支持していない。

　図4-2は，問15-2と問20Bに対する年齢階層別の回答をポイントにして表示したものだが，たしかに20歳代で日本への評価は低いものの，50歳代でも低くなっており，若者に特徴的な傾向とは言いがたい。それどころか，日本への評価に年齢は有意な影響を及ぼしていない。他方，中国人としての誇りという表現については，年齢階層と統計的に有意な関係をもっているものの，高齢層の方が敏感に反応しており，若者層で標準偏差が高くなるなど，反応がばらつく傾向が強い。

　では，都市部の若者の行動を誘発する背後要因に何があったのか。アジア・バロメーターのデータは，こうした問いを考える際のヒントを与えてくれる。

　図4-3は，問38Dの「あなたは政治経済の情報をインターネットから得ますか」という設問に「はい」と回答した者の割合と，問26「政府の許可を必要とする人が，役人に『とにかく我慢して待て』と言われたら，その人はどうすべ

83

第 I 部　公正な社会を求めて

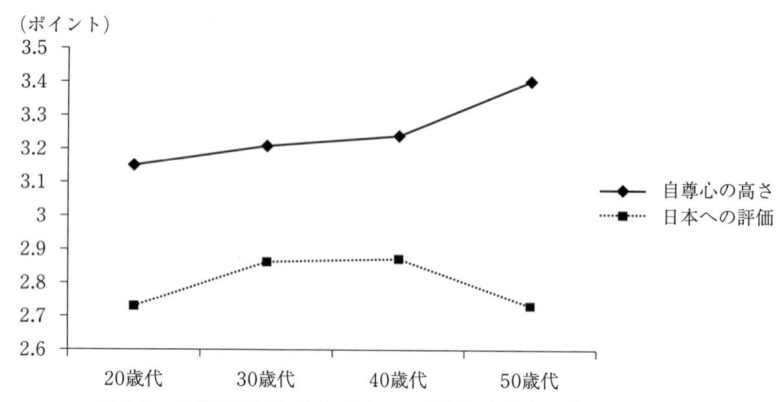

図 4-2　年齢階層別にみた日本への評価と自尊心の高さ —— 中国

注：数値は，問15-2と問20Bに対する回答をポイント化したものである。「日本への評価（問20B）」に「よい影響」と回答した者に5ポイント，「悪い影響」と回答した者に1ポイントを与え，「自尊心の高さ（問15-2）」に「大変誇りに思っている」と回答した者に4ポイント，「まったく誇りを持っていない」と回答した者に1ポイントを与え，それぞれ5点スケール，4点スケールで表現している。そのため，スコアが高いほど，日本への評価が高く，中国人としての誇りが強いことを意味している。

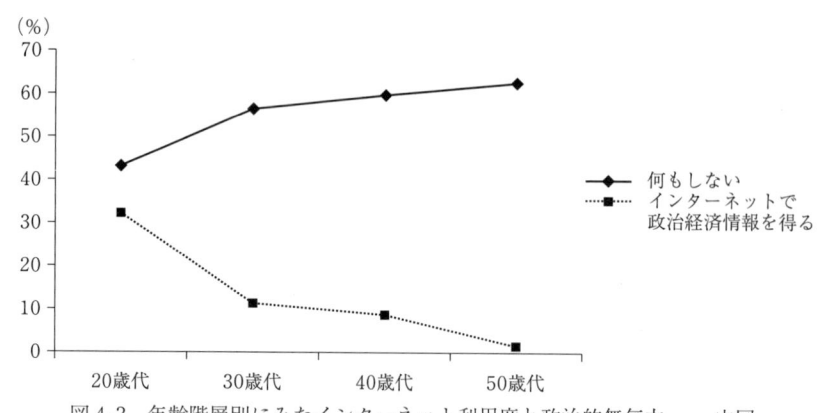

図 4-3　年齢階層別にみたインターネット利用度と政治的無気力 —— 中国

注：数値は，問38Dの「あなたは政治経済の情報をインターネットから得ますか」という設問に「はい」と回答した者の割合と，問26「政府の許可を必要とする人が，役人に『とにかく我慢して待て』と言われたら，その人はどうすべきだと思いますか」という設問に「諦める」か「解決を期待して待つ」という選択肢を選んだ者の割合を，それぞれ年齢階層別で示したものである。

きだと思いますか」という設問に「諦める」か「解決を期待して待つ」という選択肢を選んだ者の割合を，それぞれ年齢階層別で示したものであるが，これからもインターネット情報から政治経済情報を得ている若者が，比較的政治に関心をもっている姿を思い描くことができる。

　従来の地域研究が過度に観察——より広く質的データ——に依存することで，自らの常識を作り上げていたとすれば，量的データのアーカイブを構築することによってこうした偏りを是正することも可能となるし，一見してある地域に特有な現象に思われることも，実は広域的に見られる現象であることを「発見」することも可能となる。(7)

　このように，データアーカイブの構築がアジアの地域研究の発展に果たす役割はきわめて大きい。

3　グローバリゼーションの中の「固有性(ローカリティ)」
—中国を事例に—

　他方で，現在進行しつつあるグローバリゼーションそのものに，ローカルな特徴が刻印されている現実も無視できない。従来の地域研究的な視点——それぞれの研究対象とする地域には固有の論理と特性が見られるとする学問的前提——が，グローバリゼーション研究そのものを深化させ，新しい理論を彫琢する可能性がある。

「中国的特徴のある」グローバリゼーション？

　実際，グローバリゼーションのデパートとしての中国には，他国に見られない多くの現象・特徴が見られる。以下，3つに焦点を当てて，論述していこう。

　第一に，「社会主義」は退潮したとはいえ消滅していない。社会主義体制のもとで作られた価値観や制度の一部が，市場経済化が進む現在においても存続している——あるいは一部強化されている——ため，他国とは異なる特徴を示している。

第Ⅰ部　公正な社会を求めて

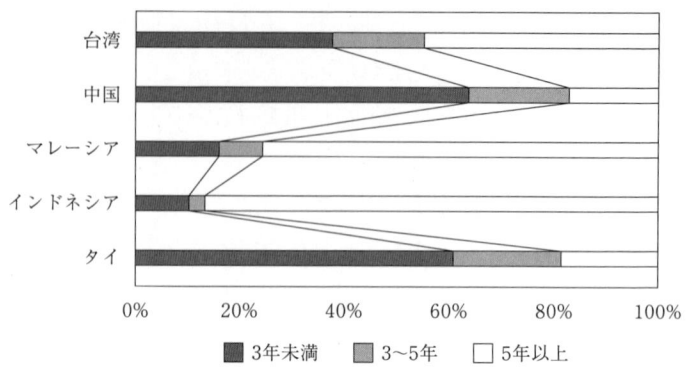

図4-4　日本企業で働く従業員の勤続年数に見る「中国的特徴」
　　　──1992年調査
出所：アジア日本企業調査（1992年）

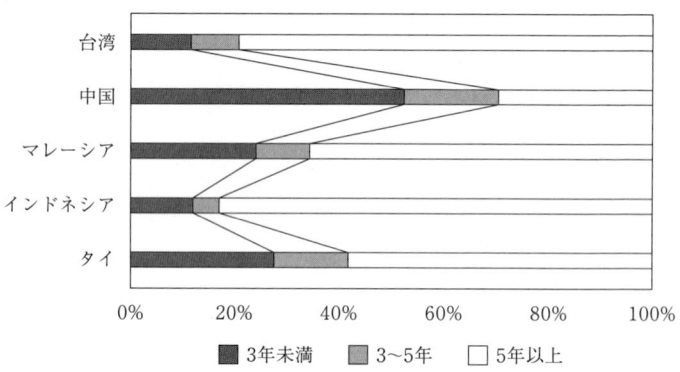

図4-5　日本企業で働く従業員の勤続年数に見る「中国的特徴」
　　　──2007年調査
出所：アジア日本企業調査（2007年）

　図4-4と図4-5は，1992年と2007年に，アジアの日本企業で働く従業員の勤続年数の国別分布をそれぞれ示したものだが，台湾やタイでは勤続年数が3年未満の層が，この15年の間に急激に縮小したものの，中国ではさほど大きく縮小していない。このふたつの調査で訪問した日本企業はほとんど変わっていないから，台湾・タイと中国の違いを調査対象企業の違いに起因するものとは考えにくい。

第4章　グローバリゼーションから「アジア社会学」へ

　勤続3年未満の層が中国で減少しない最大の原因に戸籍制度（中国語で「戸口制度」）があることは，中国研究者であれば異論を差し挟まないだろう。

　1958年，当時，都市部に大量に流入していた農民を農村に戻すべく「中華人民共和国戸口登記条例」が施行され，都市戸籍をもつ者のみが都市で提供される各種サービスを受けられるようにした。計画経済の実施のために人々の移動を抑制する必要があったからだが，この戸籍制度は多くの批判を受けつつも，基本的に現在まで存続している。

　現行の戸籍制度のもとでは，農村からの出稼ぎ者――農民工と呼ばれる――は，都市に定着しにくい。労働契約期間が終わると，流入先の政府からソーシャル・サポートを受けることができないからである。外資系企業を含め，多くの企業はこうした制度を前提に人的資源管理を行うため，どうしても現場労働者を短期的な雇用契約の中に封じ込めることになりやすい。他方で農民工も，よりよい雇用条件を求めて頻繁に工場を渡り歩くことになり，結果的に，他国に比べても勤続年数が短い労働者が相対的に多く生まれることになる。

　日本企業がアジアに進出したとしても，それぞれ個別の労働市場の条件が異なるため，そこで生じる具体的な雇用契約や雇用慣行も異なる。グローバリゼーションがもたらすインパクトは，それぞれの地域によって異なっているのである。

経済成長の長期化とグローバリゼーションへの肯定的評価

　第二に，中国はアジアの他の地域に比べても長期にわたる，しかも急速な経済発展を遂げたため，グローバリゼーションを肯定的にとらえる傾向がある。

　2006年のアジア・バロメーター調査によれば，「経済活動のグローバリゼーションを憂慮している」と回答した割合は，シンガポールで13.5%であったのに中国では3.9%にすぎず，「自国の利益を守るために，政府は海外の労働者の流入を制限すべきだ」とする意見に賛成した割合は，シンガポールで72.5%だったのが中国で40.8%だった。「不平等で経済が発展するよりも，たとえ経済が停滞していても平等な方が望ましい」とする文言にいたっては，シンガポー

87

ルで64.1％が賛成しているのに対して，中国で賛成する者は全体の22.6％に過ぎない。

労働力人口に占める外国人の割合が4分の1を超すシンガポールと，ほぼゼロに等しい中国とでは，グローバリゼーションのもたらす負の側面に対する評価には明らかに温度差があり，これが両国の違いを際立たせる要因になっている（園田 2007）。

そればかりか，2008年の金融危機も，こうした特徴に大きな変化を生んでいない。

筆者たちの調査グループが天津市で実施してきた天津市定点観測調査によれば，2008年1月の段階で「中国経済を発展させるには，世界経済との結びつきを強めるべきだ」とする文言に反対した者はわずか1.4％だったのが，2009年1月の段階でもこの数値は1％とほとんど変化を示していない（園田 2010：174）。これも，金融危機後，すばやく経済成長を回復した中国の状況を考慮に入れないことには，理解することができない。

韓国や台湾，日本では，グローバリゼーションの進展とともに中間層の「分裂」と「没落」が話題になっているが[8]，似たような問題設定は，中国では，少なくても現時点ではみられない。同じグローバリゼーションという概念をめぐっても，アジア内部で研究者に温度差が存在しているのは，個々の社会が置かれた状況が異なるからである。

「強い国家」を背景にしたグローバリゼーションの進展

そして第三に，市場経済化の中でも国家の果たす役割が大きく，そこに共産党の幹部が集中する独特なガバナンス形態を示している。

上述の日本企業調査で，この15年の間に起こった大きな変化のひとつに，日本企業で働く従業員の中に「条件が同じならば中国企業で働きたい」という回答が増えていることがある。アジアの他の地域では，ローカル企業は日本企業に比べて分が悪く，しかもその評価格差は広がる傾向にあるのだが，中国だけ，唯一異なるパターンを示している。

第4章　グローバリゼーションから「アジア社会学」へ

　これを，中国におけるナショナリズム意識の高揚と理解する向きがあるかもしれないが，それだけではない。国有企業改革の過程で，将来性の低い国有企業は民営化され，将来性の高い国有企業ばかりが国有セクターとして保護されるようになった。しかも能力主義的価値観の広がりを受け，国有セクターでも大胆な能力主義にもとづく人的資源管理が実施されるようになってきている。

　ここ数年の大学生の就職人気企業ランキングで，ローカル企業に対する評価は明らかに高まっており，筆者が行った中国四都市調査の結果からも，国有セクターで働く管理職の収入が，この10年近くの間に，それ以外のセクターで働く管理職に比べて高くなっていることが明らかになっている（園田 2008：169）。

　近年，国有企業による独占的な成長が民間企業の発展を阻害しているとして，「国進民退（国有セクターが成長し，民間セクターが衰退する）」が批判される傾向にあるが，これも中国が「強い国家」を背景に——あるいは「強い国家」をめざして——グローバリゼーションを進めてきた結果といえる。

　このように，中国におけるグローバリゼーションの特徴を詳細に検討すると，その経路依存性から，中国に固有な特徴が見えてくる。そして，その「固有性（ローカリティ）」の発見に，アジア規模で蓄積されているデータベースが大きく貢献しているのである。

4　グローバリゼーションと「アジア社会学」の探究

　おおよそ，あらゆる国や地域で見られるグローバリゼーションの内実は，一見似た特性を示しつつも，それぞれの国や地域に固有な特徴を内包している。グローバリゼーションという概念がグローバルに使われる中で，わたしたちはしばしば，これが「均質的な世界の出現」を意味するものと理解しがちだが，決してそのようなことはない。

　社会主義体制を堅持しつつ市場経済を導入している中国の場合，そこに見られるグローバリゼーションのあり方も，中国が置かれている文脈への関心抜きには，十全に理解することはできない。こうした地域研究的発想は，グローバ

リゼーションの時代の社会学研究にとって，多くのインスピレーションを与えてくれる。

アジア規模で構築されつつあるデータアーカイブは，今後わたしたちの社会学的，地域研究的常識に対する挑戦となるだろう。アジア・バロメーターというデータアーカイブ構築のために筆者が多くのエネルギーをかけてきたのは，こうした作業を通じて新しい社会学の課題に応えたいと思ってきたからに他ならない。

アジア，とりわけ東アジアは，グローバリゼーションの進展の中で，相互交渉を深め，相互依存の構造を徐々に作り上げてきた。本章で紹介してきたように，企業のアジア進出はもはや日本企業の独占物ではなくなり，韓国企業や台湾企業も，アジア，とりわけ中国への進出・関与を強めている。これらの事例比較は，豊かな社会学的知見をもたらすことになるだろう[9]。

他方で社会学による自己認識の射程は，依然として国家の枠組みにとどまっており，「アジア社会学」――アジアの域内でどのように社会学的知識が受容・生産されてきたか，そこにどのような相互の交流や拒絶，注目や無視が存在してきたかを把握しようとする知識社会学的研究の総体を，とりあえずこう呼ぼう――は，アジアナイゼーションの進展にもかかわらず，まだその姿を現しているとはいいがたい[10]。

「アジア社会学」の創造と探究は，グローバリゼーションが新しい学問的要請を提示しつつある状況にあって，きわめて現代的な意義を有している。筆者も，まだまだ老けていられない。

注
(1) 本章は，未発表の旧稿（園田 2006c）と既発表のそれ（園田 2011）をマージし，本書の趣旨に合うように大幅にリライトしたものである。
(2) 実際，現在でも「国際社会学会（International Sociological Association）」は，各国の社会学者を集めた「国際的な学会」という意味にすぎず，「国際社会を研究する社会学者の集まり」という意味をもっていない。
(3) こうした研究を日本でリードしているのが，落合恵美子（京都大学）や武川正

吾（東京大学），佐藤嘉倫（東北大学）といった，グローバルCOEプログラムなどの競争的資金を得て活動している50歳代の研究者である。彼らが「世界の」研究者と対峙しなければならないことが，そのアジア重視の姿勢と関係しているかもしれない。

(4) 比較可能性が担保されていないのは，一に，概念のローカル化を推進している研究者同士の連携が取れていないため，それぞれが独自にローカル化を進めているからである。たとえば，中国人の行為モデルを研究する翟学偉（南京大学）は，同種の研究が日本でなされてきたこと（具体的には濱口惠俊や土居健郎らの提起した概念）をまったく知らなかった。

(5) その活動の具体的な様子については，同事業のホームページ（http://ricas.ioc.u-tokyo.ac.jp/aasplatform/）を参照されたい。

(6) もっとも，こうした発見を行うためには，地域研究者としての素養と社会学者としての常識を兼ね備えるだけでなく，データ分析ができるだけの知識を備えていなければならないが，こうした人材を育成するのは，既存の大学のカリキュラム構造では相当にむずかしい。

(7) 本章を執筆している時点（2012年9月）にも，大規模な反日デモが生じたが，その理由などについては，データ不足のため，本章で取り上げることはできない。

(8) アジア各地における中間層をめぐるレビューについては，『アジ研　ワールド・トレンド』2012年9月号が参考になる。

(9) 実際，筆者を中心に，中国に進出した日本，韓国，台湾企業の比較研究が進められており，そこから徐々に興味深い知見が得られつつある（Sonoda 2012）。

(10) そのため，JSPSアジアアフリカ学術基盤形成事業「アジア比較社会研究のフロンティア」では毎年Asian Sociology Workshopを実施し，アジア各地の社会学の発展史を共有しつつ，いかにして（東）アジアの社会学が可能かといったテーマで議論を行っている。詳細は，注(5)のURLを参照されたい。

文献

猪口孝他編，2005，『アジア・バロメーター――都市部の価値観と生活スタイル』明石書店。

園田茂人，1993，「フィールドとしてのアジア」溝口雄三・濱下武志・平石直昭・宮嶋博史編『シリーズ・アジアから考える　第1巻　交錯するアジア』東京大学出版会，13-32。

園田茂人，1999a，「比較の視点からみた中国」佐々木衛・松戸武彦編『社会学研究

シリーズ18　地域研究入門（1）：中国社会研究の理論と技法』文化書房博文社，178-199。
園田茂人，1999b,「社会学から『比較・文明』学へ——学問的ブレークスルーに向けての一私見」神川正彦・川窪啓資編『講座・比較文明　第1巻　比較文明学の理論と方法』朝倉書店，162-175。
園田茂人，2005,「『ナショナリズムゲーム』から抜け出よ」『世界』7月号：78-85。
園田茂人，2006a,「中国研究から比較研究へ——『問い』を問い直すための制度構築とアジア・バロメーターの役割」AsiaBarometer Project Series 4, 14-18。
園田茂人，2006b,「変化する台湾の企業環境と日本企業：在台日本企業調査データの再分析を通じた日台関係史の試み」早稲田大学台湾研究所国際ワークショップ "Japan-Taiwan Cultural Relationship: History, Current State and the Future Prospect" 用提出論文（未発表）。
園田茂人，2006c,「『現代アジア社会学』の発展のために」早稲田大学 COE-CAS シンポジウム「現代アジア学——アジアからの発信」提出用論文（未発表）。
園田茂人，2007,「グローバル化　明暗まだら模様のアジア」『朝日新聞』8月6日付。
園田茂人，2008,『不平等国家　中国』中公新書。
園田茂人編，2010,『NIHU 現代中国早稲田大学拠点研究 WICCS　シリーズ3　天津市定点観測調査（1997-2010）』早稲田大学現代中国研究所。
園田茂人，2011,「全球化（グローバル）という中国的経験（ローカル）」『学術の動向』16(4)：19-27。
Sonoda, Shigeto, 2012, "Establishing *Guanxi* in Chinese Market: Comparative Analysis of Japanese, Korean, and Taiwanese Expatriates in mainland China," *Boarder Crossing in Greater China: Production, Community, and Identity* (*Proceedings*), Center for China Studies, National Chengchi University.
園田茂人編，2012,『アジア比較社会研究のフロンティアⅠ　勃興する東アジアの中産階級』勁草書房。
園田茂人編，2013,『アジア比較社会研究のフロンティアⅡ　リスクの中の東アジア』勁草書房。

Column 1

グローカリズム
―― 共生配慮型社会へ ――

今田高俊

グローカリズムとは何か

　グローバル化とローカル化を結合して造られたグローカリズムとは，本来，日本企業が海外進出する際のポリシーとして1980年代後半に掲げるようになった和製英語である。日本企業は，80年代に入って多国籍化を進めたが，現地社会の文化的・民族的な固有性に配慮する必要性に迫られるようになった。グローカリズムはこうした状況をスローガン化したものである。その背景には，単に日本的経営を掲げて多国籍化を進めるのではなく，現地企業になりきらねばならないとする配慮がある。その後，グローカリズムは国境を越えた地球規模の視野と現地の視点で諸種の課題に対応していこうとする市民活動をあらわす一般名詞として定着するようになった。「地球規模で思考し，地域的に行動する」というNGO（非政府組織）に見られる市民活動の動きとも共鳴しあう。したがって，グローカリズムとは，普遍的な「世界標準」を各国に押し付けるのではなく，現地の文化や慣習を尊重してグローバル化を進めることを意味する。(1)

　グローカリズムは，こうした潮流のもとで，1990年代以降に世界を席巻するようになったネオリベラリズム（新自由主義）の市場競争原理による経済のグローバル化に対する反省・批判として，経済だけでなく文化や政治においても現地の特性を取り入れる主張として位置づけられるようになっている。ネオリベラリズムの主張によれば，資本や商品・サービスの移動を自由にすることが経済成長をもたらし，人々に幸福をもたらす。福祉国家は市民社会の秩序を破壊しており，個人の自律的活動を原動力とする市場こそが社会に福利をもたらすとする。この市場主義により，1990年代以降，文化や民族が異なる諸国を串刺しにする形でグローバル化が進められた。しかし，ネオリベラリズムを背景とするグローバリゼーションは，2008年のリーマン・ショックによって，その妥当性が大きく揺らいだ。

　いまや，グローバリゼーションの功罪を真摯に検討して，その本来的な意義である，「世界をひとつの共同体と見立てて，多種多様な民族・文化の共生をはか

る試み」として再定位することが求められる。グローカリズムはその橋頭堡としての役割を担うべきものであり，市場主義を掲げる粗野なグローバル化に抗して，現地（ローカル）の文化や価値などの異質性に配慮しつつグローバルな連繫をめざす立場をあらわす。そこには現地主義の尊重と普遍的な世界標準を現地に押し付けることへの対峙とがある。

リベラル・コミュニタリアン論争からの示唆

　グローカリズムを基礎づけるうえで，1980年代以降，英米圏の政治哲学を中心に展開された自由主義-共同体主義論争が参考になる。この論争はジョン・ロールズ（『正義論』）とマイケル・サンデル（『自由主義と正義の限界』）との間の論争がきっかけとなって始まった（Sandel［1982］1998＝1999, Rawls 1972＝2010）。自由で自律した人間を前提に普遍的な正義の基準を考えるロールズらの自由主義（リベラリズム）に対して，サンデルなどの共同体主義（コミュニタリアニズム）が，そのような普遍的な基準は人間の個別的な生の実感に合わない，と異を唱えたことが論争の主たる構図である。自由主義が自由で自立した個人と普遍的な正義の基準を掲げるのに対して，共同体主義は個別の文化や歴史に埋め込まれた人間存在を重視する。そこには，人間存在を普遍的・抽象的に扱うか，それとも個別的・具体的に扱うかをめぐる対立がある。

　自由主義者であり社会契約論者でもあるロールズは，個々人がお互いに他人の置かれた状況を知らない「無知のヴェール」の仮定から，誰もが納得し，合意せざるをえない普遍的な正義の二原理（平等の自由に対する先行，もっとも不遇な人への再分配を正当化する格差原理）を導出した。正義の原理は，個別性を消去した普遍的な原理として，グローバリズムに適合的である。これに対し共同体主義は，個々人は個別の歴史や文化を形成している共同体に埋め込まれた存在であるという仮定から，各共同体で共有されている「共通善」を重視する。これは個別的な差異や文脈を重視することであり，ローカリズムに適合的な原理である。しかし，今日，「無知のヴェール」も「共通善」も虚構にすぎるといわざるをえない。他者性を消去した「負荷なき自我」（自由主義），濃厚な他者性を埋め込んだ「過負荷な自我」（共同体主義）という双方の人間観は，あまりにも両極端である。このため論争が膠着状態に陥ることは必至であった。

　こうして1990年代になると，共同体主義は，アミタイ・エチオーニの『新しい黄金律』やロバート・ベラーの『善い社会』など，政治的な実践プログラムを提起する流れに向かい，社会の原理的な組み立てに関する考察からは離れてしまっ

た (Etzioni 1996＝2001, Bellah et al. 1991＝2000)。また，自由主義陣営では，アマルティア・センがそれまでの自由主義の仮定する人間像を「合理的な愚か者」として批判し，これに代えて他者の置かれた立場への「共感」と「関与」にもとづいた潜在能力（生き方の幅）アプローチの必要性を説いた（Sen 1982＝1989）。センは，個人の選択の背後に，他者の境遇に共感を抱き，関与を行う資質を想定している点で他者性を意識しており，より現実的である。しかし，彼の立場はもはや自由主義が想定する自由で自立した個人という前提から離れざるをえない。

ケアの倫理の埋め込み

　正義の倫理は普遍的な権利の保障と平等の確保を理論的に基礎づけた点で重要な貢献をなした。しかし，人の生き方や自己の尊厳，他者との共生，心の豊かさが問われる時代には，正義の倫理だけでは適切に対処できない。また，共同体主義が掲げる共通善は，個人主義化が大衆的規模で進んだ現代では，あまりに他者性が濃厚すぎる。この点で，センのいう他者への「共感」と「関与」は重要であるが，これらは漠然としていて理論的な橋頭堡を築くには素朴にすぎる。

　必要なことは，共同体水準ではなく，個人の行為水準で他者性をいかに導入するかである。わたしは，正義の倫理と補完しあう行為水準の鍵概念はケア（配慮）の倫理であると考える。わたしたちは他人を気づかい世話することで，自己の存在確認を得る。自分自身であるためには，気づかう他者を必要とする。気づかう能力は単に他者への思いやりや気配りではなく，自己の心の葛藤を克服する力でもある。それは人生の活力，生きる力なのだ。このケアの力が適切に獲得できないと，人は無力感及び人生の停滞感に陥る。気づかいは，人のためではなく，自分の人生が停滞感に陥らないために獲得すべき力である。また，事物や他者への気づかいは人間が利己的な状態から脱するために，つまり他者に開かれた存在になるために第一級の重要性をもつ。

　ケアという概念は，共同体主義の共通善とは異なり，個人主義を前提にしたうえで，他者性の導入を可能にするものである。と同時に，自由主義の個人観とは異なり，共同体主義が強調する個別の文化的・歴史的文脈に埋め込まれた個人をも取り込むことができる。さらに，センのいう共感と関与，そしてローカリズムにも親和的である。したがって，正義とケアを総合できれば，グローカリズムを基礎づけられると同時に，公共性や社会性の原点となる他者性を正しく位置づけることが可能になるはずである。

ケアは社会保障分野において世話や介護や看護という意味で使用されてきたが，より根源的には，マルティン・ハイデガーが『存在と時間』において，「存在」の鍵概念として取り上げたSorge（care）に通じ，他者《と共に生きる》という人間存在の原点をあらわす。ハイデガーは，「思う」（認識）を「在る」（存在）に優越させたデカルトの認識論を批判し，身の回りの事物や人に関心を寄せ，かかわり，相手からの呼びかけに応答する，という意味でのケアを人間の存在証明（現存在）とみなした（Heidegger 1935＝1960-63）。

　個別で特殊な状況への配慮としてのケアは，自由や平等のように普遍性をもたないため，これまで社会原理としては補助的，二次的なものとして貶められてきた。しかしケアは共生の原点であり，他者への関心と関与，他者からの呼びかけへの応答（response）と内発的な責任（responsibility）という倫理的基盤をもつ。キャロル・ギリガンが『もうひとつの声』で，ケアの倫理には「だれも傷つけられてはならない」という非暴力の普遍的基準があることを示したことを想起しよう（Gilligan 1982＝1986）。

　正義は重要であるが，これは権利擁護のためには暴力をも辞さず，人間関係を破壊に導くことがあるために万能ではない。暴力を否定し取り締まる法制度は，人間関係を手当し破綻することを抑止するケアの力にもとづいていると考えるのが素直である。人間に備わっているケア衝動を抑圧して，精神的な苛立ちを暴力に転化させないためにも，ケアの力を高める機会や制度を整備する必要がある。この力は他者配慮的な人間存在の基盤であり，ローカリズムの柱となるはずのものである。

共生配慮型の社会へ

　ケアの倫理が埋め込まれた社会のことを共生配慮型の社会と呼ぶことにしよう。共生配慮というときの「配慮」がケアである。この発想を欠いた社会は，人間を貧しくし，殺伐とした弱肉強食の社会を帰結する。自己責任という美名のもとに市場主義を讃美するネオリベラリズム流の競争社会ではなく，ケアという考えに含まれる他者との共生を基礎にした競争社会こそが問題にされるべきである。

　他者を出し抜くことを厭わない成果主義の競争原理では，ケアの力は評価されず発揮されない。そのような競争社会では，他人の自由や権利を妨害しさえしなければ，何をしてもかまわないという倫理観が正当化されがちである。これに対し，他者への気づかいや配慮といったケアは，人が置かれた個別で特殊な文脈に焦点をあてる。このため，何が正しいことであるかの判断を鈍らせる欠点をもつ

とされてきた。また、ケアを生活の中心に据えることは、周囲に気配りばかりして自己を見失う危険があるため、競争社会を生き抜いていくには不適切な倫理観であるとされてきた。

しかし、ケアが開く世界は、正義のそれのように諸権利の擁護が焦点となるのではなく、人間関係の物語が中心となる世界である。ケアの倫理は、人間関係を破壊する傷つけあいや暴力は回避されなければならないとする道徳的規準を含む。

ケアの力の欠如による暴力は、ほとんど弱者に向けられる。他の事物や他者へ関心を抱き相互応答しあうことは、人間が自己の存在の意味を確認するだけでなく、力において弱く、貧しく、素朴な心をもった弱者を抱擁し、彼らの支えとなる社会を築くためにも不可欠である。人間のケアする力を高める機会や制度を整備することが、真のグローバル社会のための条件ではないか。

グローカリズムとは市場主義を掲げる経済グローバル化に抗して、現地の文化や価値などの異質性に配慮しつつグローバルな連繋をめざす立場をあらわす。それは正義の名のもとに普遍主義的な世界標準を押し付けるのではなく、現地主義を活かせる世界標準を構築することである。要は、現地の文化や慣習を尊重したグローバル化を進めることだ。そのためにも、グローカリズムによって、各国・各人のケアする力を地球規模でネットワーク化することが求められる。エスニック文化の商業化や姉妹都市の提携など、外見的に現地主義的なグローバル化を進めるのではなく、個々人の水準で他国の民族や文化に対する関心とかかわりと応答の力を習得することが重要である。グローバル化にケアの倫理を埋め込み、共生配慮型の競争社会をもたらすグローカリズムの処方箋がいま求められている。

注
(1) わたしはこれまで、グローカリズムという考え方の必要性を強調してきた（今田 2002a, 2002b, 2004, 2007）。本稿は、2004年の新聞原稿に加筆と修正を加えたものである。
(2) 共感とコミットメントの議論については、Sen（1982＝1989：133-159）を参照。

文献
Bellah, Robert N. et al., 1991, *The Good Society*, Knopf.（＝2000, 中村圭志訳『善い社会——道徳的エコロジーの制度論』みすず書房。）
Etzioni, Amitai, 1996, *The New Golden Rule: Community and Morality in a Democratic Society*, Basic Books.（＝2001, 永安幸正監訳『新しい黄金律——「善き社会」を実現するためのコミュニタリアン宣言』麗澤大学出版会。）

Gilligan, Carol, 1982, *In a Different Voice: Psychological Theory and Women's Development*, Harvard University Press.（＝1986, 岩男寿美子監訳・生田久美子・並木美智子訳『もうひとつの声——男女の道徳観のちがいと女性のアイデンティティ』川島書店。）

Heidegger, Martin, 1935, *Sein und Zeit*, 4. Aufl., Max Niemeyer Verlag（＝1960-63, 桑木務訳『存在と時間　上・中・下』岩波書店。）

今田高俊, 2002a,「グローカル公共哲学の射程——新自由主義に抗して」『UP』東京大学出版会, 352：6-11。

今田高俊, 2002b,「『活私開公』のグローカル社会へむけて」佐々木毅・金泰昌編『二一世紀公共哲学の地平』東京大学出版会, 407-412。

今田高俊, 2004,「グローカリズムとケアの倫理」『公共的良識人』（月刊新聞）1月1日号, 京都フォーラム。

今田高俊, 2007,「グローバル化と文明の共生——ワールド・エディターという役割」友枝敏雄・山田真茂留編『Do! ソシオロジー』有斐閣, 257-276。

Rawls, John, 1972, *A Theory of Justice*, Clarendon Press.（＝2010, 川本隆史・福間聡・神島裕子訳『正義論　改訂版』紀伊國屋書店。）

Sandel, Michael J., [1982] 1998, *Liberalism and the Limits of Justice*, 2nd ed., Cambridge University Press.（＝1999, 菊池理夫訳『自由主義と正義の限界　第二版』三嶺書房。）

Sen, Amartya K., 1982, *Choice, Welfare and Measurement*, Basil Blackwell.（＝1989, 大庭健・川本隆史訳『合理的な愚か者——経済学＝倫理学的探究』抄訳, 勁草書房。）

第5章

グローバリゼーションとフェミニズムの挑戦

牟田和恵

1　フェミニズムの課題

　フェミニズムは元来，近代西欧に発する普遍的な「平等」や「人権」といった概念のうちに，そこから排除されてきた女性を統合することをめざして始まった，リベラリズムの流れを直接に汲む思想と運動であった。発祥からほとんど2世紀を経た1960代～70年代に登場した第二波フェミニズムは，男並み平等を求めるリベラリズムとは質を異にする，女性であるがゆえの抑圧の認識に深く根ざし，解放をめざす思想と運動として成長した。その後，有色女性，第三世界の女性たちによって，白人中産階級女性が暗黙の中心であったことに異が唱えられ，フェミニズムは，大文字のFeminismではない，多様なfeminismsとしてさらに展開を続けてきた。

　しかし，加速度的に進展するグローバリゼーションは，女性間の差異や格差の存在をさらに顕在化させ，女性にとっての包括的な地位の向上や解放が果たして可能なのかという課題をフェミニズムにつきつけることとなった。しかし，まさにここからフェミニズムは，根源的な社会構造の変革に向かおうとしている。人が不可避に依存的な存在であることを認識するフェミニストたちは，自立した存在として人間をとらえたうえに成り立つ社会理論や正義論を批判し，リベラリズム的価値とケアの倫理が相克することを鋭く見据える。また，女性が国民国家の二流市民として位置づけられてきたがゆえに，フェミニズムはナ

ショナルな枠を超えたグローバルな連帯に向かっている。

本章は，グローバリゼーションの時代にフェミニズムが抱える困難を整理し（2節），ケアの倫理（3節）と戦時性暴力問題（4節）を鍵としながら，グローバリゼーションにこたえるフェミニズムの挑戦について検討する（5節）。

2　フェミニズムの困難

グローバリゼーションの中でのフェミニズムの困難

グローバリゼーションは，国民国家という枠組みを自明の前提としてきた社会科学や人文科学のこれまでの思考様式や知のあり方を批判的に問い直し払拭することを要請した。本書の各章ですでに論じられている通り，社会学ももちろん例外ではなく，国民国家を全体社会としてとらえてきた知の枠組みをどのように超えていくかが，方法論的にも重要な課題となっている。

フェミニズムという思想や運動は，その発祥を思い起こすなら，この点でさらに困難に直面しているとも言える。

というのは，まず第一に，フェミニズムは元来，第一波フェミニズム運動と後に呼ばれることとなった女性参政権獲得運動に象徴的なように，近代西欧に発する普遍的「平等」や「人権」といった概念のうちに女性を統合することをめざすリベラリズムの流れを直接に汲む思想と運動であった。しかしながら平等や人権を保障される市民権そのものが，ナショナルに閉じた国家内権利であるに過ぎず，グローバリゼーションが露呈させた市民であることの格差は，まさにリベラル市民権の限界である。フェミニズムは，発祥以来，女性であることの二流市民性に抗してきたわけだが，その目標自体が根底的な疑念にさらされているのだ。

グローバリゼーションのなかでフェミニズムが直面している困難の第二は，これまでのナショナルなリベラリズムの枠組みが通用しないだけでなく，グローバル化した市場がいくつものレベルであらたにセクシズム（性差別）を作り出していることだ。言うまでもなくこの点は，第一の点と深くつながっている。

第5章　グローバリゼーションとフェミニズムの挑戦

家事・育児・介護等を担う労働者（domestic labor）として国際移動する女性たちの抱える困難はそのひとつのあらわれだ（Parreñas 2001ほか）。女性のいわゆる社会進出が進み，各国で制度的平等も進展し，一部の女性たちは，男性に伍して活躍の場を得，高い社会経済的地位を享受するにもいたっている。しかしそれは，多くの国内外の女性たちを，家事育児や介護を担う労働力として周縁労働者化することと同時に生じている。欧米や，シンガポール・香港・台湾などアジアのいくつかの国・地域でみられるように，国境を越えた家事・介護労働者としての移動が増加し，豊かな女性の子どもたちや老親のケアをするために，貧しい移住女性たちが自らの家族のケアをできなくなる，発展途上国から先進国へのケアの流出（ケア・ドレイン）も生じている。ホックシールドはこれを，帝国主義時代の自然資源の収奪とある意味類似した，愛情の収奪であると述べている（Hochschild 2003：189-194）。

　つまり，グローバリゼーションは，フェミニズムがめざしてきた女性の地位向上のために，別のより経済的に不利な国，階層の女性やその子どもたちへのよりいっそうの抑圧を招くというおそるべき事態を生じさせているとも言えるのだ。

　さらに付言すれば，こうした労働移動は，女性たちをより複雑に階層化させている。香港やシンガポールでは，国家（香港では政庁）にとって付加価値をもたらす高学歴・専門職女性の労働力化を推進するという政策的意図によってこうした外国人家事労働者の移入が進められたが（香港では1974年，シンガポールでは1978年から），香港では今度は，比較的低学歴で専門的職業能力に欠ける香港人中高年女性たちを，産婦・新生児ケアを専門に担うケア労働者（「陪月員」）として，インドネシア人女性やフィリピン人女性ら外国人家事育児労働者とは差別化してより優位な domestic labor として労働力化する政策が取られている。香港を含む中国南方では，女性が産後間もない産婦と新生児の世話をする，「月嫂」と呼ばれる伝統的慣習があるが，陪月員は親族や地域共同体に担い手を見いだすことが容易ではなくなった現代版の月嫂であり，政庁に認可を受けた専門の人材派遣業者も多数存在する。女性たちは，業者で研修を受け

登録して，外国人労働者には望めない（とされる）「伝統」に則った産婦の回復を助ける献立の食事作りをし，新生児の世話をする。その仕事は，「伝統」に則っているがゆえに，外国人ではなく地元の女性にゆだねる必要があるとされ，外国人家事育児労働者をすでに雇用している家庭も，外国人労働者の数倍の費用を払って産後の数週間から1ヶ月のケアをゆだねるのである。そこには，同じ domestic labor であっても，外国人労働者はより低賃金の家事労働に，地元の女性はより報酬の高い労働——しかしもちろん，専門職女性たちが得る報酬とは明らかな差がある——へと，女性たちが細分化され階層化されていく状況がある。

「日本は例外」ではない

　外国人労働者受け入れに厳しいハードルを課している日本では，一見，移住家事労働者にまつわる問題は深刻ではないと考えるかもしれない。しかし，2008年の日本とインドネシアとの経済連携協定（JIEPA）にもとづきインドネシア人介護福祉士・看護師候補者が全国各地の施設に配属され始めた。また，2008年12月には日本とフィリピンとの経済連携協定（JPEPA）が発効しフィリピンからの労働者受け入れも始まっている。こういったあらたな制度については，日本語能力の要求の厳しさについての批判など，受け入れをより容易にする方向で議論がなされがちであるが，すでに日本にやってきている女性たちのなかには，出身国に子どもを置いて働きに来ている女性たちも存在しており，ホックシールドらの提起する問題とは日本は無縁であると考えるのはあまりにナイーブである。

　また実際のところ，上記の EPA という新制度導入以前から，在日のフィリピン人女性が介護労働に携わるケースはすでに存在していた。伊藤らによると，2000年頃からすでに，在日フィリピン人女性たちの間では，加齢によりエンターテーナーとして就労できなくなった場合，ケアギバーとして就労することが案として考えられていた（伊藤・小ヶ谷 2008：152）。今では，フィリピン人向けのヘルパー養成講座も開かれており，かつてエンターテーナー（ダンサー）とし

て来日し日本人男性と結婚したフィリピン人女性たちがそれを受講して各地の特別養護老人ホーム等で働いている（吉岡 2009：152-156，定松 2009：163-174）。

また日本では，家事育児労働者として家庭やケア施設で働く，文字通りの domestic labor としての女性移住労働者の数は少なくとも，飲食業での接客やセックスワークに多くの外国人女性たちが従事していることは周知の事実だ。さらに中国やフィリピンの女性たちが，結婚斡旋ブローカーを通して，国際結婚の花嫁としても来日している。これらのなかには，売買春の強要や搾取，異なる文化の中での嫁役割の押し付けによって苦しむ女性たちも少なくない。これらの女性たちも，日本の男性たちの「ケア役割」を担う，広義の意味での domestic labor だと言える。

女性の生殖能力のグローバルな商品化

さらに女性は，身体レベルにおいてもグローバルな市場で取引される対象となっている。その典型的あらわれが，代理出産などの生殖補助技術の国境を越えた利用である。日本では，芸能人夫婦がアメリカで代理出産によって子どもを得たケースがよく知られているが，最近では「コスト」の安さから，先進国からインドやタイへ代理母出産を求めてやってくる「生殖ツーリズム」が広がっている。インドでは2002年から代理出産の商業化を合法とし国家レベルで代理出産を成長産業と認識しており，年間60億ドルの産業に発展する可能性すらあるという（大野 2009：167）。代理母をつとめるインド人女性は年収の数倍にも上る報酬を得，逆に依頼主の外国人夫婦にとっては相場の3分の1から5分の1で子どもが授かるという，双方にとってのメリットがあると現地で代理出産を手がける医師は主張する（大野 2009：169）が，懐胎や出産という営みは，命の危険さえ伴うのであり，そうしたリスクを引き受ける背景には当然ながらグローバリゼーションのなかでますます広がる経済的格差がある。

2008年8月にインドで代理出産を依頼した40代の日本人夫婦が出産の1ヶ月前に離婚したため，インド法では離婚して独身となった男性は親権を得られないという事情により，生まれた女児がインドから出国できなくなった事件が報

道された。これによって日本でもインドでの代理出産が知られるようになったが，現在では一例をあげると，「提携先病院をインドの優れた病院とすることにより，米国で行う際の治療費用と比べ，断然に安く，クオリティの高い医療サービス（代理出産プログラム）を提供します」（（　）内は原文のまま）と宣伝する業者のHPも存在し（http://www.medi-bridges.com/)，インドでの代理出産を利用する日本人が少なからず存在することが伺える。

　こうした状況のなかで生じているのは，グローバルな移動のなかで，女性の生殖能力が市場で売買され，自らの身体で他者の子を胚胎し出産することをつとめとする，「ブリーダー階級」という社会層（大野 2009：170）が生まれている現実である。

　グローバルな生殖ビジネスのひろがりは別の形も取っている。これも一例であるが，「卵子の提供を受けたい方への専用サイト」と題する業者のHPは（http://japanivfcenter.com/），「日本人卵子ドナーをご紹介し，海外の病院で卵子提供施術が行えるようサポートしています」とうたい，「日本在住の日本女性の卵子」である保証付きで，ハワイ，ロサンゼルス，バンコクなど海外で卵子提供を受けることを「サポートする」と宣伝する。こうしたビジネスは，日本では生殖補助技術に関する法律はないが日本産科婦人科学会がガイドラインによって産婦人科医が実施するのを規制しており，卵子提供や代理出産などの生殖技術利用にハードルが高いところから，そのハードルをくぐり抜けようとすることから成立している。外国人女性による代理出産でもなければ外国人女性の卵子提供を受けるわけでもない，日本人女性同士の間で行われるのではあるけれども，しかしこれも国境を越える人の移動が容易になったことを利用したグローバリゼーションの産物である。卵子の提供という身体的な負担や危険のおよぶ医療行為を受諾する女性たちが，社会経済的にそれほど恵まれない層にあるであろうこと，それに対し提供を受ける側はそうではないことは容易に想像がつく。つまり，代理出産や卵子提供が規制され，商業的利用が認められていない日本においても，日本人女性同士の間で生殖能力と身体性の市場化された取引がグローバリゼーションを介して起こっており，そこに搾取が生じて

いる可能性はうかがえるのである。

3 ケアへの着目とフェミニズムの展開

家庭内男女平等を超えて

　domestic labor としてしばしば搾取を受けて，グローバリゼーションのひずみを体現するかのような女性労働の問題は深刻さを増しているが，しかしながらそれはまさに，フェミニズムのあらたな課題として理論的・実践的な展開につながってもいる。誰が育児や介護のようなケア労働を担うのか，ケアの営みが現状のような公正とは言えない労働配置をとっているのはなぜなのかといった問いは，現代のフェミニズムにとって深奥の問題を提起しており，1990年代以来，ケアをめぐるフェミニズムの議論は深まっている。

　ふりかえってみれば，第二波以降のフェミニズムは，「The personal is political. 個人的なことは政治的なこと」を合言葉として，「公」と「私」を分ける境界は歴史的・政治的に作られたものであること，家族や夫婦，恋人など親密で「私的」な領域・関係に権力関係が潜んでいること，それが社会全体にある性差別の根源をなしていることを暴いてきた。そして「男は仕事，女は家庭」とする固定的な性別役割分業を厳しく問い性役割の見直しを求めてきた。

　その運動は国際的な潮流となって1979年の女性差別撤廃条約の締結にもつながり，日本においても男女雇用機会均等法や男女共同参画社会基本法の制定にいたっている。「男女共同参画社会」がめざす，「男も女も仕事も子育ても」というワークライフバランス政策は，現在の共同参画政策の目玉である。

　いまだに育児や高齢者ケアの責任が女性に偏って担われる一方で，家族を経済的に支えるために過労死の危険さえ知りながら長時間労働をし続ける男性の姿からは，こうした政策が必要なことはいうまでもない。

　しかし，現実に生じていることを見るならば，こうした政策の根源的な不十分さがわかる。高齢者ケアでは，介護保険法制定以来，介護の社会化がある程度進み，妻や嫁である女性に介護の全責任が負わされてしまう事態は緩和され

たように見える。また、公的年金の定着は、介護は長男の妻がするもの、というヨメ規範を大きく変えた（大和 2008）。しかし、介護を代わって担うようになったのは、ヘルパーとして低賃金のパートの形態で働く女性たちであり、彼女たちはフルタイムなみに長時間働いても、賃金は生計を立てるにはとても及ばない。外国人労働者をケア労働者として移入することには、上述のような不公正をも含む。

　男性の家庭参加についても見通しは暗い。男性も育児を、という政府のかけ声は、「育児をしない男を、父とは呼ばない」というコピーの厚生省（当時）の啓発ポスター（1999年）をはじめとしてあるが、男性の育児休業取得は低調で、2011年に初めて2％を超えたが（2.63%）、厚生労働省の取得率目標値13％には遠く及ばない（厚生労働省「平成23年度雇用均等基本調査」2012年4月26日公表）。しかし、リストラ・不況と厳しい社会経済状況が続いているなかで育児休業を取るなど、男性の職業上の地位をマイナスにしかねないリスクを冒せはしないことを如実に表しているものとして、この数字に驚く者はいないだろう。

　つまり介護や育児というケアの営みは、社会化・商品化がなされる方向であれ、夫婦による分担の公平化をめざす方向であれ、公正で十分な方法としては決して成功していないのだ。

　この点をさらに鋭く見通して、夫婦で職業と家庭責任を対等に分担する「家庭内男女平等化戦略」は失敗を運命づけられている、と論ずるのが、ケアの倫理に着目するフェミニストのひとりである、アメリカの法学者マーサ・ファインマンだ。彼女によれば、この戦略は夫婦間の緊張を増大させ、「解決」は、より社会経済的に不利な立場にある女性に育児負担を押し付けることでしか得られない（Fineman 1995＝2003：184）。したがって、必要なのは、育児などのケアの責任を担う単位（これを「母子対」とファインマンは呼ぶ）を国家や社会の保護を受ける特権的な「家族」とすることだと論ずる。

第5章　グローバリゼーションとフェミニズムの挑戦

依存の本来性(4)

　ファインマンのこの議論の根本にあるのは，育児や介護のケアを社会がどう担うべきかという問いであり，ケアされる依存の状態をどのようにとらえるかという問題意識だ。いかなる人間にとっても，赤ん坊から子どもの期間，そして老い衰えた時期に，誰かに依存しケアされねばならない状態を経ることは必然だ。病を得たり障碍を負って依存状態になることも，ままある。そして依存が必然である限り，その人々をケアする，ケアの担い手が存在することも，また必然だ。

　これまで，母・妻・娘・嫁，あるいは姉妹といった立場から，女性がもっぱらその役割を担ってきたが，こうしたケアの担い手は，ケア役割とケアする行為がもたらす資源の必要から，ケアする人自身が依存の状態に陥りがちだ。つまり，ケアに時間を割かねばならないために経済的自立はむずかしくなり，そもそもケアをするということには資源が必要なわけだから，ケアを担う者にはケアの対象と自分とを賄ってもらう必要，つまり「二次的依存」（Fineman 1995＝2003：181）が生じる。育児は子が成長すればケアの必要はなくなるし，高齢者や病人の介護にも終わりはあるが，ケアの担い手はケアする必要のためにしばしば公的領域から切り離されているため，ケアの期間が終わっても自分を支える経済力をもつことはむずかしく，今度はその人自身が健康であっても依存の状態から抜け出せないということが起こりがちだ。子育てを終えた女性が中高年になって就労しようとしても，自らの生計を立てうる職に就くのが非常にむずかしいのは，わたしたちが日常的に知っている通りだ。こうして考えてみれば，ケアを担ったがために，一生にも続きかねない「依存」の状態に追いやられるとは，言ってみれば「踏んだり蹴ったり」の，いかにも理不尽なことではないだろうか。

　しかし，こうしたケアの悪循環と理不尽さは，これまでそのようにはっきりと認識されることはほとんどなかった。それは，夫・父親が妻子を養うのは男として当然の務め，妻・母が子どもや家族の面倒を見るのは当たり前であると同時に自然な愛情のあらわれであるという「常識」によって，家族のなかに覆

い隠されてきたからだ。そのことがケアを担う者にどれほどの犠牲を払わせてきたかは，計り知れない。そもそも，人間にとって必然の依存をこのように私的に処されるにまかせているのは公正ではないとファインマンはいう。しかし，ファインマンのいう夫婦対を核とする性的家族を不可避の前提としているかぎり，依存をめぐる不条理は必ず生じる。

隠蔽される依存

　それではなぜこうした不条理が放置されてきたのかと問い，こうしたケア労働が社会から隠蔽されてきたことの意味を追究するのが，同じくケアの倫理に着目するフェミニスト哲学者のエヴァ・キテイである。キテイは，平等という旗印のもとに女性たちは前進してきたが，平等の理念がすべての女性に同じように役立っているわけではないと指摘する。アメリカでも公職の女性比率は低いままで，家事育児の平等な分担も実現していない。女性たちの間では，チャンスをつかみ「平等」を達成していく一部の女性たちがいる一方で，平等が達成できないどころかより貧しくなっていく多くの女性たちがいる。平等の理念をリベラリズムに忠実に守っているにもかかわらず，「平等は私たちの手をすり抜けていく」とキテイは指摘する（Kittay 1999＝2010：32）。

　そしてその理由は，法律があっても不完全にしか履行されていないことや，ジェンダー・アイデンティティを形成する社会的慣習が拘束となっていることだけではない，とキテイは論ずる。それらが改善されたとしても，実質的な平等へ向かう速度や変化の道筋，成果がもたらす利益は女性間で不均等にしか配分されないだろう（Kittay 1999＝2010：33）。しかし，依存の問題を認識したうえで平等の理念を批判する観点（「依存批判」）からすれば，「男性中心の社会で女性が平等を達成できないのは当たり前だ」。「依存者をケアする人たちも，自分に頼り切っている人をケアするために自分の利害をひとまずわきにおかねばならないから，ハンディキャップのある状態で社会的な財の獲得競争に参入せざるをえない。……子供や年老いた親，病気の夫や友人を見捨てて男性たちの世界に行けとでも言うのだろうか？」（Kittay 1999＝2010：10）。そして，キテ

イがここで強調するのは，自由で平等な個人の集合としてリベラルな民主主義社会が理解されているところに問題の根源があるということだ。わたしたちはみな一定期間，依存状態にあるというのに，すべての人が自由で自立／自律した存在だとする，あるいはそうあるべきとする「いくつもの虚構」のうえに社会が成立していることのおかしさをキテイは衝く（Kittay 1999＝2010：35）。

自律的個人という神話

「自立／自律的個人」が社会を構成するという政治哲学の根本概念を疑うキテイが，その対極として表現するのが，「皆誰かお母さんの子ども」というフレーズだ。

17世紀の政治学者ホッブズは，国家を形成する際の構成員として，誰の手も借りず大地に突然生えてくるキノコだと人間を喩えた。しかし言うまでもなく，わたしたちは，「突然生えだすキノコ」のように自立した人間として社会に現れるのではなく，誰かの手厚いケアを長い期間にわたって受けながら，徐々に社会のメンバーとなる。この厳然たる事実を，「皆誰かお母さんの子ども」というフレーズは的確に表している(6)。

キテイのいう人間の依存の必然を考えてみれば，どんな人でも，赤ん坊として生まれ幼児期を経て育っていく過程で，長い年月を誰かに——多くの場合母親に——，その人自身の人生のニーズよりも優先されながら，ケアされてきたはずだ。また，今はすこぶる健康なシングルも，いつかは老い衰えてケアが必要な時期が来ることは，その程度や期間はわからないけれども，ほぼ確実と言っていい。人生80年とすれば，はじめの10〜15年，そして終末の数年という，人生のおよそ4分の1にもあたるかなりの長期間をケアを受けて過ごすのだ。

しかし，依存が隠蔽され私的に処されている現状では，結婚しなければ，子どもを持たなければ，親が介護の必要な状態にならなければ，自分の側からケアを提供しなくて済む。こうした，いわばケアの一方的な受益者，ケアのフリーライダーとして生きることがなぜ許されうるのだろうか。「自立」した「自由」な存在として仕事に励み，税金や社会保障費の負担を負っているとしても，

ケアというのは，幼い者，弱い者，衰えた者に細やかな注意を払ってそれぞれのニーズに応え，下の世話を含むような身体の世話を自分の身体の都合より優先して，時と場合を選ばず，行っていくものだ。それは，金銭に単純に還元されうるような営みではない。
　人間にとって依存が必然であり，したがってケアを行う者の存在も人間としての必然ならば，人間とは，ケアを受け，自らもケアを返していく存在であるのではないだろうか。自分の子どもをもたなければ，親が高齢期に要介護にならなければ，障碍をもつ者を家族に抱えなければ，「幸運」にもケアを一生しなくて済む，それが「自由」で「自立」した尊厳ある人間の姿だろうか。自身の子や親ではなくとも，血縁に依存者がいないとしても，自身がケアを受ける人生の4分の1を返報できるくらいケアにかかわっていく，それこそが「自立」した尊厳ある人間の姿ではないだろうか（牟田 2011：160-161）[7]。

公的なケアの倫理

　ケアの倫理はしばしば，個別的・私的な関係や場面ではたらくものであり，公的な世界につながるものではないと理解されがちである。しかし，この理解は，二重の意味であたっていない。
　まずひとつには，ケアの倫理は，ケア関係が社会的・公的に支えられるような社会の構想を要請するという意味においてである。
　ケアを担う者が十分にケアされ社会的に支えられるべきことを論ずるキテイが提唱するのが「ドゥーリアの原理」だ。ドゥーリアとは，出産しあらたに母となって赤ん坊をケアする女性をサポートする「ドゥーラ」という語から来ている。ドゥーラは，母親に代わって赤ん坊の面倒をみる乳母（ナニー）とは違って，母親が子どもの世話をしているときにその母親をケアすることによって手助けをする。呼び方はそれぞれ違うが，いくつもの文化に，このドゥーラの慣習はある[8]。
　ドゥーラは，家庭内で，私的なかかわりの中ではたらくが，キテイはこれを公的な領域に拡大する「ドゥーリア」の構想を提案する。すなわち，「ケア提

供者は依存者のケアに責任を負う。そこで社会は，ケア提供者の福祉に注意を払う方法を探すのだ。それによって，ケア提供者の労働と彼女たちが向ける関心とが搾取されることなく，ケア提供者が依存者への責任を果たすことが可能になる。これが公的なドゥーリアの構想である」(Kittay 1999=2010：245)。つまり，ドゥーリアの構想とは，依存労働者が公正に扱われ自身の生の構想を損なわれることなく生きることを可能にしつつ，しかも依存者に十分なケアが与えられ，そして同時にそれによって依存者と依存労働者の間ではぐくまれる関係が尊重されることを保証するために社会が果たすべき正義の構想であり，公的なケアの倫理なのだ。

　この構想は，当然にも，グローバル社会でケアを担うために移動する移住労働者にも適用されなければならない。キテイは次のように述べる。

　　ケアの権利が，ケアを必要とする人には誰でもケアが与えられ，ケアをしている人ももし望めばその仕事から解放されることを保証することが重要だと主張するのであれば，同じくケアの倫理によって，自分にとってその人の安寧がこの上なく大切な依存者をケアしたいと望む人にはケアをする権利があることになります。外国からやってくる労働者にケアを頼っているのに，そうした「ドゥーリアの権利」，つまりケアを受ける権利とケアするときには支援を得ることができる権利が，市民に与えられるのは理屈が通りません。というのは，外国人ケア労働者たちは，故国からも働きに来ている国からもドゥーリアの権利を否定されているからです。移住してきた母親・姉妹・娘たちが被っている危害は，まさにケアの倫理によって見えてくる被害です。(キテイ・岡野・牟田 2011：59-60)

　そしてふたつ目には，公的倫理としてのケアの倫理は，ケアという「女の世界」とされていた世界の社会的価値を高める方法を見いだし，「これまでの男性健常者を主人公とする社会ではなく，まさに女性たちの経験上紡がれてきた営みを中心に社会を変える，一種の革命思想」(岡野 2011：83)であるという

意味で，私的な場での倫理であることを超える。これはまさに，グローバリゼーションの時代にフェミニズムが挑戦していくべき課題にほかならない。

4 ナショナリズムを超える
――戦時性暴力・基地性暴力に抗する取り組みとフェミニズム――

旧ユーゴスラビア国際戦犯法廷

　グローバリゼーションのなかでフェミニズムが新たな地平を開きつつあるもうひとつの重要課題が，戦時性暴力問題だ。

　1990年代以来，戦時性暴力や軍事基地の性暴力についての関心が国際的に高まった。そのひとつの象徴が，旧ユーゴスラビア国際戦犯法廷（正式名称：1991年以後旧ユーゴスラヴィアの領域内で行われた国際人道法に対する重大な違反について責任を有するものの訴追のための国際裁判所）が，国際連合の安全保障理事会決議827によって，1991年以後の旧ユーゴスラビア領域内で行われた，民族浄化や集団レイプなどの深刻な国際人道法違反について責任を有する者を訴追・処罰することを目的として1993年5月に国際司法機関として設置されたことだ。

　旧ユーゴスラビア内戦下でのレイプ犠牲者の数は2〜5万人と推測され，きわめて恐るべき被害であったが，しかし戦争の手段として女性に対する性暴力が行われたのは，旧日本軍による日中戦争時の南京での集団強姦事件に見るように，歴史上はじめてというわけではない。そのなかでこうした訴追を可能にしたのは，1970年代以降のフェミニズム運動によって，女性に対する暴力や性暴力に関する認識が深まり，さらには国連が中心になって女性に対する暴力撤廃の課題が推進されるにいたったことが要因として挙げられる。同法廷の設立が決定された1993年末の国連総会においては「女性に対する暴力撤廃宣言」が採択され，1995年の北京世界女性会議においても女性への暴力の廃絶が重要課題として大きく取り上げられた。こうした国際的でグローバルな性暴力問題への取り組み無しには，旧ユーゴ国際戦犯法廷はあり得なかった。

旧日本軍従軍慰安婦問題

　一方，旧日本軍の「従軍慰安婦」問題への関心も1990年代に高まっていく。
　1990年10月17日に，韓国挺身隊問題対策協議会（挺対協）をはじめとする韓国8団体が日本政府に対して，「従軍慰安婦」問題について，「従軍慰安婦」として強制連行した事実を認定すること，慰霊碑を建設すること，生存者遺族に補償することなど6項目の要求を掲げた公開書簡を提出した。その後，1991年8月にはキム・ハクスン（金学順）が慰安婦として初めて名乗り出て多くの証言を行い，それが日本で新聞報道されたのをきっかけに，慰安婦問題への関心が広がっていく。
　旧日本軍の慰安婦制度の存在自体は，かつてより知られており，千田夏光によるノンフィクション（千田 1973）等を通じても知られていたのだが，それが女性への性暴力問題として認識されるには，従来の男性中心的思想を問い直すジェンダー的な転回点が必要だった。これについて上野千鶴子は，慰安婦問題は慰安婦をめぐるパラダイム転換という認識論の問題であるとし，問題は事実の認定ではなく事実の問題化であると述べる（上野 1998）。すなわち，慰安婦とは売春婦であるという男性中心主義的認識から，国家による性暴力の被害者というジェンダー的認識への転換である。韓国では，後に挺対協（1990年結成）代表となるユン・ジョンオク（尹貞玉）が，1980年に女子挺身隊・従軍慰安婦の調査を開始するが，こうした1980年代の韓国の女性運動と世界的なフェミニズムの動きを背景として，1990年初期の問題化とキム・ハクスンさんの証言が可能になったのである。

女性国際戦犯法廷

　2000年12月に東京で開催された女性国際戦犯法廷（正式名称：日本軍性奴隷制を裁く女性国際戦犯法廷）は，韓国から始まった運動を日本の女性たちが自身の問題として受け止め運動を蓄積してきたなかで，慰安婦制度や軍による組織的なレイプを戦争犯罪として市民の手で裁くことを目的として，「戦争と女性への暴力」日本ネットワーク（VAWW-NET ジャパン）を中心とする女性団体

の運動の連携によって実現した民衆法廷であった（2000年に東京で開催，2001年にオランダで「最終判決」を発表）。これは，女性に対する性暴力が問われなかった極東国際軍事裁判所（東京裁判）のやり直しを行おうとする，フェミニストたちによる国際法に則った戦時性暴力解決の試みであった。

　主催者が国家や国際機関ではないため法的拘束力はないが，同法廷は，旧ユーゴ国際刑事法廷ジェンダー犯罪法律顧問を務めたパトリシア・ビサー・セラーズ（アメリカ合衆国）や，旧ユーゴ国際戦犯法廷前所長であったガブリエル・カーク・マクドナルド（同）を主席検事として擁し，旧ユーゴ国際戦犯法廷での蓄積が十分に生かされることとなった。また，検事団と法律顧問には中国，韓国，北朝鮮，台湾，インドネシア，東ティモール，オランダ，フィリピン等の諸地域からフェミニスト法律家・法学者が加わっており，同法廷は，日本軍性奴隷制の犯罪をジェンダー正義の観点から裁いたのみならず，過去の克服のグローバル化という観点からも評価されている（高橋 2001他）。

　このように，旧ユーゴ国際戦犯法廷と女性国際戦犯法廷は双方とも，フェミニズムの議論の進展と女性たちのグローバルな連帯によって，これまで戦争にはつきものとされてきた女性に対する性暴力の問題を暴きだすことを可能にしたのだ。慰安婦問題については日本国内では今なお異論が後を絶たないが，グローバルな文脈と水準でみるならば，女性たちの達成したことの意義の大きさに疑いを挟む余地はなかろう。

　冒頭に述べたようにフェミニズムは，ナショナルな枠内での女性の市民権の獲得をめざして発祥したが，しかし，女性は近代国民国家の歴史のうえでは，決して国民としての十全な市民権を獲得するにはいたらなかった。なぜなら，近代国民国家とは国民軍を国家の軍事組織として擁するものであり，この国民軍に兵士として参与できる者が国民の資格を得るからである。女性は，二流市民となるか，兵士となる国民を産む母としてしか国民の地位を得ることができない。すなわち，近代国民国家とは，原理的にきわめてジェンダー化されたものなのだ。

　平和主義を掲げ徴兵制をもたない現代の国家にあっても，国民国家において

は通常，国家によって戦没者墓地が設営され，国のために戦って命を落とした兵士たちに追悼と顕彰がなされ栄誉が称えられる。そこで讃えられているのは，暴力的な流血の行為にもひるまない，勇気ある「男らしさ」であり，「英雄」という言葉はその象徴だ。戦争の残虐さにひるむ「めめしい」兵士たち，どんな崇高な名目であれ人を殺すようなことはできないと非戦を誓う者たちが，国家によって「英雄」と讃えられることは果たして可能なのか（山本 2012：91-92）と問うてみれば，現在にあっても，国民国家にはジェンダーの秩序が深く刻印されていることがわかる。

つまり，男性並みの国家内市民権を求めようとしても決して十分には得ることのできない「二級市民」だからこそ，女性たちの間に，国家内市民権を相対化し，グローバルな市民の権利と連帯を求める契機が生み出されるのである。

5 社会学への示唆
—むすびにかえて—

女性が「二級市民」であることがあらたな可能性を生み出すという点は，3節で論じたケアの倫理の議論とも共通である。育児や介護の必要な依存者をケアする役割をもっぱら担うおかげで，「公的」な世界での競争に，そうではない人々と対等に参入することができず，二次的依存にさえ陥る女性たちは，「二流の存在」として，十全な市民権が与えられてこなかったといっても過言ではない。しかし，だからこそ，ケアという「女の世界」の経験から紡ぎだされた女性たちの経験は，「自立」や「自律」といった概念の神話を破り「公」「私」の区分を突き崩す思想となるのだ。そしてまた，ケアとは非暴力を学ぶ実践である（岡野 2012：第三部1章）ことを認識するならば，本章で，グローバリゼーションの時代にフェミニストたちが現在追究している課題として焦点を当てた，ケアの倫理と（戦時）性暴力の問題は，深くつながっていることがわかる。

さらにケアと依存に着目するフェミニズムの議論は，グローバリゼーション

が要請する，社会学が自明としてきた「全体社会＝国民国家」の枠組みの問い直しだけでなく，社会学が社会を構成する要素として当然の前提としてきた「個」の見直しをも示唆している。依存が人間関係の中心を占めるという事実を認識するならば，これまで慣れ親しんできた，個人を単位とする平等ではなく，「つながりにもとづく平等」が求められなければならないとキテイは論ずる（Kittay 1999=2010：79）。その認識は，社会学にとっても大きな，そしてきわめてチャレンジングな知的課題となるのではないだろうか。

注

(1) 筆者らによる，香港での陪月員（月嫂）人材派遣業者・陪月員・利用者への聞き取り調査による。2012年3月実施。

(2) ノルウェーやスウェーデンなど北欧諸国での80％にも及ぶ男性の育児休業取得率，日本での女性の育児休業取得率（2011年度には87.8％）に比しても，この13％という目標値自体がきわめて低いことは言うまでもない。なお，女性の育児休業取得率については，あくまでも出産者が分母であることから，育児休業を取得せずに出産前に退職した者は分母に含まれていないためにこのような高い数値になっていることに留意する必要がある。

(3) 現状では，男女の性愛で結ばれた夫婦とその子よりなる家族（ファインマンはこれを「性的家族 sexual family」と呼んでいる）が正統とされ国家や社会の保護を受けることとなっているとファインマンは批判している。なお，注意すべきは，ここでの「母子」とは，育児・介護など，ケアする者とケアされる者のメタファーであり，「母」は女性や産んだ母親には限らないし，「母子」は一対一とも限らない（Fineman 1995＝2003：第9章）。

(4) この点については，拙稿（牟田 2006：終章）で詳細に論じた。

(5) 筆者は，ファインマンのいう男女一対の性的つながりからなる「性的家族」には，ジェンダーの「自然」の仮構のうえに，性的欲望や生命と労働の再生産の仕組みを作り上げる「家族」をめぐるジェンダーをめぐる政治が機能していることに着目し，「ジェンダー家族」と名付けた（牟田 2006）。

(6) わたしたちにとって，「自立的／自律的存在」でありたいという思いは深い。リン・メイ・リヴァは，「見えない労働――自立した人をケアする」という，一見奇妙に思えるタイトルの論文で，「自立／自律」していることを何よりも美徳

とするアメリカ社会で，介護ケア無しには日常生活を送れない人々が，ケアされている事実をできるだけ隠し，訪問客に対してはケア労働者の存在を極力見えないものにしようとすること，ケアを受けていることが相手にわかっているとしても，その事実をできるだけ小さなものに見せて，自身が「自立」しているような印象操作をすることを報告している（Riva 2003）。このことは，ケア労働の価値の矮小化でもある。

(7) もちろん，ケア行為を行うのが困難な者，困難な場合もあるし，ケアの営みにかかわるということを介護・育児等の現場で実践的な世話をすることのみに限定する必要もないだろう。「ケアの営みにかかわる」とはいったいどういうことか，議論を深めることが必要なのはいうまでもないだろう。ただし，ケアの能力が不十分なためにケアにかかわることができない，という仮定をおくのは不適切だ。ネル・ノディングスは，学校は微積分を教えているが，それ以上に重要な人生で誰もが直面すべき事柄，たとえば人を愛すること，乳幼児を育てること，老人の世話をすることなどを教えていない，と指摘する。彼女によれば，教育が人生の幸福を目的とするならば，学校教育はその目的を実現する源であるケアリングを中心に再構成されるべきである（Noddings 2005=2007）。このことが実現されるなら，すべての人々がケアの営みに日常的にかかわることは当たり前のこととなるだろう。

(8) 2節で触れた中国南方の「月嫂」もそのひとつであろう。キテイによれば，「ドゥーラ」の語源は古代ギリシアにあるが，産婦ケアの慣習が洋の東西を超えて同様に存在するのは興味深い。

文献

Fineman, Martha A., 1995, *The Neutered Mother, the Sexual Family, and Other Twentieth Century Tragedies*, Routledge.（＝2003, 速水葉子・穐田信子訳『家族，積みすぎた方舟』学陽書房。）

Hochschild, Arlie R., 2003, *The Commercialization of Intimate Life*, California UP.

伊藤るり・小ヶ谷千穂, 2008,「経済連携協定署名後の日比両国における展開——相互尊重に基づく受け入れに向けて」伊藤るり・足立真理子編著『国際移動と〈連鎖するジェンダー〉——再生産領域のグローバル化』作品社。

Kittay, Fedar Eva., 1999, *Love's Labor: Essays on Women, Equality, and Dependency*, Routledge.（＝2010, 岡野八代・牟田和恵監訳『愛の労働あるいは依存とケアの正義論』白澤社。）

Kittay, Fedar Eva, 2008, "The Global Heart Transplant and Caring across National Boundaries", *The Southern Journal of Philosophy* XLVI.
キテイ，エヴァ・岡野八代・牟田和恵，2011，『ケアの倫理からはじめる正義論――支え合う平等』白澤社．
牟田和恵，2006，『ジェンダー家族を超えて』新曜社．
牟田和恵，2011，「キテイ哲学が私たちに伝えてくれるもの」キテイ，エヴァ・岡野八代・牟田和恵編『ケアの倫理からはじめる正義論』白澤社．
Noddings, Nel, 2005, *The Challenge To Care In Schools: An Alternative Approach To Education*, Teachers College Press.（＝2007，佐藤学訳『学校におけるケアの挑戦――もう一つの教育を求めて』ゆみる出版．）
岡野八代，2011，「リベラルの夢から醒めて」日本政治学会編『政治における忠誠と倫理の理念化（年報政治学2011-I）』木鐸社．
岡野八代，2012，『フェミニズムの政治学――ケアの倫理をグローバル社会へ』みすず書房．
大野基，2009，『代理出産』集英社．
Parreñas, Rhacel, 2001, *Servants of Globalization: Women, Migration and Domestic Work*, Stanford University Press.
Riva, Lynn May, 2003, "Invisible Labors: Caring for the Independent Person," Ehrenreich B. and Hochschild A. R. eds, *Global Woman: Nannies, Maids, and Sex Workers in the New Economy*, HenryHolt.
定松文，2009，「日本の介護福祉と外国人ケア労働者の位置づけ」国際移動とジェンダー研究会編『アジアにおける再生産領域のグローバル化とジェンダー再配置』一橋大学大学院社会学研究科伊藤るり研究室発行．
千田夏光，1973，『従軍慰安婦　正編』三一書房（＝1984，講談社文庫）．
高橋哲哉，2001，「女性国際戦犯法廷で裁かれたもの」VAWW-NET Japan編『裁かれた戦時性暴力』白澤社．
上野千鶴子，1998，『ナショナリズムとジェンダー』青土社．
山本ベバリーアン，2012，「戦争と男性性・ナショナリズム」牟田和恵・平沢安政・石田慎一郎編『競合するジャスティス』大阪大学出版会．
大和礼子，2008，『生涯ケアラーの誕生――再構築された世代関係／再構築されないジェンダー関係』学文社．
吉岡なみ子，2009，「日本で就労する外国人介護員の現状――特別養護老人ホームに就労するフィリピン人介護員への聞き取りから」国際移動とジェンダー研究

会編『アジアにおける再生産領域のグローバル化とジェンダー再配置』一橋大学大学院社会学研究科伊藤るり研究室発行。

第**6**章

リスク社会と再帰性
――福島第一原発事故をめぐって――

長谷川公一

1 リスク社会と再帰的近代化論

リスク社会としての現代

　1980年代半ば以降,現代が「リスク社会」であることを痛感させるような事件や出来事が内外で頻発している。ベックが『リスク社会』（邦題『危険社会』,Beck 1986 = 1998）で提起したように,わたしたちは「リスク社会」のただ中にいることを実感せずにはいられない。

　表6-1が示すように,自然災害を含め,毎年のように衝撃的な事件が起こっている。テロ,放射能汚染,ダイオキシン,環境ホルモン,BSE（狂牛病問題）,地球温暖化など,これらのリスクの特質は,いずれも五感では知覚しがたい不可視性と予見不可能性,制御困難性にある。情報化とグローバル化のもたらす表面的なゆたかさの影で,見えざるリスクに怯える時代を迎えた。もはや何物をも屈託なく愉しむことはできない。衝撃的な事件は,いつ飛び込んで来るかもしれない。そして自分自身や家族や友人が,そのような事件に巻き込まれる危険性も少なくない。わたしたちの日常は,半歩でも踏み誤まれば墜落しかねない縁に立って,引きつった笑いを浮かべているかのようだ。

　「リスク社会」は,現代のこのような時代心理を的確にとらえた言葉といえる。ポスト工業社会やポストモダンというような,ポスト○○という否定的な形容に比べて,現代的状況を,とりわけ現代の危機と危機感を巧みにとらえて

第6章 リスク社会と再帰性

表6-1 1980年代以降の大災害と社会問題

1984年	インド・ボパールの化学工場事故
1985年	日航機墜落事故
1986年	チェルノブイリ原発事故
1988年	地球温暖化問題への関心が高まる
1995年	阪神淡路大震災 地下鉄サリン事件 もんじゅ事故
1997年	ダイオキシン問題社会問題化
1998年	環境ホルモン社会問題化
2000年	BSE問題に世界的に関心が高まる
2001年	同時多発テロ
2004年	スマトラ沖大地震・インド洋津波
2005年	ハリケーン・カトリーナ
2010年	ハイチ大地震
2011年	東日本大震災，福島第一原発事故

いる。

　リスクは知覚不能であるがゆえに，何がどれだけのリスクであるかは専門家の判断，つまり専門的知見に大きく依存する。しかし社会的影響が大きい重大なリスクの場合ほど，専門的知見そのものが論争的であり，危険性を重大視する者と，低めに見積もる者と，専門家の間でも評価が大きく分かれることが多い。リスク評価が分かれることに伴って，あらゆる領域で政治化が加速する。企業活動，科学の営み，司法，メディア，ブログ，ツィッターなど，一切が，すべての情報が政治的な意味をもつようになり，ベックの言葉を用いれば「サブ政治」化する。もはや客観的知という幻想は終焉した。「科学の政治化」は，軍事技術をめぐって，原子力問題をめぐって，温暖化問題をめぐって，さらには生命倫理や医療倫理をめぐって，20世紀後半と，21世紀の社会を大きく規定している。

　リスクは国民国家の枠を飛び越え「グローバル化」する。リスクは空間を飛び越え，国境を飛び越え，さらに時間・世代を飛び越える。原発過酷事故や温

暖化問題が象徴するように，現代はグローバル化するリスク社会，「世界リスク社会」である。

再帰性と再帰的近代化

　リスク社会と関連の深い概念が，ベックのいう「再帰性」である。工業社会からリスク社会への移行を，ベックは「再帰性」という観点から，再帰的近代化（reflexive modernization）ととらえている。階級闘争のような財の分配，ゆたかさの分配をめぐる紛争によって規定された「単純なモダニティ」から，リスクや「負の財」の配分をめぐる，リスク回避をめぐる紛争によって規定されるリスク社会（「第二のモダニティ」と呼ぶ）への移行である。

　再帰的近代化とは，「資本主義の勝利こそが，まさに新たな社会形態を生みだし」たように，近代社会に内在するダイナミズムによって，「発達が自己破壊に転化する可能性」であり，「その自己破壊のなかで，ひとつの近代化が別の近代化をむしばみ，変化させていくような新たな段階」である（Beck 1994＝1997：12）。ベックはこのようなメカニズムを「ブーメラン効果」とも呼んでいる。

　リスク社会化に伴って，社会は，社会そのものを主題とし，課題とするようになった。工業社会は，所与の目的に対して最適な手段を専門家や官僚が提供する手段的合理性が支配する，直線的な社会である。一方，リスク社会においては，科学技術や工業の発達が引き起こす脅威は予見不可能であり，統御不可能であるがゆえに，社会の合理性の基礎，社会的凝集性の基礎に対する不断の自己省察を迫られることになる。

　社会は一義的で透明なものではもはやない。両義的で，曖昧さに充ちた不確かなものである。不確実性があちこちで増殖している。安全なのか，危険なのか，絶えず問い続けなければならない。リスクは社会的に構築される。わたしたちは，決定的な解決策を求めることができない不確実性のもとで，不断の意思決定を強迫的に迫られている。「リスクは，何をしてはいけないかを教えるが，何をしたらよいかは教えてくれない」（Beck 1994＝1997：24）。したがって，

再帰的近代化のもとでは「社会全体に不安が際限なく深く浸透」する（Beck 1994=1997：14）。

このように，ベックのいう再帰性には，①「単純なモダニティから第二のモダニティへの移行」，②自己破壊的な内在的メカニズム，③社会自体の不断の自己省察，④曖昧さと不確実性のもとでの強迫的な不断の意思決定の4つの含意がある。

ベックによれば，このようなリスク社会化や再帰的近代化は，気づかれないままに生じる強制的なメカニズムであり，選択の余地はない。

再帰的近代化のもうひとつの側面が「個人化」である。個人化もまた運命づけられている。「自分で立案し，自分で演出することを強制されていく」（Beck 1994=1997：33）。わたしたちはさまざまな矛盾を個人的なリスクとして引き受け，経験しなければいけない。しかも否定的なモデルしか存在しないもとで「個人として計画し，理解し，構想し，行為する――あるいは，失敗した場合には，みずからが招いた帰結に耐える」ことが求められている。「他の人によって強制され，自分自身を無理やり奪い取られた意思決定」を強いられている（Beck 1994=1997：34-35）。

このように現代社会へのベックのまなざしは，きわめてペシミスティックである。

コンセンサスをどうつくるか

ベックは，リスクの不可視性と統御不可能性を強調している。では，統御不可能であるならば，わたしたちはリスクをどのように軽減することができるのか。

ベックは，あらたな両義性を受け入れ，社会的なコンセンサスをつくり出すための協力関係の枠組みづくりと討論の場が必要であるとして，円卓会議や倫理委員会，リスク査定委員会などの役割を重視している。

ベックが強調するのは，管理者や専門家が普通の人々以上に何が正しいかを知っているわけではないという「専門知識の独占排除」，普通の人々に門戸を

開く「管轄権の情報開示」, すべての参加者が早い段階から意思決定構造に関与する「意思決定構造の公開」, 公開で討議する「周知性の創出」, こうした討論の様式・作法, 賛意の表明方法に同意し承認する「自己立法と自己に負わす義務」の重要性である (Beck 1994＝1997：58-61)。

効率性を重視し, 専門家が一般の人々を啓蒙しようとする手段的合理性モデルの限界をベックは指摘し,「答えをもたらす科学」ではない「問いを発する科学」の役割と公開討議の意義を強調する (Beck 1994＝1997：61)。熟議デモクラシーと軌を一にする主張といえる。

実際, ベックは, 福島第一原発事故後, メルケル首相のもとにつくられた倫理委員会の委員として, 熟議デモクラシーによるドイツの原子力政策の転換に深く関与することになった。

2　福島第一原発事故のリスク社会論的考察

原発事故とベック

原発事故とベックのリスク社会論は, 期せずして, 重要な連関を帯びている。

そもそもベックの『リスク社会』がヨーロッパで大きな反響を呼んだきっかけは, 1986年4月26日に起こったチェルノブイリ原発事故時に同書が校正の途中にあり, 事故直後に刊行されたことにあった。英語版の序文によれば, 1991年までの5年間にドイツ語圏だけで6万部という, この種の専門的著作としては異例の売り上げを記録した。

チェルノブイリ原発事故は, ベックの「リスク社会」論のリアリティを人々に喧伝したのである。

ベックはまた, 福島原発事故後のドイツの原子力政策転換のキー・プレイヤーのひとりともなった。

ドイツのメルケル首相は, 事故発生から3日後の3月14日に, 1980年以前に運転を開始した7基と80年以降に運転開始したもののトラブルの多い1基, 計8基の暫定的な3ヶ月間の運転停止を命じた (この8基は運転を再開されること

なく2011年8月6日に閉鎖された)。結局，2022年末までに，稼働中の原子力発電所全17基を停止することが閣議決定され，ドイツの連邦議会（下院）は6月30日，同趣旨の法案を与野党の賛成多数で可決した。7月8日には連邦参議院でも承認された。

　カギを握ったのは，メルケル首相のリーダーシップとともに，メルケル首相がつくった「安全なエネルギー供給のための倫理委員会」である。委員会の名称は「エネルギー供給」と「倫理」という異次元の2語をキーワードにしている。倫理的なエネルギー供給のあり方，原子力発電は倫理的か，という問いに答えることを課題とした委員会である。ドイツでは臓器移植や動物実験，遺伝子テスト，受精卵の着床前診断など，科学技術が道徳や倫理に抵触する可能性がある場合には，学識経験者を集めた倫理委員会が何度か設置されてきた。これまでは医学に関するテーマが扱われてきた。エネルギー問題に関する倫理委員会は，今回がはじめてである（熊谷 2012：160）。

　テッパー元環境大臣（キリスト教民主同盟）とクライナー・ドイツ学術振興会会長を委員長に，環境政治学者シュラーズら17名が委員となったが，ベックも委員のひとりだった。

　原発に肯定的な論者と批判的な論者が約半数ずつの同委員会は，当初の予定通り5月30日に，今後10年以内，2021年末までに原発を全廃することを求める答申を提出した。この答申を受け，6月6日，メルケル首相らは全廃の期限を1年遅らせて，2022年末までに稼働中の原子力発電所全17基を停止することを閣議決定した。

　原子力発電を評価すべき観点は，何よりも倫理的な観点であるという価値判断が，この委員会の名称には込められている。原子力発電の利用に関するどんな決定も，技術的・経済的評価に先立つ，社会の価値判断にもとづくものであるというのが，基本的立場であり，ベックがリードしたのだろう，答申全体が見事に社会学的である。ベックは，自身の提起するコンセンサスモデルを実践したのである。

　キー・コンセプトは，「持続可能性」と，生態系に対する，また将来世代に

対する私たちの「責任」である。持続可能性については，環境が損なわれないこと，社会正義の実現，健全な経済が3つの柱だとしている。福島原発事故と同様の事故がドイツでは起こりえないとは，もはや仮定できない。原発事故に対する人々のリスク認知が変わった，事故の収束や影響の空間的範囲が限定されないこと，技術的確率論的リスク評価の限界が明らかになったと述べている。リスク評価を技術的な側面だけに限ってはならない，総合的思考と包括的考量が必要だとしている。原子力の平和利用というユートピアは，もはやドイツでは倫理的根拠をもつとは言えないというのが，答申の結論である。

福島第一原発事故の衝撃

　福島第一原発事故をリスク社会論にもとづいて考察する前に，2011年3月11日に起きた福島第一原発事故がどのような意味で衝撃的な事件だったのかをまず簡単に整理しておこう。

　第一に，長時間の電源喪失によって，冷却機能の喪失，メルトダウン（炉心溶融），溶けた炉心が圧力容器や格納容器を貫通するメルトスルー（炉心貫通）という過酷事故が起こった。

　第二に，地震と津波という自然災害を直接的な契機とする世界初の原発過酷事故だった。地震学者の石橋克彦が警告してきたような「原発震災」という複合的な災害が現実のものとなった。

　第三に，世界標準炉というべき軽水炉で起こった過酷事故である。福島原発事故は，加圧水型炉と並ぶ，しかもウェスティング・ハウス社と長年世界中でシェア争いをしてきたゼネラル・エレクトリック社仕様の沸騰水型炉で起こった事故である。直接の原因こそ地震と津波であるものの，日本に特殊な事故ではない，世界中のどの原発でも起こりうる事故として認識されるようになった。

　第四に，世界ではじめて同時に4つの原子炉が危機に陥った。そのために，1号機の水素爆発が3号機の冷却作業を妨げ，3号機の水素爆発が2号機のベント作業と海水注入作業をむずかしくしたように，「一つの事故が他の事故への対応を阻害し，他のプラントで起きなくてもよい水素爆発を招く『並行連鎖

原災』の状況」が起こった（福島原発事故独立検証委員会 2012：382)。

　第五に、使用済み核燃料の貯蔵プールの危険性を世界に印象づけた。震災発生時に運転中だった１～３号機だけでなく、定期点検のために停止していた４号機も危機的な状況に陥った。むしろ１～３号機以上に４号機こそが危機的だった。４号機では炉心から取り出された使用済み核燃料1535本（原子炉約２基分相当）が原子炉建屋上部の貯蔵プールの中で冷やされていた。圧力容器や格納容器もない、プールの水だけが頼りのむき出し状態の中で、冷却機能が失われたのだ。アメリカ政府は４号機の貯蔵プールの水が蒸発してなくなることを懸念していたが、水がなくならなかったのは３つの偶然が重なったためである。[1]

　第六に、菅首相の要請で３月25日に作成された近藤駿介原子力委員会委員長による「最悪のシナリオ」（「福島第一原子力発電所の不測事態シナリオの素描」）では、半径170km圏内が移住、東京都・横浜市までを含む250km圏内で避難が必要なほど汚染されると想定された（福島原発事故独立検証委員会 2012)。「首都圏3000万人の避難」という世界史上例を見ない事態が現出した可能性があった。

　第七に、福島事故の広域性、長期にわたる深刻な生活破壊等、社会及び環境に与える影響の大きさである。半径20km圏までの警戒区域と飯舘村などの計画的避難区域の面積は約800平方km、これは東京23区全体の面積621 km^2 の1.3倍弱にあたる広大な地域である。居住していた人たちの数は約９万人。このほかに緊急時避難準備区域（2011年９月30日解除)、特定避難勧奨地点（2011年６月30日以降順次設定）があった。

　飯舘村、浪江町、双葉町、大熊町、富岡町、楢葉町、広野町、川内村、葛尾村の９町村は役場機能の移転を余儀なくされ、役場機能を戻した川内村をのぞいて、2012年５月25日時点でも役場機能の移転が続いている。

　これらの地域からの政府の指示等による避難者は約10万人。このほか福島市や郡山市など中通り地域からの、子どもやその母親、若年層を中心とした、主に県外への「自主避難」が約５～６万人。福島県内外への避難者の数は合計約15～16万人と推定されている。

放射能汚染のホットスポットは，福島県に隣接する宮城県南部，岩手県南部，栃木県と群馬県の北部，茨城県南西部，千葉県北部などにひろがっている[(2)]。

　これらの人たちはいずれも，将来の見通しのなさ，健康への影響，生活不安，家族の離散，地域の崩壊などに直面している（除本 2012；山下・開沼 2012）。

　福島県や隣接県などの農漁業に与えた打撃も深刻である。

　さらに長期的に懸念されるのは，流出した大量の汚染水による海洋の生態系の汚染である。

　損害額は，東電の賠償の負担分だけで約2兆5000億円と推計されている。金銭換算できない影響を含めれば，文字通り計り知れないというほかない。

　東日本大震災からの復興の遅れ，日本の政治，リスク管理やガヴァナンス能力の国際的な信用の低下などを含めて，福島事故によって失われたものの大きさは，マクロレベルからミクロレベルまで，重層的で多元的である。

　福島原発事故によって，わたしたちは過酷事故がどこでも，どの国でも，どの原子炉でも起こりうること，いったん過酷事故が起こった際の原子力発電所の制御の困難さ，過酷事故の悲惨さ，影響の空間的・時間的大きさ，国際的大きさを目の当たりにした。福島原発事故は原発のリスクの大きさを痛感させたのである。

リスク社会論的に見た福島第一原発事故

　ではこのような福島第一原発事故は，ベックのリスク社会論的視点，再帰的近代化論の視点からはどのようにとらえられるのだろうか。

　福島第一原発事故のような過酷事故は，保険制度によっては補償不可能である。事故を起こした東京電力株式会社を存続させるかどうかは，被害者への補償をどうするか，今後の電力供給をどうするか，などの政策的判断に依存している。

　福島第一原発事故による放射能汚染の恐怖は，事故直後から，雨への警戒感となって隣国韓国などにも飛び火した。2011年4月4日から10日にかけて，近隣諸国への連絡もなく低濃度汚染水を海へ放出したことは，韓国・中国・ロシ

アなどからの批難を招いた。

　今後もっとも深刻なのは、大量の放射性物質が海洋に流出したことに伴う長期的な海洋汚染、食物連鎖などによる海洋の動植物への影響である。

　原発過酷事故によるリスクの「グローバル化」、長期的な地球規模での影響に、わたしたちは戦慄せずにはおれない。

　福島第一原発事故とその後の経緯にとって、ベック的な視点からもっとも印象的なのは、放射線量の知覚不能性、不可視性と、低線量被曝のリスクの見えがたさ、専門家の「科学的知見」の不確実性である。「専門家」とされる人々の間でも低線量被曝のリスク評価が大きく分かれ、行政やメディア、専門家に対して、不信感を抱かざるをえないような状況が現出し、その状況は今も続いている。福島第一原発事故に関するあらゆる報道や言明が政治的な意味を帯びており、その意味で「サブ政治」化している。

　発表された放射線量ひとつとっても、どの地点でどのようにして測定された値なのか、食品の測定も全量検査がなされているのか、それともサンプリング検査なのか、等々、疑い出せばキリがない状態である。発表の裏側にあるだろう政治的意図に、人々は敏感になっている。

　どんな発表も、その前提や意図をまず疑ったうえで、ひとつの見方だ、ひとつのデータだと相対化してとらえざるをえないという状況の中で、人々が迫られているのはベック的な意味での個人化であり、個人的な選択である。「毎日、毎日、否応なく迫られる決断。逃げる、逃げない。食べる、食べない。子どもにマスクをさせる、させない。洗濯物を外に干す、干さない。畑を耕す、耕さない。何かにもの申す、黙る」等々、日々、さまざまの苦渋の選択にわたしたちは直面している（武藤 2012：26）。選択のむずかしさに沿って、家族が、地域社会が分断され、引き裂かれている。

　この原発事故がもたらすさまざまな矛盾や問題は、子どもをどう守れるのか、家族をどう守れるのか、という問題を含め、究極的には、個人的なリスクとして引き受け、経験するしかないのだ。筆者は2011年11月、南相馬市原ノ町地区で聴き取り調査を実施したが、3月11日直後の自分の行動は妥当だったのか、

政府や自治体が適切な情報を開示してくれていれば、もっと適切な行動がありえたのではないのか、もっと子どもや孫の被曝を避けえたのではないのかという、怒りの声を多く聞いた。放射線量が高い地域ほど、居住を続けるべきか、子どもをこの場所で育ててよいのか、この場所で生活は続けられるのか、何を食べればよいのか等々、苦悩や戸惑いは、現在も続いている。東京電力が引き起こした事故ではあるが、それぞれが「みずから（の選択）が招いた帰結に耐える」しかない。文字通り、この事故によって「強制され、自分自身を無理やり奪い取られた意思決定」を強いられている（Beck 1994＝1997：34-5）。しかもこの状況がいつまで続くかわからない、除染の効果がどの程度あるかわからない、放射線量がどのように低減するかわからない、地域社会の他の人々がどのように行動するかわからない、という何重もの不確定性のもとでの強制された意思決定である。

「風評被害」につながるような過剰な防衛的行動とリスクを避ける合理的な行動とを区別する境界はない。

筆者は福島第一原発事故前から仙台に居住しており、筆者自身が測定したかぎりでは、福島第一原発事故後も、同原発から100 km 北に位置する仙台市と筆者が出張等でよく出向く、同原発から約200 km 南西の東京のお茶の水などとの間に、放射線量の違いはほとんどない。むしろ仙台市の方がやや低めのことが多い。しかし海外の知人などから、「仙台は安全ですか？」と聞かれると、「放射線量は東京の中心部と同じ程度か少し低いぐらいですよ」と答えるものの、どういう根拠で安全と言いうるのか、と自問せずにはいられない。

再帰性と福島第一原発事故

再帰性という観点からは、ベックが「ブーメラン効果」と呼んだように、原発を推進してきたメカニズムこそが、まさに福島原発事故の構造的誘因だったと指摘することができよう。規制機関と推進機関が同じ省庁の中にあり、立法府はまったく規制・監督機能をもたないなど、日本独特の原発推進体制のメカニズムこそが、地震が多い国にもかかわらず54基もの原発を稼働させるととも

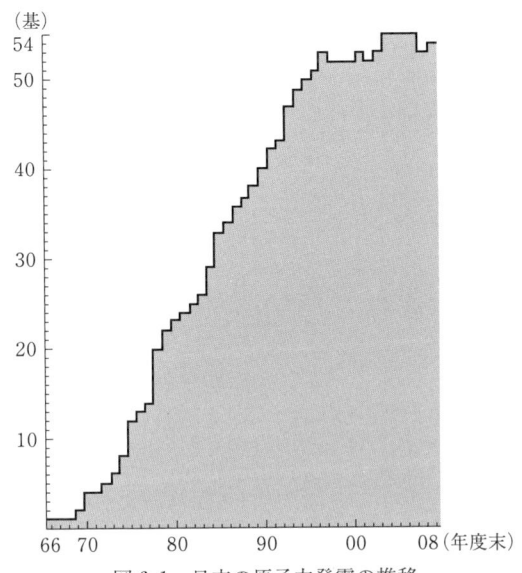

図6-1 日本の原子力発電の推移
出所:長谷川(2011:23)。

に,原子力の安全規制をむしばみ,空洞化させ,福島原発事故という「自己破壊」に転化する危険性を内在させていたのである。

図6-1は,日本の原子力発電所設置数の推移をグラフ化したものである。日本の原発は1970年代から97年までほぼ一直線に安定して拡大してきたことがわかる。ほぼ1年に2基ずつ,しかも沸騰水型炉と加圧水型炉が毎年1基ずつ運転を開始するように,仕事を分け合ってきた。このグラフは「国策民営」と呼ばれるように,国家の意思が原発を計画的に強力に推進してきたことの証左である(長谷川 2011:23-4)。アメリカの場合には,1979年のスリーマイル原発事故以前から,すでに1970年代半ばに急速な原子力離れが表面化していた(長谷川 2011:76-9)。

福島原発事故で明らかになったのは,原子力安全規制と防災体制の空洞化された姿である。東京電力が想定していた津波の高さは5.7mだったが,東日本大震災で福島第一原発は14〜5mの遡上高の津波に襲われた。5.7mの想定で

不十分であることは，近年何度も警告されていたが，東京電力と原子力安全・保安院，原子力安全委員会はいずれも対応しなかった。

　非常用ディーゼル発電機が海側のタービン建屋内の地下に置かれていたことも致命的な欠陥だった。福島第一原発に非常用発電機は13台あったが，冠水を免れ稼働できたのは，6号機用の空冷式の1台のみだった。非常用発電機が地下に置かれていたのは，アメリカでは竜巻やハリケーンを想定して地下に置くことになっていたからであり，津波など日本に特有の自然災害のリスクをふまえて見直されることはなかった。津波の危険性の高い日本では非常用発電機を地下に置くのは危険だということを，福島原発事故が起きるまで，1号機の着工以来45年以上にわたって誰も問題視してこなかった。福島第一原発は，1971年3月の1号機の運転開始以来，約40年にわたって，津波については無防備のままに営業運転を続けてきたのである。

　福島第一原発のみならず，原発の安全規制において，津波はほとんど重視されてこなかった。2006年に，原子力安全委員会の耐震指針検討分科会は耐震設計審査を20年ぶりに改訂したが，14頁の本文の中で，津波への言及は末尾に1ヶ所，「地震随伴事象に対する考慮」として，次の1行の記述にとどまっていた。「(2) 施設の供用期間中に極めてまれではあるが発生する可能性があると想定することが適切な津波によっても，施設の安全機能が重大な影響を受けるおそれがないこと」[3]。

　この審査指針の改訂にあたって，1997年以来「原発震災」の危険性を指摘してきた地震学者の石橋克彦は，改訂案が了承される直前，抗議の意思を表明するために委員を辞任した。石橋は，新指針は「既存の原発が一基も不適格にならないように配慮された」感があり，活断層の評価や地震の想定に恣意的な過小評価を許すものになっていると批判した。「最後の段階になって，私はこの分科会の正体といいますか本性といいますか，それもよくわかりました。さらに日本の原子力安全行政というのがどういうものであるかということも改めてよくわかりました」という言葉が，辞任にあたっての石橋の委員会での発言である[4]。

福島事故まで，日本の電力会社は，外部電源や非常用発電機の電源機能が8時間以上失われるという事態を想定してこなかった。そもそも原子力安全委員会が，1990年に定めた原発の安全設計審査指針で「長期間にわたる電源喪失は，送電線の復旧，非常用発電機の修復が期待できるため，考慮する必要はない」[5]として，これにお墨付きを与えていたからである。全電源喪失を想定しなくてよいとしてきた原子力安全委員会の責任はきわめて大きい。想定しなくてよいとされてきたために，日本の原発には全電源喪失状態に対処するマニュアルがなかった。福島原発事故直後のさまざまな混乱，事故の拡大を防げなかった構造的要因は，そもそも全電源喪失状態に対処するマニュアルがなかったことにある。

　東京電力の事故時運転操作手順書も全電源喪失を想定していなかったし，作業員は誰も，全電源喪失への対処の教育も訓練も受けていなかった。福島原発事故が起きるまでは，17ヶ所ある日本の原子力発電所すべてが同様の状態だった。1966年に日本初の原発である東海原発1号機が営業運転を開始して以来，日本国民は50年にわたって，緊急着陸の訓練を受けておらず，そのためのマニュアルももたないパイロットが運転する飛行機に乗せられていたようなものである。乗客である国民も無邪気だったが，電力会社及び規制当局の責任はきわめて重大である。

　東電にも，政府にも，地元自治体にも，マニュアルも，備えも，訓練も，心の準備もなかった以上，対応は必然的に混乱をきわめた。首相自らが「伝言ゲーム」と呼んだほどの東京電力及び政府の間の連絡の不備，双方の不手際，無責任，対応の遅れ，避難指示・救援の遅れ，情報の隠蔽などは目を覆うばかりであり，いたずらに被曝者を増大させ，国内外からの不信を招いた。とりわけ，東京電力本社，原子力安全委員会，原子力安全・保安院は機能不全を呈するばかりだった。「東電本店は，現場の起案に対し，明確な方針も的確な対案も示さず，また，官邸に現場の知見のフィードバックを伝えることもしなかった。本店はただただ"迷走"していた」というのが，福島原発事故独立検証委員会の結論の一節である（福島原発事故独立検証委員会 2012：392）。

原子力防災体制にも大きな問題があった。原子力安全委員会は，国際原子力機関（IAEA）が5〜30kmの緊急防護措置計画範囲を提案しているにもかかわらず，それを無視して，日本では「十分な裕度を有している」として8〜10kmまでの避難範囲しか想定してこなかった。原発事故が起こった際に，現地対策拠点となる予定だった原子力オフサイトセンターも，放射能の汚染レベルが高い5km圏内にあったために福島事故ではまったく機能しなかった。

　原発推進のために一方的に安全性の喧伝がなされるのみで，重大事故の危険性，リスクは過小評価され，安全規制や防災体制の空洞化が進行していた。

　国会事故調査報告書も次のように指摘している（東京電力福島原子力発電所事故調査委員会 2012：503）。「日本の規制当局は，推進が最優先であり，また規制を導入することで過去の安全性に疑問符がつくことによる敗訴のリスクを避けるために，また立地住民や国民の目が向くことを避けるために，徹底的に無謬性にこだわり，規制を改善することに否定的であった。安全文化を構造的に受け入れない仕組みであった。」「これまでの規制組織において，安全文化というのは有名無実であり『安全』『安心』の無責任な安売りが，高価で悲劇的な代償を伴う結果を招くことにつながった。」

　国会事故調査報告書は，規制機関の独立性の欠如，透明性の欠如，専門性の欠如を批判している（東京電力福島原子力発電所事故調査委員会 2012：504）。「原子力の利用の推進という政策目標を受け，規制機関である保安院は必ずしもみずからは技術的に納得できない場合にも組織の利益を優先するために『安全』を宣伝し，原子力利用推進体制を守るという役割を担っていたと考えられる（独立性の欠如）。周辺住民，国民，国際社会が安全に対して疑問を抱き，原子力利用の推進に障害が生じ，既設炉の稼働率にまで影響することを避けるために，リスクに関する情報を操作，隠ぺいしてきた（透明性の欠如）。さらに，安全性評価能力の育成が不十分であったため，事業者から独立して適切な規制を行うことができないという悪循環が生じた（専門性の欠如）。」

　専門性の欠如については，とくに次のように指摘されている。「規制当局は，事業者から教えられる形で専門知識を習得してきたという実態もあった。保安

第6章　リスク社会と再帰性

院幹部によれば，保安院の職員が外部有識者にヒアリングを行う際も，事業者が同行するケースが多く，有識者が事業者の意にそぐわぬことを言うと事業者からの介入があり，保安院職員が自ら専門性を高める機会を逸していたことが問題視されていた」。

政官産学マスメディアのもたれあいと閉鎖的で癒着的な構造は，福島事故前から「原子力ムラ」と指弾されてきたが，事故後には，上丸洋一（2012）に代表されるような，マスメディア内部からも「安全神話」の形成にメディアがどうかかわってきたのか，自省と歴史的な検証がなされている。

福島原発事故と無責任の構造

福島第一原発事故はこのように多くの社会学的な教訓と被害者救済を含むさまざまの課題群を提起している。しかし原子力推進体制の制度改革は，(1)原子力安全委員会，原子力安全・保安院の規制機関に代わって，環境省の外局として，独立性の高い行政委員会として原子力規制委員会が2012年9月に発足したこと，(2)野田政権のもとで，2012年9月に「2030年代に原発稼働ゼロを可能とするよう，あらゆる政策資源を投入する」ことを努力目標とした「革新的エネルギー・環境戦略」が発表されたこと(6)などにとどまっている。

福島事故を引き起こした当時の東京電力の首脳陣，首相，原子力安全委員長，原子力安全・保安院院長らを含め，厳密な意味では，誰一人として福島第一原発事故を引き起こした倫理的責任を取ることなく，この事故から1年8ヶ月あまりが過ぎた。

「然るに我が国の場合は，これだけの大戦争を起しながら，我こそ戦争を起こしたという意識がこれまでの所，どこにも見当たらないのである。何となく何物かに押されつつ，ずるずると国を挙げて戦争の渦中に突入したというこの驚くべき事態は何を意味するのか」（丸山 1964：24-25）。これは，当時32歳の丸山眞男が1946年に発表した「超国家主義の論理と心理」の一節であり，丸山は，確信犯的なナチスドイツの戦争犯罪人と対比し，日本の戦争指導者の無責任の構造を批判した。文中の戦争を福島原発事故に置き換えてみよう。「これ

だけの大事故を起しながら，我こそ事故を起こしたという意識がこれまでの所，どこにも見当たらない」「何となく何物かに押されつつ，ずるずると国を挙げて原発推進の渦中に突入したというこの驚くべき事態は何を意味するのか」。丸山の66年前の指摘は，福島原発事故にそのままあてはまると言ってよい。

　福島事故を契機に，ドイツはいち早く，倫理的な視点を最優先に，原子力政策の転換を首相のリーダーシップのもとでなしとげた。

　それに対して，「何となく何物かに押されつつ，ずるずると国を挙げて」というのが日本的な再帰性の構造なのだろうか。第二次世界大戦以後60数年間の戦後史は何だったのか。無責任の構造の中に，今も電力会社の首脳陣や政治指導者，原子力関係者らが逃げ込み続け，メディアも社会も，その倫理的責任を厳しく追及することはしないという現実を，はしなくも福島原発事故は鋭く突きつけている。

注

(1)　4号機の貯蔵プールに3月16日時点で水があったのは，①シュラウド交換のために原子炉ウェルに水が張ってあった。②3月7日に水を抜く予定だったが，作業用機器のサイズミスで3月下旬まで水抜きが中止された。③貯蔵プールの水位低下で仕切り板が機能しなくなり，原子炉ウェルとDSピットの水が貯蔵プールに流入したという3つの偶然が重なったためであり，この3つのいずれを欠いても，3月16日時点で貯蔵プールの水が沸騰しはじめる危険性があった。3月20日からは，自衛隊による注水が始まった（2012年3月8日付朝日新聞記事，2012年5月27日付毎日新聞記事参照）。

(2)　「第4次航空機モニタリングの測定結果を反映した東日本全域の地表面から1m高さの空間線量率」「第4次航空機モニタリングの測定結果を反映した東日本全域の地表面におけるセシウム134, 137の沈着量の合計」(http://radioactivity.mext.go.jp/old/ja/1910/2011/12/1910_1216.pdf) にもとづく。

(3)　発電用原子炉施設に関する耐震設計審査指針 (http://www.nsc.go.jp/shinsashishin/pdf/1/si004.pdf)

(4)　第四八回耐震指針検討分科会速記録 (http://www.nsc.go.jp/senmon/shidai/taisinbun.htm)

(5) 原子炉安全専門審査会「発電用軽水型原子炉施設に関する安全設計審査指針」(http://www.nsc.go.jp/shinsashishin/pdf/1/si002.pdf)
(6) 努力目標だったことのほか，新戦略は，①新戦略自体の閣議決定が見送られたこと，②40年運転制限制を厳格に適用すると，2039年に稼働中の原発は7基（建設中の島根3号機，大間原発を含む）となり，「2030年代に原発稼働ゼロ」と矛盾する，③40年運転制限制を前提にすると，2030年時点での稼働中の原発18基（9月15日に建設続行が表明された島根3号機，大間原発を除く）による発電量は，想定発電量全体の15％を占め，新戦略は，実質的には6月29日に提示された政府案の「2030年原発15％案」に相当すること，④全体として総選挙対策の意味合いが濃いことなど，多くの問題を含むきわめて曖昧なものだった．

文献

Beck, Ulrich, 1986, *Risikogesellschaft: Auf dem Weg in eine andere Moderne*, Suhrkamp Verlag．（＝1998，東廉・伊藤美登里訳『危険社会――新しい近代への道』法政大学出版会．）

Beck, Ulrich, 1994, "The reinvention of politics: towards a theory of reflexive modernization," U. Beck, A. Giddens and S. Lash, *Reflexive Modernization: Politics, Tradition and Aesthetics in the Modern Social Order*, Polity Press, 1-55．（＝1997，小幡正敏訳「政治の再創造――再帰的近代化理論に向けて」『再帰的近代化――近現代における政治，伝統，美的原理』而立書房，9-103．）

福島原発事故独立検証委員会，2012，『福島原発事故独立検証委員会 調査・検証報告書』ディスカバー・トゥエンティワン．

長谷川公一，2011，『脱原子力社会へ――電力をグリーン化する』岩波書店．

上丸洋一，2012，『原発とメディア――新聞ジャーナリズム2度目の敗北』朝日新聞出版．

熊谷徹，2012，『なぜメルケルは「転向」したのか――ドイツ原子力40年戦争の真実』日経BP社．

丸山眞男，1964，「超国家主義の論理と心理」『現代政治の思想と行動 増補版』未来社，11-28．

武藤類子，2012，『福島からあなたへ』大月書店．

東京電力福島原子力発電所事故調査委員会，2012，『国会事故調 報告書』徳間書店．

山下祐介・開沼博編，2012，『「原発避難」論――被害の実像からセカンドタウン，

故郷再生まで』明石書店.
除本理史, 2012,「原発事故による住民避難と被害構造」『環境と公害』41(4): 32-38.

第7章

グローバリゼーションとエネルギー・環境問題
―― システム準拠的制御の可能性 ――

舩橋晴俊

1　グローバリゼーションの意味とふたつのタイプの制御努力

　本章の課題は，環境問題の重大化を背景的動向として把握したうえで，エネルギー政策とグローバリゼーションの相互関係を，福島震災の意味するところに焦点をあてて，考察するものである。まず，グローバリゼーションの基本的意味と，その過程での制御努力にふたつのタイプがあることを検討する（1節）。次に，エネルギー生産とエネルギー政策の歴史的展開が，グローバリゼーションとどのように関係してきたのかについて，石油と原子力に注目しながら，振り返ってみたい（2節）。そのうえで，環境問題の切実化が，グローバリゼーションの中でどのような制御努力を要請しているのか，またその中で福島「原発震災」後にどのような岐路が立ち現れているのかを考えてみよう（3節）。

グローバリゼーションの基本的意味

　グローバリゼーションの基本的な意味は，ヒト，モノ，カネの世界的な規模での流れが，より活発化し，そのような形で地球的な相互依存性が高まっていくことである。しかも，そのような相互依存性は，「世界の不均等発展」として具体化してきた（正村 2009：5）。
　形式的にはグローバリゼーションをこのように定義できるが，その含意を

個々の主体の行為との関係，及び，社会制御努力との関係という視点でより掘り下げて考えてみよう。

　第一に，個人，集団，組織，国家という個々の主体から見れば，グローバリゼーションの進行は，自らの利害関心や価値関心の追求にあたって，新しい固有の機会構造を与えるものという意義を有する。個人にとっては，海外諸国からの文物・情報に触れることや，そこに旅行したり留学したりする機会があること自体が，生活のあり方に大きな影響を及ぼす。さらには，さまざまな形での海外諸国での労働や移民や国際結婚は，人生のあり方についての根本的に異なる枠組みを提供することになる。企業にとっては，海外諸国との貿易に始まり，工場や支社の海外での建設，海外企業との提携や合併，国際的な金融システムの利用というようなさまざまな経済活動の新しい可能性が開ける。

　第二に，グローバリゼーションは，どのような主体にとっても，さまざまな制約条件やインパクトを課すことになる。経済活動のグローバリゼーションが進行することは，各国内，各地域内の経済活動が存続可能である条件を変容させる。貿易の拡大は国際競争力をもたない諸産業を没落させ，そのような産業に依拠していた地域社会の構造を変容させる。社会の中で生きていくために個人が身につけなければならない能力も変化する。グローバリゼーションの中での近代化の進行は，近代社会を支え，近代社会の中で生きていくことのできる能力やエートスの獲得を個人の人生に対する制約条件として課すようになる。

　第三に，個々の主体の行為は，さまざまな回路を通してグローバリゼーションの進展を支えるものとなり，またグローバリゼーションに具体的な内実を与えていく。さまざまな主体が自分の利害関心を追求することによりグローバリゼーションの推進に寄与する。経済活動における貿易の活発化，国際的な支店網の形成，よりよい就労と生活機会を求めての移民，学術，芸術，スポーツなどにおける国際交流の推進などは，いずれも各主体の利害関心の追求がグローバリゼーションを推進する。

　第四に，個々の主体の行為の影響は国内に留まるのではなく，より広い世界的文脈で影響を発揮していくものとなる。各国のさまざまな主体の発する文化

的情報と文化的活動が世界に拡がることは，認識や価値観や生活様式にさまざまな影響を与える。ひとつの国での技術革新や新しい成長産業の登場は他国の経済活動を変容させていく。個々の主体による環境負荷の発生や環境破壊的な行為は，地球環境の悪化という効果を生むものとなる。

すなわち，個々の主体とグローバリゼーションとの関係には，「行為機会の拡大」「行為の制約条件の変化」「グローバリゼーションの進行への関与」「行為の影響の拡大」という諸含意が見出されるのである。

制御努力のふたつのタイプ

グローバリゼーションの進展に伴い個々の主体の行為の影響範囲が拡大していくことは，さまざまな新しい社会問題，経済問題，政治問題が生み出されてくることを意味する。すなわち，社会システムの制御という点での新しい課題が，グローバルな文脈で提起されるようになる。近代国家の成立以後，各国家はその内部での社会制御努力を洗練させてきた。グローバリゼーションの進展は，不可避的に各国家の枠組みを超えた制御問題を生み出すとともに，各国家の枠組みを超えた制御努力の展開を要請するものとなる。

そのような制御問題へ取り組むような制御努力はもはや一国の中で完結するものではなく，その影響範囲は国際的な広がりをもつようになり，それ自体がグローバリゼーションの一契機をなす。すなわち，グローバリゼーションは「制御問題の提起」と「制御努力の進展」というふたつの側面から社会制御過程に関わるのである。

ここで注意するべきは，一口に「制御努力の進展」と言っても，制御目標が何に準拠しているのかによって，グローバリゼーションの中での制御過程の有する意義が異なってくることである。

制御目標が個別の主体の利害関心に準拠している場合を，「個別主義的制御努力」ということにしよう。たとえば，ひとつの国家がその国益の増大を指向して他の諸国家に働きかけ自分に有利な国際条約を締結しようとするような場合がそれである。その場合，制御努力の進展自体が，さまざまな主体の主導権

争いの場となりうる。個々の主体の個別主義的制御努力は，それが累積した時に，必ずしもシステムの水準での問題解決をもたらすわけではない。

これとは異なり，個別的利害関心よりも，社会システムをより適正に組織化し運営するための価値や規範的原則に指向している場合を「システム準拠的制御努力」と言うことにしよう。そのようなシステム準拠的制御努力は，社会システムの「適正なありかた」あるいは「望ましいあり方」を指向するのであるが，「適正なあり方」や「望ましいあり方」とは何を意味するのかが問題である。この点は，具体的な問題解決過程に即して検討する必要があるが，本章では，「エネルギーと環境問題」という領域を手がかりにして，第2節で考えていきたい。

個別主義的制御努力とシステム準拠的制御努力とは，グローバリゼーションの中でせめぎ合っている。ひとつの地球規模で対処するべき問題が出現したとき，このどちらの制御努力の立場に立つのかによって，制御努力の効果と帰結は異なってくる。

たとえば，一国の「安全保障」という課題をとってみた場合，自分の国の軍事力の強化や軍事同盟の強化は，典型的な個別主義的制御努力である。しかし，そのような個別の主体からみて一見すると合理的な行為は，必ずしもグローバルな社会システムにおける問題解決をもたらすわけではない。ひとつの国の軍事力の拡大は対抗的な他国の軍事力の拡大を喚起し，軍拡競争の中で国際緊張は悪循環的に高まってしまう。これに対して，そのようなシステムの水準での状況の悪化を防ぐような規範の定立，たとえば，軍縮や国際紛争解決のための平和的な制度の整備は，システム準拠的制御努力ということができる。地球環境問題や国際金融問題や移民労働者問題といった他の領域についても，このような視点の設定が必要であろう。

実際の世界においては，個別主義的制御努力とシステム準拠的制御努力は，頻繁に融合する。というのは，各主体が自称システム準拠的制御努力を提唱する場合，そこには自分の利害関心への優先的配慮がなされるのが常だからである。そのような場合，ひとつの制御努力の性格自体を一義的に認識・判別する

こと自体に論争がつきまとう。たとえば,「自由貿易の提唱」は,それによって世界経済システムのパフォーマンスを向上させるという理由で,システム準拠的制御努力であるかのようなイメージをふりまくことができる。しかし,経済発展の先発国と後発国の競争という文脈で見た場合,それは,後発国の幼稚産業の犠牲のうえに先発国の利害を優先する政策という含意を有し,先発国の個別主義的制御努力という性格を見出すことも可能である。

　このような場合,タテマエとして掲げられるシステム準拠的制御努力に対して,そこに隠された個別主義的利害関心が存在するというイデオロギー暴露的な批判を投げかけることができる。

2　エネルギーとグローバリゼーション

　次に,現代社会のグローバリゼーションの中でどのような内容の制御努力の展開が必要となっているのかを考察するために,その前提として,エネルギー生産・エネルギー政策の歴史的展開をグローバリゼーションとの関係で概観してみよう。エネルギー生産・エネルギー政策とグローバリゼーションとの関係はどのようなものであろうか。

エネルギー源の変遷とエネルギー確保をめぐる国際的競合

　グローバリゼーションとエネルギー生産・エネルギー政策の関係は相互作用的である。一方で,各国が自分にとってのエネルギー問題を解決するために,それぞれのエネルギー政策を展開し,エネルギー産業が自らの利害関心にもとづいて事業活動を行うことは,産業化以後のグローバリゼーションの推進力であるとともに,グローバリゼーションの内実や速度を大きく規定してきた。他方で,グローバリゼーションの進展は,各国,各地域でのエネルギー問題とエネルギー政策の動向に大きな影響を与えてきた。

　近代化の過程の中で,支配的なエネルギー源は段階的に変遷をとげてきた。産業化とともに,人力,家畜,薪炭,水車といった伝統的エネルギー源から,

石炭の利用へのシフトが起こった。19世紀を通して，石炭は近代化を先導したイギリスをはじめとする欧米諸国の主要なエネルギー源であった。だが，20世紀に入るとエネルギー源の主役は石炭から石油へと移行する。石油は，輸送，発電，軍事の諸分野で，価格と利便性に関して，石炭より優位に立ち，石炭にとって代わっていく。そのような交代が決定的になるのは，第二次世界大戦後である。日本でも明治維新後の産業化さらには第二次世界大戦後の復興を支えた主要なエネルギー源は石炭であったが，1960年代以後，石炭から石油への転換がなされた。さらに，世界的に1950年代半ばからは原子力の民事利用としての原子力発電への取り組みが開始され，1960～70年代を通して，その開発と利用は拡大を続けた。しかし，1970年代からは世界各国で原子力発電に対する批判が次第に強まり，また用途が発電に限られていることもあって，原子力の担ってきた役割は限定的なものにとどまっている。21世紀初頭の世界においては，石炭，石油，天然ガスが引き続き大きなシェアを占めるとともに，約400基の原発が稼働し，さらに再生可能エネルギーの急速な台頭が進展している。

以上のように主柱をなすエネルギーは歴史的変遷を遂げてきているが，石炭から石油へ，さらに原子力へというエネルギー技術のシフトを通して，グローバリゼーションとエネルギー生産・エネルギー政策については類似の特徴が見られ，グローバル社会システムにおける制御努力にも類似のパターンが見られる。

石炭から原子力へといたるエネルギー利用の展開の中で，第一に見られる特徴は，国家間，企業間に見られる激しい競争と競合の繰り返しであり，経済的競争力強化と政治的勢力拡大に志向した制御努力が続けられてきたことである。そしてそのような過程の総体がグローバリゼーションを進展させた。エネルギー政策は経済政策の柱であるから，経済政策が自国己中心主義的であるのと同じ意味と程度において，エネルギー政策も自国中心主義的なものであるのが通例である。それゆえ，エネルギー問題の領域においては，企業や国家の個別的利害追求努力が一貫して見られてきたし，それを背景にして，世界経済を舞台とする個別主義的制御努力が繰り返された。

世界貿易の拡大は，市場メカニズムを通したエネルギー資源の流通の基盤であるが，エネルギー資源の獲得は，市場メカニズムだけでは完結しない。それは，国際政治システムの戦略的な交渉事項のひとつであり，政治的，軍事的対立の焦点に位置するものであった。日本が太平洋戦争の開戦に踏み切る理由のひとつは，経済力・軍事力の柱である石油の確保に対する危機感であった。グローバリゼーションは，エネルギーをめぐる政治的・経済的覇権争いを絶えず伴うものであった。

　第二の特徴は，エネルギーの領域においては，決定権の分布においても経済力の保持においても，不平等が見られることである。石炭，石油，天然ガス，ウランなどのエネルギー資源の保有は，国際政治における交渉力になりうるものであるが，それらは地理的条件に根拠づけられつつ，各国間に不均等に分布している。それゆえ，エネルギー資源の分布の不平等は，経済力や政治力の不平等の大きな要因になりうるものであり，グローバリゼーションの中での不均等発展や，各国間の経済的・政治的な勢力関係の優劣に大きな影響をあたえてきたのである。

　第三の特徴は，国際的な経済的，政治的勢力争いの中で，秩序形成と秩序維持，既存秩序に不満を有する主体の変革行為，秩序の再編という過程が繰り返しみられることである。19世紀以来20世紀前半にかけて欧米諸国が支配者となった植民地化の進展と，第二次世界大戦前後に急速に進行した植民地の独立というグローバリゼーションの内実は，エネルギーをめぐる各企業，各国家の動向と深く絡まり合いながら進行した。第二次世界大戦以前は，植民地化と重なる形で，欧米諸国を基盤とする巨大な石油会社が形成され，それらの巨大石油会社間で，全世界の石油利権をめぐっての争いと交渉と分割が繰り返された。両大戦間期に，石油メジャーはカルテルを形成し，巨大な利潤を得る仕組みを作り上げた。

　第二次世界大戦前後からの植民地の独立の進行の中で，欧米を基盤とする国際石油資本に対して，産油国による決定権の拡大・回復努力がなされるようになった。1938年にはメキシコが石油産業を国有化し，1948年にはベネズエラが，

1950年にはサウジアラビアとクウェートが石油利権制度を見直し，国際石油資本との間で利益折半制度を導入した（Chevalier 2004＝2007：98）。このような動きの延長上に，1960年にはOPEC（石油輸出国機構）が形成された。1973年10月に，エジプトとシリアのイスラエルへの攻撃をきっかけとして，アラブ石油輸出国機構（OAPEC）は原油輸出量の削減とアメリカとオランダへの禁輸を決定し，第一次石油危機を引き起こした。この危機を境に石油価格の決定権は企業カルテルからOPECカルテルに移行し，産油国と国際石油資本の勢力関係は大きく変化した（Chevalier 2004＝2007：103）。

さらに，エネルギー源の確保をめぐる国際的な勢力争いは，原子力エネルギーの場合，軍事的利害関心と絡み合って展開した。

原子力エネルギーとグローバリゼーション

原子力の利用の基本的特徴は，軍事利用が先行したことであり，原子力発電という形での民事利用は，その後から具体化した。ただし民事利用と軍事利用は技術的には強いつながりがある。

原爆を生み出したのはグローバリゼーションの一位相としての世界大戦である。1945年8月の広島と長崎への原爆の投下は，第二次世界大戦を終結させるとともに，核兵器という巨大な破壊力を伴う軍事力を抱えた世界という新しい歴史的段階をつくりだすことになる。第二次世界大戦後の東西冷戦は，両陣営の軍拡競争をもたらした。冷戦という形でのグローバリゼーションの位相は，世界を破滅するに足りるだけの大量破壊兵器の悪循環的増殖を招いた。アメリカに続いて，ソ連，イギリス，中国，フランスが1966年までに核兵器保有国となった。

他方，1953年のアイゼンハワー米大統領の「平和のための核」演説以降，原子力の民事利用としての原子力発電が各国で推進された。早くから取り組んだのは，アメリカ，ソ連，イギリス，フランス，カナダ，ドイツ，日本などの工業諸国である。

原子力の軍事的利用は「産軍複合体」の形成を促進したが，原子力の民事的

利用もそれとの共通性を有する「原子力複合体」を形成する。「原子力複合体」とは原子力利用の推進という点で利害関心を共有し，原発などの原子力諸施設の建設や運営を直接的に担ったり，間接的に支えている各分野の主体群，すなわち，産業界（電力会社，原子力産業），官界，政界，学界，メディア業界などに属する主体群の総体である。

以上のような軍事的・産業的な原子力利用の伸張は，二種類の制御問題をグローバリゼーションの過程に投げかける。第一の制御問題とは，原子力利用を志向しつつ，いかにして核戦争という破局的事態や事故・汚染を防ぎ原子力の利用のメリットを確保するかという課題である。第二の制御問題とは，原子力利用に伴う危険性は克服できないという認識のもと，産軍複合体や原子力複合体の自存化や暴走に歯止めをかけ，できるだけ早く核兵器の廃絶と脱原発を実現しようとすることを課題とする。このふたつの制御問題への取り組みは，部分的には協力することもあるが，原子力利用を肯定するか否定するかという点で根本的な対立を内包するものである。

第一の制御問題への対処のために，各国内ではさまざまな形での原子力利用の規制機関がつくられた。また，世界的には，原子力の民事利用の管理とその核兵器への転用を防ぐべく，国際原子力機関（IAEA, International Atomic Energy Agency）が1957年に創設された。また，軍事的側面の制御の試みとして，アメリカ，イギリス，ソ連3ヶ国の間で1963年8月に締結された「部分的核実験禁止条約」，1996年9月に国連総会で採択された「包括的核実験禁止条約」，1970年3月に発効した「核兵器不拡散条約（NPT）」といった取り組みがなされてきた。

しかし，これらの条約があるにもかかわらず，核軍縮は停滞しており，現代の世界は，グローバリゼーションの進展の中で，核兵器による自己破壊性の脅威を克服できていない。ここで「自己破壊性」とは，人類社会を構成する諸主体が，それぞれ自らの利害関心を追求する努力を行うのであるが，適切なシステム準拠的制御努力が欠如しているため，その累積の結果さまざまな危険を生み出し，ついには人類社会それ自体を破滅させてしまうような打撃を生み出す

ことを言う。エネルギーの領域について言えば，石油と原子力に主に依存したエネルギー供給システムも，異なる角度から自己破壊性の脅威をもたらしているのである。このことを環境問題の文脈でさらに検討してみよう。

3　環境主義によるあらたな制御努力の登場
―グローバリゼーションと制御問題の位相の変化―

環境主義による制御努力の展開の質的な新しさ

　1980年代後半以後，「グローバリゼーションとエネルギー」の関係は，いくつかの点で新しい特徴を示すようになる。それは，端的に言えば，地球環境に対する危機意識と環境主義の高まりの中で，温暖化問題に代表される地球環境問題への取り組みが政策目標のひとつになったこと，及び苛酷な原子力事故をきっかけとして原子力利用についての社会的評価の大きな変化が生じたことである。

　地球環境問題への関心が，経済成長とそれを支えるエネルギー使用に対して最初の懐疑の視点を提供したのは，1970年代に発する。1972年のローマクラブレポート（Meadows et al. 1972＝1972）や，ドイツの緑の党の創設の背景には，資源の有限性の自覚と資源枯渇が数十年のタイムスパンで地球社会に危機的状況をもたらしうるという認識があった（Gruhl 1975＝1984）。そのような認識は，システム準拠的制御努力を要請するものである。すなわち，資源枯渇を回避するための制御や，より根本的には「ゼロ成長」の社会の実現のための制御である。けれども，資源枯渇という視点から全世界的に合理的な資源管理を実現しようとするようなシステム準拠的制御努力は活発化しなかった。ましてゼロ成長は一部の研究者の話題にはなっても，世界各国の経済成長志向は根本的には変わらなかった。実際に1970年代に進行したのは，経済成長を自明の目標としつつ，各国が自国へのエネルギーの安定供給を可能にすることを志向した個別主義的な制御努力であり，資源の獲得と争奪がその焦点なった。

　しかし，1979年のアメリカのスリーマイル島原発での事故と，1986年のソ連

のチェルノブイリ原発の事故は，原子力発電所の危険性についての認識と評価を変化させるとともに，現代の文明社会に対する批判と懐疑の意識をも広げるものであった。

　そのような背景のもと，1980年代後半より，温暖化問題やオゾン層の破壊問題あるいは砂漠化などの地球規模の環境問題についての危機意識が高まり，より広範な文脈での環境主義の社会運動と政策志向が台頭した。

　地球環境問題に対する意識が画期的に高まった背景としては，冷戦の終結が国際政治における主導権争いのひとつの領域として，地球環境問題を急浮上させたという事情もある（米本 1994）。それゆえ，地球規模の環境問題の意識化は，それを顕在化させた要因とその帰結という両面にわたって，グローバリゼーションの新しい領域と局面の展開を示すものであった。

　温暖化問題をめぐる世界的な政策の模索は，グローバリゼーションの進行する中，エネルギー問題の領域ではじめてシステム準拠的制御努力が活発化したという画期的な意義をもっている。温暖化問題の根源にある化石燃料の使用の増大は，経済成長を支える個別主体の利害関心の追求と，それを起点とする個別主義的制御努力によって，推進されてきた。それに対して，温暖化問題に対する警告と，それへの対処としての温暖化効果ガスの全世界的な削減の要請はシステム準拠的制御努力の本格的な開始を示すものであり，制御努力の性格の変容を意味していた。

　さらに，スリーマイル島原発とチェルノブイリ原発の事故に続いて，2011年には日本で福島原発震災が発生した。福島原発震災は日本ならびに全世界に衝撃を与え，環境と安全重視の視点から，原子力政策を柱とするエネルギー政策を見直し，システム準拠的制御努力を一段と活発化することとなった。

　このような環境問題重視の立場からの新しい制御努力は，グローバリゼーションを背景にした制御努力に質的な新しさをもたらすものである。

環境主義による制御努力――持続可能性，循環，環境制御システムの介入

　では，環境問題重視の制御努力はどのような内実を有するであろうか。

第一に，制御努力の準拠する価値理念として「持続可能性」と「生物多様性」という考え方が重視されている。持続可能性の基本的意味については，「ブルントラント委員会報告」の考え方を継承することができる。すなわち，持続可能な開発とは，「将来の世代の欲求を充たしつつ，現在の世代の欲求も満足させるような開発」を言う（World Commission on Environment and Development 1987＝1987：66）。
　第二に，持続可能性と生物多様性を実現するためには，「循環」の実現が，自然と社会の間でも，自然の内部でも，社会の内部でも必要となる（舩橋2012b）。循環は同時に，生産活動，消費活動から排出される廃棄物が浄化可能であること，すなわち，有害性を有する廃棄物として環境の中に蓄積されることがないことを要請する。
　第三に，環境制御システム論の見地から見れば，環境制御システムによる経済システムへの介入が深まることが，持続可能性や生物多様性や循環の実現の条件となる。
　環境制御システム論は，環境政策の進展，あるいは環境価値を尊重する方向での社会変革の段階を次のような「介入の深化の四段階」のモデルによって把握しようとしてきた（舩橋 2004）。

　　O：産業化以前の社会と環境の共存
　　A：産業化による経済システムの出現と環境制御システムの欠如による汚染の放置
　　B：環境制御システムの形成とそれによる経済システムに対する制約条件の設定
　　C：副次的経営課題としての，環境配慮の経済システムへの内部化
　　D：中枢的経営課題としての，環境配慮の経済システムへの内部化

　持続可能性を有し生物多様性を維持できる社会は，環境制御システムの経済システムに対する介入が，D「中枢的内部化」の段階に達してこそ実現できる。

そのような環境配慮の重視が何を含意するのかを，環境破壊のメカニズムの克服という視点から考えてみよう。

環境主義による制御努力の含意——道理性の定義の探究

　温暖化問題や原発事故が露呈させたのは，現代の世界の社会システムのどのような欠陥であり，その克服のためには，どのような原理原則に立脚したシステム準拠的制御努力が必要なのであろうか。

　すでに発生した被害，あるいは今後予想される被害という視点から見れば，環境問題の悪化が憂慮されるのは，それがさまざまな形で人間の基本的ニーズの充足を阻害し，生存権をはじめとする基本的人権を侵害しかねないからである。チェルノブイリ事故や核実験は，全世界にわたる広域的な放射能汚染を引き起こしてきた。事実，環境破壊は，世界中でさまざまな形で生命と生活を破壊してきた。インドのボパール事件に代表的に見られるように，グローバリゼーションの進展の中で，多国籍企業によって破滅的な事故と大量の人命の喪失さえ引き起こされてきた（環境総合年表編集委員会 2010）。オーストラリアのウラン鉱山の採掘は，先住民の生存と生活に対する脅威を引き起こし，強力な反対運動による抵抗を必然化するものであった。環境破壊を防ぐためのシステム準拠的制御は，まず基本的人権の擁護をひとつの規範的原則としなければならない。

　結果としての被害だけではなく，被害を生み出した社会的要因連関に注目するならば，さらにいくつかの他の価値と規範的原則が大切なことがわかる。温暖化問題や原発事故が引き起こされた要因連関としては，「①社会的ジレンマ」，「②環境負荷の外部転嫁」，「③自存化傾向の生み出す諸弊害」という3つのメカニズムが見出されるのであり，制御可能性の確立のために，これら3つのメカニズムを克服するようなシステム準拠的な規範的原則の確立が必要なのである。

①社会的ジレンマ

　「社会的ジレンマ」とは、「複数の行為主体が、相互規制なく自分の利益を追求できるという関係のなかで、私的に合理的に行為しており、彼らの行為の集積結果が環境にかかわる集合財の悪化を引き起こし、各当該行為主体あるいは他の主体にとって、望ましくない帰結を生み出すとき、そのような構造を持つ状況」のことである（舩橋 1998：196）。

　今日の環境問題の多くは、共有資源あるいは共有環境という集合財をめぐる社会的ジレンマとして把握することができる。社会的ジレンマの原型的モデルは、ハーディンが描いた「共有地の悲劇」モデルである。このモデルにおいては、個々の主体（牧夫）の自己利益追求のための合理的行為（自分の家畜数の増大）が累積することによって、共有牧草地の荒廃を招き共倒れという非合理的な帰結が生ずる（Hardin 1968）。

　社会的ジレンマのモデルは、環境問題の発生メカニズムの解明を通して、その克服に必要な規範的原則も明示してくれる。それは、各主体が自分の利害関心の追求に際して「賢明さ」をもつこと、そして、利害関心の追求に節度を設定することである。「賢明さ」とは、自分（たち）の短期的・部分的利害の追求が、長期的・大局的利害を損なわない範囲に収まるように節度を有することである。グローバリゼーションの進行の中で、化石燃料の枯渇の進行の過程や、地球温暖化問題については、このような社会的ジレンマのメカニズムとこの意味での賢明さ（wisdom）の欠如が、明らかに見て取れる。

　さらに、原子力事故は、リスクへの対処という点でも、「賢明さ」についての新しい論点を提起している。福島原発事故以前の段階では、原子力事故の発生する確率は非常に小さいということが、原子力擁護の立場に立つ主体から繰り返し主張されてきた。しかし、事後的に明らかになった発生確率と、事前に推定された事故の発生確率は大きな乖離を示している。事故の起こりかたにはさまざまなタイプがあり、そのすべてを事前に知ることはできないこと、その意味では予想出来ない形での事故が起こりうること、事故についての予測の知識には限界があること、このような点を自覚しなければならない。それゆえ、

いったん事故が発生すると制御不能な状況に陥り，本質的安全性をもたないような装置については，使用を避けることが「賢明」であるという判断が導かれる。すなわち「賢明さ」の内容についての新しいひとつの考え方が導出されるのである。

②環境負荷の外部転嫁

「環境負荷の外部転嫁」とは，一定の社会圏に属する主体が，自らの受益追求に伴って生み出される環境負荷を，他の社会圏に押しつけることである。たとえば，家庭系あるいは産業系の廃棄物問題には，「ゴミは田舎へ」という形で空間的文脈での環境負荷の外部転嫁が頻繁に見られる（関口 1996）。また，たとえば，温暖化問題においては，現在世代の二酸化炭素排出が将来の温暖化を帰結しうるのであるから，時間的文脈での環境負荷の外部転嫁が見られる。

環境負荷の外部転嫁は，環境負荷の増大と相互促進的である。一方で，ある社会圏にとって，環境負荷の増大が一定の限度を超えると自分の内部ではうまく対処出来なくなるので，環境負荷を外部に転嫁することによって処理するようになる。また他方で，環境負荷の外部転嫁は，「受益圏と受苦圏の分離」を生み出す。その状況では，受益圏は一方的に受益を追求するが，それに伴う受苦は自らには回帰しないので，受苦の抑制という動機から受益追求に自発的に歯止めをかける回路が存在しない。「受益圏と受苦圏の分離」は環境負荷の際限のない増大傾向を生み出す。

環境負荷の外部転嫁は，受益圏と受苦圏の分離を通して，正負の財の不公平な分配を作り出す。これはひとつの国家内部でも繰り返し生起してきた事態であるが，グローバリゼーションは，世界的な文脈での不公平を生み出すことになった。温暖化の原因となる化石燃料の消費が巨大であり，それだけに温暖化の進行に責任のある国（アメリカなどの特権的受益圏）と，気候変動により海没の危機にさらされているような国々（ツバルなどの受苦圏）とは分離している。さらに，原子力発電については，受益圏と受苦圏の分離が，「二重基準の連鎖構造」を生み出している。ここで原子力施設についての二重基準の採用とは，

原子力施設の立地に際して，自らはそこからの受益を獲得しつつ，施設に関係して生まれる危険性については他の地域に転嫁するという選択を行い，危険性／安全性について自分が許容しない基準を他の主体・地域に押しつけているような態度を言う。「二重基準の連鎖構造」とは，「受益圏の階層構造において，より上層の主体が採用した二重基準においては相対劣位の立場に置かれた主体が，他の主体との関係においては，自らも二重基準を採用し，自分は相対優位の立場に立ちつつ他の主体を相対劣位の立場に置こうとすることであり，しかもそのような態度が多段階にわたって見られることである」（舩橋 2012a：196）。日本においては，東京圏などの中心部の電力受益地域→原子力発電所立地地域（福島県や新潟県など）→使用済み核燃料受け入れ地域（青森県）→高レベル放射性廃棄物の最終処分地受け入れ地域（未定）といった連鎖の形で，「二重基準の連鎖構造」が見られてきた。

　以上のように，個々の主体が「環境負荷の外部転嫁」という形で行為することは，社会システムの地平では「受益圏と受苦圏の分離」，さらには「二重基準の連鎖構造」を生み出す。そこには，正負の財の分配についての構造化された不公平が存在する。そのような不公平を克服することが，環境問題の解決のためのシステム準拠的な制御努力には求められている。

③自存化傾向の生み出す諸弊害

　上述のように「受益圏と受苦圏の分離」や「二重基準の連鎖構造」のもとで不公平な財の分配構造が存在し，その分配構造に対する批判と是正要求が受益圏の階層構造で不利な立場にある諸主体から提出されても，その公平化が容易に進まないのはなぜであろうか。ここで，「自存化傾向の諸弊害」とそれに伴う「公正（fairness）」の欠如の問題が重要になる。

　一般に「自存化傾向」とは，社会的必要性に応える形で何らかの財やサービスを産出しそれを通して社会に貢献しうる組織が，それ自身の存続と受益の拡大と決定権の強化を優先的な目標とするようになり，社会の中の他の主体が，そのあり方を操作することが困難になるような事態を指す。大きな権限や経済

第7章　グローバリゼーションとエネルギー・環境問題

力を有する行政組織や大企業には，この意味での自存化傾向が広範に見られる。そのような自存化傾向は，それに対する批判や抑制の作用が十分に及ばない場合，さまざまな弊害を生み出す。代表的な弊害としては，独善化，独裁化，財の党派的分配，腐敗，セクショナリズム，硬直化，肥大化，非効率性などである（舩橋 2001：21）。

環境問題の悪化の社会的過程において，経済システムを担う諸主体，すなわち経済官庁，企業，業界団体などに，「自存化傾向の諸弊害」が再三見出される。つまり，政策決定過程においてこれらの主体は巨大な勢力を有し，他方，環境保全に対する要求を掲げる諸主体は，十分な発言権や決定権を有していない。社会の中で，自分自身の利害にかかわる重要な問題について適正な発言権や決定権が各主体に保証されている状態を「公正（fairness）」ということにすれば，「公正」の実現が，財の分配の「公平（equity）」の実現条件になる。「不公平」は「公正」の欠如状態から傾向的に生み出されるのである。

温暖化問題に対する規制強化に関してアメリカ合衆国は，ブッシュ（子）政権の時代に明確に京都議定書に非協力的な態度をとった。そのような政策選択の背後には，アメリカの石油業界の利益の保護という利害関心がある（Chevalier 2004=2007：63-65）。他方，世界的に見れば，温暖化による海没の危機にさらされている島嶼諸国は，その状態の是正を可能にするような効果的な要求表出回路をグローバリゼーションの進展する世界的政治システムの中で有していない。

各国における原発立地をめぐる地域紛争の経過を見ると，立地を推進する原子力複合体とそれに抵抗する住民運動との間には，頻繁に勢力関係の落差が見られる。その背景には，立地地域の住民の意見表出や決定への参加の回路が閉ざされており，発言権と決定権の分布が公正でないという事態がある。

したがって，環境問題の悪化や，深刻な原子力事故の続発の背景には，自存化傾向の生み出す諸弊害が見出される以上，それを民主主義的に統御するためのより公正な討論機会の設定と，より公正な決定手続きが必要なのであり，そのような方向でのシステム準拠的な制御努力が必要なのである。

以上を総括するならば、グローバリゼーションの進展する現代の世界で環境問題の解決のためには、個別主義的制御努力ではなく、システム準拠的な制御努力が必要になるのであるが、その制御努力の前提には、環境問題に固有の持続可能性と生物多様性という価値に加えて、他の問題領域においても大切な基本的人権、賢明さ、公平、公正といった諸価値が尊重されるべきであり、これらの価値に立脚した規範的原則の採用が必要である。個別の主体の利害追求は、そのような規範的原則の許容する範囲の中でなされるべきなのである。そして、基本的人権、賢明さ、公平、公正といった諸価値の尊重とは、総括的には「道理性（reasonability）」の尊重と言うことが出来よう。換言すれば、本章は「道理性」の概念解釈を、さしあたりこれら4つの価値によって与えるという立場をとっている。

福島原発震災の提示する岐路

　以上のように環境主義に根ざしたシステム準拠的制御努力の台頭は、もしそれが根付くのであれば、グローバリゼーションに新しい内実を与えることになるであろう。だが、そのように道理性を具体化するようなエネルギー政策は、はたして、またいかにして可能となるであろうか。そのような課題を提起した点で、福島原発震災は、日本社会にとっても世界にとっても、ひとつの岐路を示している。最後に、その含意を検討してみよう。

　第一に、福島原発震災は全世界的にエネルギー政策の選択肢を浮上させた。その内容は、戦略的エネルギーシフトという方向を軸に構成されている。

　ここで戦略的エネルギーシフトとは、省エネルギー、脱原発ソフトランディング、化石燃料の長期的漸減、再生可能エネルギーの積極的増大という4つの方針を組み合わせて、エネルギーの供給と消費の新しい仕組みをつくっていくことである（環境エネルギー政策研究所, 2011）。このうち脱原発ソフトランディングとは、脱原発を推進しつつ、放射性廃棄物問題、除染問題、これまで原発に依存してきた地域の経済・財政の再建問題などに、的確に対処することである。

戦略的エネルギーシフトの構想において，将来のエネルギー供給の主要な担い手として期待されているのは再生可能エネルギーであるが，再生可能エネルギーには次のような長所が存在する。

1．自然の循環に根ざしており枯渇せず，持続可能な社会の形成に貢献する。
2．各地に遍在しており，地域の地理，歴史，文化に結びついている。
3．自給を進めることにより，膨大な石油などの輸入代金の負担を縮小し，地域経済・国民経済を強化する。
4．雇用を創出する。たとえばドイツでは，ソーラー発電関連による雇用が，発電シェアが3％の2011年段階で13万人に達している。
5．互恵的な地域間連携が可能であり，地域間の公平な関係を創出する。
6．災害時における地域の防災能力を高める。
7．先鋭な受苦の回避。公害や廃棄物問題の解決という点で，原子力や化石燃料に比べて対処が容易であり，深刻な難点をもたない。
8．地域からの地球温暖化対策に寄与する。

　これらの長所の含意は，狭い意味でのエネルギー供給の分野に留まらず，社会全体における道理性を志向したシステム準拠的制御努力を可能にするということである。
　このように脱原発と再生可能エネルギーの積極的推進という政策が，今後どのような形で拡がっていくかについては，本章執筆時点で確定的な予想を立てるのは困難である。ドイツは脱原発に向かってもっとも素早く積極的な反応を示し，2022年までに再生可能エネルギーの比率を35％にまで上昇させるとともに原発ゼロを実現するという目標を設定した。他方，フランス，韓国，ロシアは，原発輸出を経済成長政策の柱とする姿勢を変えていない。原発をエネルギー供給の柱にしようという姿勢は，多くの開発途上国においても存続している。
　しかし，エネルギー政策において，原子力と化石燃料以外の選択肢として再生可能エネルギーの積極的推進という方向性を浮上させたことは，福島原発震

災の世界史的意義と言うべきである。

　第二に，このことに関連して，グローバリゼーションの内実が，エネルギー政策の選択いかんによって大きく異なるであろうという展望が浮上してくる。化石燃料と原子力に主要に依拠した経済システムや社会システムのグローバリゼーションと，再生可能エネルギーと省エネを経済政策の基調とする場合のグローバリゼーションとは異なるものとなるであろう。前者は，経済的，政治的，軍事的な覇権主義と親和性をもつのに対して，後者は，持続可能性，平等化，軍縮と非核化という政策目標との親和性が高い。

　再生可能エネルギーの利用の背景にあるのは，サステイナビリティへの関心であり，経済的拡張主義への懐疑である。再生可能エネルギーの利用が世界各地で成功するのであれば，エネルギー資源をめぐる経済的争奪戦や，政治的対立・紛争化の誘因が減少することになるであろう。

　原子力の利用に志向した社会と世界は，環境負荷の外部転嫁，受苦の負担をめぐる格差構造（不公平），財の分配についての二重基準の連鎖構造，発言権・決定権の格差構造（不公正），直接的・短期的利益を優先するあまり社会的・長期的利益が犠牲になること（賢明さの欠如）という特徴を有する。これに対して，再生可能エネルギーの積極的利用により持続可能性のある社会と世界を実現しようという真剣な志向は，それを可能にする規範的原則の探究と実現に結びつく。すなわち，分権的意志決定による公正への接近，エネルギー政策に起因する先鋭な受苦の回避とそれによる基本的人権の尊重，財の分配の公平，循環の実現と社会的ジレンマの回避，持続可能性と賢明さの実現などであるる

　このように，持続可能性を志向し，再生可能エネルギーを柱とする社会は，化石燃料や原子力を主要なエネルギー源とした社会の特質に対する対抗的原理を提示しうるものである。そして，そのような角度からグローバリゼーションの内実を変容させる可能性を示すものである。

文献

Chevalier, Jean-Marie, 2004, *Les grandes bataillers de l'energie*, Gallimard.（＝2007,

増田達夫監訳『世界エネルギー市場――石油・天然ガス・電気・原子力・新エネルギー・地球環境をめぐる21世紀の戦争』作品社。)
舩橋晴俊,1998,「環境問題の未来と社会変動――社会の自己破壊性と自己組織性」舩橋晴俊・飯島伸子編『講座社会学12 環境』東京大学出版会,191-224。
舩橋晴俊,2001,「『政府の失敗』と鉄道政策」舩橋晴俊・角一典・湯浅陽一・水澤弘光『「政府の失敗」の社会学――整備新幹線建設と旧国鉄長期債務問題』ハーベスト社,1-21。
舩橋晴俊,2004,「環境制御システム論の基本視点」『環境社会学研究』10:59-74。
舩橋晴俊,2012a,「原子力エネルギーの難点の社会学的検討」舩橋晴俊・長谷川公一・飯島伸子『核燃料サイクル施設の社会学――青森県六ヶ所村』有斐閣,172-207。
舩橋晴俊,2012b,「環境制御システムの介入深化の含意と条件」池田寛二・堀川三郎・長谷部俊治編『環境をめぐる公共圏のダイナミズム』法政大学出版局,15-35。
現代技術史研究会,2010,『徹底検証 21世紀の全技術』藤原書店。
Gruhl, Herbert, 1975, *Ein Planet Wird Geplundert*, S. Fischer Verlag GmbH.(=1984,辻村誠三・辻村透訳『収奪された地球――「経済成長」の恐るべき決算』東京創元社。)
Hardin, Garret, 1968, "The Tragedy of the Commomns", *Science* 162: 1243-1248.
環境エネルギー政策研究所,2011,「『無計画停電』から『戦略的エネルギーシフト』へ」環境エネルギー政策研究所ホームページ(2011年7月17日取得,http://www.isep.or.jp/images/press/ISEP_Strategy110506.pdf)
環境総合年表編集委員会,2010,『環境総合年表――日本と世界』すいれん舎。
正村俊之,2009,『グローバリゼーション――現代はいかなる時代なのか』有斐閣。
Meadows, Donella H., Dennis L. Meadows, Jorgen Randers and William W. Behrens Ⅲ, *The Limits to Growth: A Report for THE CLUB OF ROME'S Project on the Predicament of Mankind*, Univers Books.(=1972,大来佐武郎監訳『成長の限界』ダイヤモンド社。)
関口鉄夫,1996,『ゴミは田舎へ?――産業廃棄物への異論・反論・Rejection』川辺書林。
World Commission on Environment and Development, 1987, *Our Common Future*, Oxford University Press.(=1987,環境と開発に関する世界委員会,大来佐武郎監修,環境庁国際問題研究会訳『地球の未来を守るために』福武書店。)

第Ⅰ部　公正な社会を求めて

米本昌平，1994，『地球温暖化問題とは何か』岩波書店。

第Ⅱ部
モダニティからグローバリティへ

第8章

第二の近代と社会理論

友枝敏雄

1 社会学の対象

21世紀をむかえて

　21世紀社会において,わたしたち社会学者はいかなる社会理論を構築したらよいのであろうか。

　社会学はヨーロッパ近代とともに誕生した。社会を研究対象として,社会の変化を分析し,よりよい社会の建設をめざす学問である。しかるにその研究対象としてきた社会が20世紀後半以降,大きな変容をとげてしまったため,21世紀に入ってから,社会学の世界では,社会を俯瞰的にとらえ「骨太」の理論認識を展開することが困難になってきている。社会学が社会の変化に困惑し,社会そのものの概念化に悪戦苦闘し,社会学のアイデンティティを再確立しようとしていることは,社会学が時代相関的な学問であるが故に,当然といえば当然であろう。

　そこで本章では,社会学の対象と方法という,社会学的認識の原点に立ち返り,そこから理論構築の端緒をさぐることにしたい。

「社会」像の衰退

　ひとつのエピソードからはじめよう。日本社会に限ってのことかもしれないが,[1]2000年代に入ってから,大学で社会学の授業をしていると,学生から「社

会が見えない」「社会というものが実感できない」という声を耳にするようになった。たしかに日本社会における少子化の趨勢にもかかわらず、大学入学者数は減少していないのであるから、学生の「学力低下」に伴う想像力の劣化という側面がないわけではないだろう。しかし社会学に関心をもち、熱心に勉学している学生からも「社会が見えない」「社会というものが実感できない」という感想が出てくるとなると、原因を短絡的に学生の「学力低下」を求めることには、慎重でなければならない。

　20歳前後の日本の若者がいだくこのような感想に対するひとつの有力な解釈として、それまでは多くの若者にとって自明であった「社会」像というものが解体し、新しい「社会」像を浮かび上がらせることが困難になったという解釈が成立するであろう。過激な例をもち出すのはよくないかもしれないが、昭和初期の5.15事件（1932年）、2.26事件（1936年）を引き起こした青年将校たちに、理想の国家と社会を建設するという志があったことは間違いない。それから約30年後の1960年代の学生叛乱（1960年の安保闘争、1968年から始まる学園紛争）においては、現存の社会を解体し、新しい社会を構築するという意志があった。もちろんこの意志は実現することなく、幻想に終わり、当事者たちに挫折感が残ったことは、周知の事実である。

　「社会」が見えにくくなった原因を、科学的認識の基本である対象と方法というふたつの側面から考えてみよう。まず対象の側面から考えてみると、研究対象である社会は、多くの社会学の教科書に記されているように、ミクロなレベルでの社会と、マクロなレベルでの社会からなる。

ミクロなレベルでの社会

　ミクロなレベルの社会の例としては、血縁の紐帯からなる家族と地縁の紐帯からなる近隣づきあいや地域社会をあげることができる。

　粗っぽい議論をすることは避けなければならないが、戦後日本社会を概観してみると、社会学の専門書『個人化する家族』（目黒 1987）が出版されたことにも明らかなように、家族的結合は弛緩してきたといってよい。戦後の日本社

会が第一次産業中心の社会から第二次産業中心の社会へ、さらには第三次産業中心の社会へと移行するにつれて、多くの家族は生産の機能を失い、愛情と生殖の機能に特化するようになる。そこに「育児不安」「家庭内暴力」といった社会問題が出現したことに端的に示されているように、家族的結合が弱体化したのであった。ギデンズのいう「純粋な関係性」(Giddens 1992 = 1995：200-234) のみからなる家族を存続させることは、かつての家族を存続させるよりも困難だといってよい。[2]

　もちろん「純粋な関係性」からなる家族のメリットを否定してはなるまい。愛情がなくなれば離婚することは容易であるから、かつてのように家族に縛られて離婚できないということはなくなった。[3]しかし離婚が容易であるということは、家族的結合の弱体化が社会全体の結合の弱体化というデメリットをもたらしているのではないかということを想起させるのである。

　前述したように戦後日本社会が第一次産業中心の社会ではなくなったことにより、地域社会が生産単位の集合ではなくなると、地縁的結合も弱体化するのは必至である。ある意味での「むき出し」の個人もしくは「純粋な関係性」からなる「近代家族」[4]を単位として、他者との関係を構築するようになると、「地域づくり」「まちづくり」というスローガンがつねに叫ばれないと、地縁的結合は生まれないのではないだろうか。[5]

　ミクロなレベルでの社会としての家族と地域社会の観点から戦後日本社会をながめてみると、その歴史は家族的結合も地縁的結合も弱体化する歴史であったといえよう。

マクロなレベルでの社会

　マクロなレベルの社会の例としては、国民社会というものがある。周知の通り、ヨーロッパ近代においては国民国家が登場し、その結果、ほぼ同時期に誕生した社会科学では、国民国家をいわば自明の前提として理論が構成されている。[6]このことは、たとえば経済学において国民経済という概念が成立したことに明らかである。第二次世界大戦後に成立した福祉国家という考え方も、西側

先進諸国の経済成長を前提にした議論であった。社会学においても，社会理論の中心をなす全体社会という概念は，国民社会を準拠点にして考えられていた。[7]国民社会とは，いうまでもなく国民国家の空間的領域と同じ範域をなす社会のことである。

　国民社会を前提にした社会理論の典型は，戦後社会学においてメインストリームをなした近代化論である。近代化論は，国民社会の変動のコースを近代化（modernization）の過程としてとらえる理論である。ロストウの『経済成長の諸段階』（Rostow 1960）にみられるように，各国民社会は，社会発展（ロストウの言葉では経済成長）のスタート時期は異なるものの，社会発展の結果，すべての国民社会は最終的には，高度大衆消費社会に到達するという楽観的展望のもとに構成された理論である。[8]戦後のパックス・アメリカーナ（アメリカの覇権）の時代には，かなりリアリティをもった理論であった。しかるにアメリカのベトナム戦争での失敗，さらには「南北問題」として開発途上国問題が顕在化するにつれて，近代化論は批判にさらされるようになる。

　近代化論に対する批判としては，今から考えてみると，ふたつあったといってよい。ひとつは，近代化論の前提に対する批判であり，もうひとつは近代化過程の個別実証研究を通した批判であった。[9]

　まず近代化論の前提に対する批判とは，生物進化論が種の成長・進化の過程の理論化をめざすのと同様に，国民社会を単位として社会変動を分析することに対する疑問である。前述したように国民社会という概念は，成立してたかだか100有余年の歴史しかもたない概念である。しかも全体社会の範域は時代とともに拡大している。したがってこの批判は，全体社会の準拠点を国民社会に求め，国民社会を確定したものであるかのように設定して理論化することへの疑問であった。たしかにグローバリゼーションの進展に伴い，経済活動はますます国境を越えて行われるようになり，その活動を表現するものとして，すでに①国際的（international），②多国籍的（multi-national），③超国家的（trans-national）という３つの言葉が登場してきている。このような経済活動のボーダーレス化によって，国民社会概念の有効性が希薄化することは否定できない。

たとえ理論上の仮定（制約条件）であったとしても，各国民社会が単独に成長・発展するという理論は，仮定（制約条件）が強すぎて，現実を説明する能力を，かつてに比べて著しく減少させているのである。

次に近代化過程の個別実証研究を通した批判とは，近代化論では，西ヨーロッパ先進諸国の近代化をいわば普遍的モデルとしていたが，このモデルにあてはまらない近代化の過程が多く登場することにより，普遍的モデルそのものに対する疑問が呈されるようになったことである。具体的に述べるならば，日本の近代化過程は，西ヨーロッパ先進諸国から導出された普遍的モデルとは異なっていたが，「後発国の近代化」として，（あるいは「近代化の跛行形態」として）近代化論のなかに位置づけることができた。しかるに社会主義中国の驚異的な経済成長を，近代化論の枠組みに位置づけることは不可能であった。たとえ強引に近代化論という枠組みに位置づけたとしても，近代化論そのものが変更されてしまい，似て非なる理論になってしまうのであった。

さらに十分な実証のもとに経験的一般化と理論構築がなされていたはずの西ヨーロッパ先進諸国の近代化過程についても，社会史を中心とした新しい実証研究の積み重ねによって，普遍的命題もしくは普遍的法則ではないことが明らかにされてきた。(10)かくて第二次世界大戦後のパックス・アメリカーナ（アメリカの覇権）のなかで輝きを放っていた近代化論は，冷戦構造の崩壊とそれに続くグローバリゼーションの進展によって，その信憑性を失っていったのであった。

今まで述べてきたことを，社会学の対象としての社会という視点から整理すると，ミクロレベルでは，家族的結合も地縁的結合も弛緩してきているということであり，マクロレベルでは，国民社会を全体社会として理論構築することの有効性が薄れたという解釈ができる。

社会の端緒を人々の相互行為・社会関係に求めるにせよ，多数の人間の行為の集積した結果である制度および全体社会に求めるにせよ，20世紀後半からの世界の歴史は，私たちに「社会」像を結晶化させることを困難にしている。ここでは論ずる余裕はないが，ポストモダン論の登場によって有名なフレーズに

なった学術・思想領域における「大きな物語」の失墜ということと「社会」像の衰退ということとは、大いに関係しているといってよい。うがった見方をすれば、ある共通の原因が、「大きな物語」の失墜と「社会」像の衰退とを同時にもたらしたということかもしれない。ともあれ「社会」像の衰退という趨勢のもとで、いかなる社会理論を構築するかということが、私たち社会学者に課せられた重要な課題になっているのである。

2　社会学の方法

観察の問題と超越的視点

　社会学の方法の問題は、社会学の対象の問題よりもさらに厄介である。一筋縄ではいかない難問をはらんでいる。

　佐藤俊樹（1998）も指摘する通り、戦後の社会学は「大きな流れとして自然科学化」をたどってきた。社会科学の場合、自然科学のような実験が不可能であること（友枝 1998：6-9）はいうまでもないが、観察（測定）については、社会科学においても、自然科学と同様に可能であると考えられてきた。このことを少々むずかしい言葉で表現するならば、社会科学における観察においても、自然科学と同様に超越的な視点を取り得るとされてきたのである。

　この問題を、より科学哲学的な立場から論ずると「外部観測・内部観測」というテーマになるが、ここでは文化人類学における観察および社会学における観察というテーマに限定して考えてみよう。いうまでもなく以下であげる文化人類学における観察の例と社会学における観察の例は、典型的なものである。文化人類学における観察にも、社会学における観察にも例外的な事例があることを否定するものではない。

　文化人類学の場合、その研究の典型は、自分（研究者）と異なる社会・文化を対象とする研究である。したがって文化人類学をめぐる研究の方法論では、「他者理解」「異文化理解」ということが、社会学以上に問題になる。ここでいう「他者理解」の「他者」が、ミクロなレベル（二者関係）における他者とい

第8章 第二の近代と社会理論

ったもののみならず，異なる社会・文化という意味での他者も意味していることはいうまでもない。自分の属する社会・文化とは異なる社会・文化の研究を通して，自分の社会・文化を分析するのが文化人類学の究極の目標である。ここから明らかなように，文化人類学の場合，自分（研究者）が内属しない社会・文化を観察するが故に，観察は成立するのである。そして観察の精度を上げることが，優れた研究へ到達する道となる。もちろん観察者視点のみによるフィールドワークが，必ず優れた観察結果を生み出すとは言い難い面もある。観察者視点による観察と当事者視点による観察との統合が，すぐれた観察結果を生み出すことは言を俟たないが，ここではこの点にはこれ以上，踏み込まない。

　これに対して，社会学における観察は，文化人類学の場合よりも，かなりむずかしい問題をかかえこむ。なぜなら自分（研究者）の属する社会・文化を研究の対象とする社会学者は，社会に内属しているからである。社会学者が，社会に内属するかぎり，観察において超越的視点を取り得るかということが問題となってきたのである。もちろんこの問題を完全に解決できないにしても，次善の方策は色々と考えられてきた。たとえばひとつの方策としては，社会学的実証の限界を知った上で，それでも実証していく以外にないと，ある程度「開き直って」地道に観察していくことも必要である。この方針のもとに，戦後の日本の社会学は実証研究において飛躍的な発展をとげてきた。このことを象徴的に示す事例として，階層研究の分野で，1955年以来，10年おきになされてきた「社会階層と社会移動」全国調査（通称 SSM: Social Stratification and Social Mobility）をあげることができる。この調査によって，戦後日本社会における格差の実態が明らかにされるとともに，社会学における計量分析の方法が着実に進展したことは，特筆すべきことである[11]。

　しかしここでは，社会理論構築の端緒を見つけるべく，この問題に正面から立ち向かうことにする。具体的には，この問題を，ギデンズのいう「二重の解釈学」と「再帰性」を導きの糸にしながら考えてみたい。

二重の解釈学（二段階の解釈学）

　社会事象の観察は，まず社会を構成する人々（行為主体）によってなされている。この観察は言語化されていることもあれば，言語化されていないこともある。年中行事のような慣習的行為（たとえば祭りに参画する人々）の場合，行為主体は行事を滞りなく遂行するし，いかなる行為をしているかを観察しているのであるが，言語化されないままなされることもある。次にこの社会事象を認識する主体（認識主体）によって，当該社会事象の観察がなされ，言語化される。そしてこの認識主体が社会科学の研究者である場合には，同じ事象の観察が，学術用語と理論枠組みを用いてなされる。ギデンズによると，社会科学的な知識は，日々の生活のなかで人々が解釈している意味の枠組み（frame of meaning）と，科学的説明のために社会科学者によってつくり出された意味の枠組み（frame of meaning）とからなっているのである（Giddens 1984：374）。社会を構成する人々による観察を，ギデンズは素人（lay man）による観察と呼んでいるし，当事者による観察と呼ぶことができる。これに対して，社会科学の研究者による観察は，（当事者とは異なるという意味で）観察者による観察であり，科学的説明をめざすものだといえる。ルーマンや内部観測論の言葉に対応づけるならば，当事者による観察は一次的観察であり，観察者による観察は二次的観察だということになる。

社会の再帰性

　社会事象について二重に解釈された言明は，社会に公表され，反映される。つまり社会事象についての二次的観察の結果，導出された言明は，社会にフィードバックされるのであるが，これをギデンズは，再帰性もしくは社会の再帰性と呼んでいる。たとえば全国学力テストの結果が発表されると，全国平均より学力の低かった自治体は，学校現場での教育方法を改善し，数年後には学力が上昇すること，あるいは犯罪率の上昇が明らかになり，政府が取り締まりを強化した結果，犯罪率が減少することなどは，まさしく社会が再帰的であることを示す格好の事例である。社会事象の観察の結果を社会に取り込み，社会そ

のものが変化していく，より正確に言うならば社会が自己言及的変動もしくは自己循環的変動を引き起こすことが，社会の再帰性と呼ばれるものなのである。

　二重の解釈学と社会の再帰性ということは，社会学にいかなる問題をつきつけているのだろうか。まず二重の解釈学が提起するのは，社会科学の研究者は社会に内属しているから，超越的な視点に立って観察を行い，観察の客観性を保証することは不可能ではないかという問題である。

　かつてのマルクス主義の認識論や知識社会学の立場が承認されるならば，階級的利害こそ人類の普遍的利害を代表しているから，階級的立場からの認識こそ客観的認識であると堂々と宣言できたし，マンハイムのように，存在拘束性を受けない知識人において客観的認識は可能になると素朴に論ずることができた。

　しかしこれらの認識——階級的利害にもとづく認識，あるいは知識人による認識——の客観性が保証されない今日，研究者が超越的な視点に立つことはきわめて困難である。もちろん実証研究であれば，収集されたデータの客観性（一定の限定をつけたうえでの客観性ではあるが）にもとづいてデータ分析を行い，分析結果に一定の客観性を保証することはできる。しかし理論研究であれ，実証研究であれ，研究者によって設定される理論枠組み（モデル）は，任意であるから，どの理論枠組み（モデル）がすぐれているかを，アプリオリに判断する基準はない。理論枠組み（モデル）の設定に，ある意味での恣意性があることは，超越的視点に立つことの困難さを示しているといえる。[12]

　次に社会の再帰性が提起するのは，社会事象に関して，自然科学のような予測命題を立てることは困難だという問題である。この問題を敷衍するならば，ある社会事象（たとえば未婚化，少子化）に関して，過去のデータにもとづいて，こういう要因のもとでは，こういう事象が生起しそうである，つまりある事象を規定している要因として，〇〇の要因や△△の要因が考えられるという，きわめて弱い因果性を提示するにとどまるのではないかということである。

　観察の問題（正確に言えば内部観測の問題）と社会の再帰性の問題は，社会科学の研究の進展そのものによって生み出されたいわば「鬼子」というべきもの

である。科学の進展そのものがパンドラの箱をあけてしまい,終点なき迷宮に突入してしまったかのような感を与える。迷宮から脱出し,新しい科学をブレイクスルーする方法はどこにあるのであろうか。

3 20世紀から21世紀へのトレンド

第一の近代から第二の近代へ

　20世紀に,社会学はそれなりの進展をとげ,アカデミズムの世界に一定の地歩を占めた。しかしながらその進展の,いわば意図せざる結果として,21世紀の社会学は難問をかかえこんでしまった。この難問に,万人の首肯するような明快な解答を与えることは困難である。とはいえ,何らかのブレイクスルーをめざして,立ちはだかる難問に立ち向かわざるをえない。難問への挑戦の第一歩として考えられるのは,現段階での社会理論の潮流をふまえて,理論構築の端緒をさぐることであろう。

　けだし社会学は,ヨーロッパ近代の誕生以来,「社会とは何か」という問いに答えるひとつの方策として,社会のグランドデザインを描くことを使命にしてきた。そこで21世紀の社会が,社会理論の潮流のなかでどのようにとらえられているかを明らかにする作業を通して,将来社会の骨格となるものをラフスケッチ(素描)することにしたい。

　第二次世界大戦後から今日にいたるまでの社会の変化を,ドイツの社会学者ベックにならって「第一の近代から第二の近代へ」という趨勢として位置づけることにする。ベックの議論は西側先進諸国を念頭においた議論ではあるが,資本主義の進展の結果として出現した先進産業社会の実相をとらえており,現代社会を把握するうえで,経験的妥当性を有した理論枠組みであると考えられる。

　ベックによれば,第一の近代では,前近代よりも個人の自由ははるかに増大したが,家族,職業,地域社会,国民国家が人々にとってのセイフティネットになり,リスクを増大させないようになっていた。これに対し,第二の近代で

は，福祉国家の危機に象徴的に示されたように，国民国家は脆弱化する一方で，家族，地域社会がセイフティネットの役割を果たさないようになり，人々のリスクは増大する。ベックは，第一の近代が経済成長によって（生産された）「富を分配する社会」であったのに対し，第二の近代は（認知された）「リスクを分配する社会」になったとする（Beck 1986）。

それでは，第一の近代から第二の近代への移行の時期はいつ頃と考えられるのか，また移行を生み出したものは何なのであろうか。このふたつの問いについて考えてみることにしよう。

まず移行の時期については，第二次世界大戦後から今日までの60有余年の歴史の分水嶺をどこに求めたらよいのかという問いを考察することによって明らかにすることができる。第二次世界大戦後の60有余年の歴史の分水嶺として考えられるのは，やはり1989年の「ベルリンの壁の崩壊」に象徴的に示された冷戦構造の崩壊であろう。なぜなら，1989年以前の戦後の歴史は，東西冷戦構造という枠組みによってほぼ理解可能だったからである。しかるに冷戦構造の崩壊以降については，アメリカの影響力も低下したため，国際関係を理解する枠組みがなくなったといってよい。換言すれば，世界各地で起こるコンフリクトを大づかみに説明する枠組みがなくなったのである。

第一の近代から第二の近代への移行の時期を，戦後日本社会の歴史に即して考えてみると，第一の近代を特徴づけるものがあの高度経済成長であったとすれば，バブル経済の崩壊が第二の近代の到来を示していた。近代化の後発国として位置づけられる我が国も，冷戦構造の崩壊によって第二の近代に突入した欧米先進諸国とほぼ同時期に，第二の近代に突入したと考えられるのである。さらに言えば，日本社会における第一の近代が，「マイホーム主義」や「核家族」によって特徴づけられるとするならば，第二の近代は，「聖なる自己」やすでに触れた「個人化する家族」によって特徴づけられるといってよいであろう。

グローバリゼーションと個人化

次に第一の近代から第二の近代への移行を生み出したものは何なのであろうかという問いについて考えてみよう。この問いに対して、自然科学における推論のように確定的な原因をあげることは困難である。そこで、第一の近代から第二の近代への移行に貫徹する趨勢について考えることからはじめてみよう。そうするとそのような趨勢として、グローバリゼーションと個人化というふたつの趨勢を指摘することができる。

グローバリゼーションとは、社会変動が近代社会の準拠点たる国民国家を超えて生起することであり、地球規模での社会の変化のことをいう。グローバリゼーションが、ヒト、モノ、情報の国際的な流通の加速化を意味していることはいうまでもない。中国では、グローバリゼーションを「全球化」と呼んでいるが、「地球社会化」もしくは「世界社会化」と呼ぶこともできよう。

個人化とは、なかなか定義することの困難な概念であるが、もっとも最大公約数的に定義するならば、近代社会の中核的原理である個人主義にもとづく行為が社会の全域に浸透することであると定義できる。しかもその趨勢が社会に対して、プラスの面（順機能的な側面）のみならずマイナスの面（逆機能的な側面）を有していることを指摘する概念である。[13]

グローバリゼーションと個人化をもたらすものは何であろうか。この問いへの解答は、きわめて凡庸なものであると同時にきわめてオーソドックスなものにならざるをえない。やはりこれらふたつの趨勢を駆動するものとして、資本主義の進展ということが考えられる。資本主義は、あらたな市場を求めて、これまで資本主義のおよんでいなかった領域を市場のなかに組み込んでいく。ここで具体例をあげる必要もないであろうが、中国における経済成長が、資本主義メカニズムの浸透の格好の事例であることは、一目瞭然である。そして、このような資本主義の増殖のプロセスを理念・思想のレベルで、下支えしているのが「ネオリベラリズム思想」であることは、火を見るよりも明らかである。[14]

第8章 第二の近代と社会理論

4 21世紀の社会理論をめざして

社会理論の端緒としての社会的なるもの

　グローバリゼーションと個人化が進展する21世紀において、人々はいかなる社会をイメージするのであろうか。社会学者はいかなる社会を構想したらよいのであろうか。社会学が科学である以上、将来社会について熱く語ることがユートピアとなってしまうならば、それは客観的根拠のない妄想にほかならなくなり、あまり意味はない。そこでここでは、社会的なるもの（the social）を立ち上げる際に、骨格となるものを指摘しておこう。違った言い方をするならば、グローバリゼーションと個人化の趨勢のなかで、社会的なるものをいかに立ち上げたらよいか、その端緒を考えることにしたい。ここで社会的なるものを立ち上げる際に骨格となるものとは、実際に制度を立案する際に原理となるものである。

　このようなことを考える背景として、西洋近代史におけるひとつの事実を述べておく。イギリス民主主義についての原理的考察は、すでにあのピューリタン革命の時になされていたということである。つまり17世紀のピューリタン革命時における、ある少数派が、現代の民主主義を構想していたことである。ピューリタン革命のなかでの少数派だった平等派（水平派とも訳される levellers）は、1647年10月に成文憲法草案として『人民協定（第一次人民協定ともいわれる）(The Agreement of People)』を提起した。『人民協定』は、「民主主義の歴史のうえで、見逃すことのできない重要な文書」（浜林 1971：177）であり、そこでは人民主権にもとづいて、普通選挙の実施、君主制と上院の廃止などが主張されている。平等派は、ピューリタン革命においてはあくまで少数派であったが、あの17世紀（当時の日本は江戸徳川幕府の初期である）に、普通選挙権という20世紀において実現される制度を構想していたことは、驚くに値する。この事実から示唆されるのは、「空想」にならない範囲で、将来社会を構想することが、社会科学に課せられた使命だということである。

175

社会的なるものとは，公共性と同義であるし，盛山（2012）のいう「共同性」と同義であることを指摘しておく。盛山の述べるように，単なる「共同性」ではなくて，よりよい共同性をめざして，社会的なるものは立ち上げられなければならないのである。

グローバルな市民権

まずグローバリゼーションの趨勢において，社会的なるものを立ち上げる際に重要となるのは，異なる文化，異なるエスニシティ，異なる地域などのさまざまな差異を承認することである。つまり「多文化主義」を真に実現することであろう。そのためには，ヨーロッパ近代社会のなかで練り上げられてきた市民権が，国民国家の枠組みにとどまるものではなくて，グローバルな市民権へと翻案され，わたしたちの日常の生活を保障するものでなくてはならない。グローバルな市民権の内実が，基本的人権（fundamental human rights）をさらに普遍化した普遍的人権（universal human rights）であることはいうまでもないが，この概念を豊かでありかつ実効性のあるものにしていくには，この概念においてナショナリズムをいかに位置づけるか，換言すればグローバルな市民権とナショナリズムをいかに両立させるかが課題になるであろう。

重なりあう個人と第三者

次に個人化の趨勢において，社会的なるものを立ち上げる際に重要となるのは，ヨーロッパ近代が称揚する個人主義を問い直すことである。21世紀において，個人主義を問い直すからといって，個人化の趨勢のなかで，ますます重要になってきている「自己決定と自己責任」を否定しようとするものではない。個人行為者の行為を，すべて「自己決定と自己責任」で説明できるならば，何ら問題はないのである。しかるに，個人行為者の行為をすべて個人に還元できるのであろうかという疑問が，個人主義という原理を問い直す理由である。具体的な事象をもちいながら，この疑問を考えてみよう。結論を先取りするならば，相互行為場面を個人主義的なモデルで完全に説明できないのではないかと

いうことである。

　「いじめ問題」において，もっとも単純なモデルとして，「いじめっ子Ａ」と「いじめられっ子Ｂ」がいて，いじめるという行為が事実として確定していたとする。つまり，〇月〇日にＡはＢに対して，いじめという行為をしたことが事実として確定していたとする。さらに，この事実は学校での調査記録で記録されているとする。ここで問題とするのは，「いじめる」という行為が記載されたこの調査記録を公開するかどうかということである。

　いじめっ子Ａ（およびその保護者）にとっては，この情報は他者に知られたくない情報である。これに対して，いじめられっ子Ｂ（およびその保護者）にとっては，多くの場合他者に知ってもらいたい情報である。かくてこの情報を公開するかどうかということをめぐってＡとＢとは真っ向から対立する。ＡとＢに共有された情報であるにもかかわらず，当事者同士では公開するかどうかをおそらく決定できないであろう。

　この例が明らかにするのは，第一に相互行為において生じた情報を，当事者であるＡもしくはＢのどちらかに一方的に帰属させることはできないこと，第二に共有された情報の公開をめぐって当事者相互にコンフリクトがある場合，このコンフリクトの解決には，第三者が必要だということである。ここでいう第三者とは，仲裁・調停をする具体的な人間であってもよいし，審判の根拠となる規範・正義でもよい。結局この例が示唆するのは，人間の行為をすべて個人行為者に帰属させることは困難だということである。

　もちろん近代の法体系は，個人主義を前提にして成立しており，人々の多くの行為が，「自己決定と自己責任」によって説明できることについては承認しなければならない。しかしここであげた例のように，共有された情報であるにもかかわらず，個人では決定できないものもある。問題は，解決を単に第三者にゆだねて，仲裁・調停案に当事者が合意することで解決して，「めでたし，めでたし」の結果になればそれでよいのだということにあるのではない。たしかに実践的なレベルでは，それでよいであろうが，原理的なレベルでは個人主義にほころびがあることが問題なのだ。

つまりこの例は，近代個人主義が前提とする相互排他的（mutual exclusive）な個人を前提にするよりも，重なりあう個人もしくは自己と他者との関係性を前提にすることによってはじめて説明が可能なのではないかということを示している。違った言い方をすると，自立した個人を前提にすることが必ずしも有効ではない行為もしくは相互行為の場面があるということである。たしかに人間の行為には，個人によっては説明できない部分がある，その場合，説明できない部分をどうするのか，重なりあう個人を説明するための何かが必要だということである。

重なりあう個人という考えは，福祉社会におけるケアという観点からも重要になってくる。ケアする行為者とケアされる行為者との関係は，まさしく重なりあう個人の典型的な例であるし，こういう相互行為の場面に，ケアする人々は（とくに肉親者の場合），自己決定によって立ち向かっているのではなくて，立ち向かうことを余儀なくされているというのが正確な言い方であろう。

重なりあう個人を説明するための何か（etwas）として，少々抽象的な表現になるがすでに述べた第三者をあげておく。第三者は将来社会に向けてわたしたちの行為を嚮導するものでなくてはならない。第三者の内実の探求にこそ，今後の社会学の課題があるといえるが，考えるヒントとして，「存在論的安心（ontological security）」（Giddens 1991 = 2005：38），信頼と関係性（相互行為），規範性をおびた何か（etwas）といったものが考えられるであろう。

いずれにせよ，グローバルな市民権が人々の行為の嚮導概念たる第三者として，立ち現れることに，21世紀の社会理論のアルファでありオメガであるものを求めるべきであろう。

注

(1) ここで述べるエピソードは，日本社会に限定したものであるが，エピソードで触れた若者の心性は，先進産業社会にある程度共通のものではないかと考えている。

(2) 「純粋な関係性」がなぜ紐帯として弱いのかということについては，ギデンズ

は述べていない。「いかなる相互行為メカニズムが紐帯として強いのか，それとも弱いのか」という点については，理論的に検討する必要がある。
(3) 日本社会において，離婚が容易になったことを示す言葉として，「バツイチ」という言葉をあげることができる。かつての「離別」「離縁」という言葉よりも「バツイチ」という言葉が，離婚の軽さを表現するのに適切であるのは明らかであろう。
(4) 落合恵美子（1989）によると，近代家族は，①夫婦と子どもからなる核家族であること，②夫婦間および親子間に親密な情愛があること，③この核家族は地域や親戚など，他の社会的領域から分離され，絶対化される傾向があることの3つの特徴を有している。
(5) 奥田道大（1983）は，コミュニティの類型化を試み，①地域共同体モデル，②伝統的アノミーモデル，③個我モデル，④コミュニティモデルの4つをあげている。そしてコミュニティが，①から④へと発展していくことを，とりわけ戦後日本社会の急激な経済成長と都市化の趨勢を目の当たりにしながら，想定していた。
(6) 正確に言えば若干の時期のずれがある。このずれにはふたつの意味がある。ひとつは社会科学のなかにおいても，政治学，経済学，社会学では誕生の時期にずれがあることである。もうひとつは，国民国家の誕生の時期も，イギリス，フランス，ドイツ，イタリアで異なることである。
(7) 社会学では，さまざまな社会の類型の中で，自己充足性の高いものを全体社会と呼ぶ。パーソンズは『社会類型』（Parsons 1966：9）のなかで，社会を「社会システムの一つのタイプのことで，システムと環境との関係から見て，自給自足の最高の水準に到達した社会システムをさす」と定義している。このパーソンズの定義における自給自足の最高の水準に達した社会システムこそ，全体社会なのである。そしてこの全体社会の経験的準拠点として考えられたのが，近代以降国民国家の枠組みのもとで成立した国民社会であった。
(8) ロストウは社会学者ではなくて，経済学者であるが，近代化論のロジックをきわめて明瞭に展開しているので，近代化論の典型例としてあげておく。
(9) これらふたつの批判は，近代化論に対する内在的批判である。近代化論に対する外在的批判として，従属理論および世界システム論があるが，本章では紙幅の都合から外在的批判については取り上げない。
(10) この点については，佐藤（1998）の指摘におう。
(11) SSM調査の分析結果については，膨大な研究の蓄積があるが，入手しやすい書籍として，原・盛山（1999），佐藤（2000），吉川（2009），友枝（1998a）をあ

(12) 研究者集団によって，現段階で承認されている理論枠組み（モデル）にしたがって理論研究および実証研究を行うのが，研究の王道であり，最適な研究方法であることはいうまでもない。ここで問題としているのは，現段階でもっともすぐれていると思われる理論枠組み（モデル）が，未来永劫にわたってそうであり続けるという保証はないということである。
(13) 個人化と類似の概念として，「個別化（individuation）」「私事化（privatization）」がある。「個別化」「私事化」を含めて，グローバリゼーションと個人化のさらに詳しい説明については，友枝（2012）を参照のこと。
(14) ネオリベラリズム思想というのは，きわめて大きなテーマであるので，簡単に論ずることはむずかしい。紙幅の都合もあるので，本章では問題点の指摘にとどめる。
(15) ここでいう普通選挙権は，男性に限定されており，その点ではまだ時代的な限界を有していたといえる。ピューリタン革命および平等派については，浜林（1971），今井（1984, 1990），小池（1969）を参考にした。
(16) 公共性が社会理論の基礎として重要な概念であり，社会的なるものと同義であることについては拙稿（友枝　2012）で論じている。
(17) 多文化主義に類似の言葉として「多文化共生」という言葉がある。「多文化共生」は，日本で作られた言葉であり，我が国におけるさまざまな外国人に対応するために政府および地方自治体が使用して，急速に浸透した言葉である。たとえば総務省は，『多文化共生の推進に関する研究会報告書2006年』で，「多文化共生」を「国籍や民族などの異なる人々が，互いの文化的ちがいを認め合い，対等な関係を築こうとしながら，地域社会の構成員として共に生きること」ととらえ，入国管理・労働・教育・福祉・社会参画・まちづくりなどの分野での施策の抜本的な見直しを図ろうとしている。手垢がついてしまった言葉なので，ここでは「多文化主義」という言葉をもちいることにする。
(18) この事象は，具体的な事例にもとづいているが，理論的な考察のため，いくつかの条件を設定して単純なモデルにしていることをお断りしておく。

文献

Beck, Ulrich, 1986, *Risikogesellschaft,* Suhrkamp.（＝1998，東廉・伊藤美登里訳『危険社会』法政大学出版局。）
Beck, Ulrich, 2006, "Living in the World Risk Society," *Economy and Society*, 35(3):

329-345.
Beck, Ulrich and Grande, Edgar, 2010, "Varieties of Second Modernity: the Cosmopolitan Turn in Social and Political Theory and Research, "*British Journal of Sociology*, 61(3): 409-443.
Giddens, Anthony, 1984, *The Constitution of Society*, Polity Press.
Giddens, Anthony, 1991, *Modernity and Self-identity: Self and Society in the Late Modern Age*, Polity Press.（＝2005，秋吉美都・安藤太郎・筒井淳也訳『モダニティと自己アイデンティティ——後期近代における自己と社会』ハーベスト社。）
Giddens, Anthony, 1992, *The Transformation of Intimacy: Sexuality, Love and Eroticism in Modern Societies*, Stanford University Press.（＝1995，松尾精文・松川昭子訳『親密性の変容——近代社会におけるセクシュアリティ，愛情，エロティシズム』而立書房。）
浜林正夫，1971，『増補版 イギリス市民革命史』未來社。
原純輔・盛山和夫，1999，『社会階層』東京大学出版会。
今井宏，1984，『クロムウェルとピューリタン革命』清水新書。
今井宏編，1990，『世界歴史大系 イギリス史2——近世』山川出版社。
吉川徹，2009，『学歴分断社会』ちくま新書。
小池正行，1969，「ピューリタン革命における平等派の法思想の序論的研究」『法制史研究』法制史學會，19：111-128。
目黒依子，1987，『個人化する家族』勁草書房。
落合恵美子，1989，『近代家族とフェミニズム』勁草書房。
奥田道大，1983，『都市コミュニティの理論』東京大学出版会。
Parsons, Talcott, 1966, *Societies: Evolutionary and Comparative Perspectives*, Prentice Hall.（＝1971，矢澤修次郎訳『社会類型——進化と比較』至誠堂。）
Rostow, Walt Whirman, 1960, *The Stages of Economic Growth: A Non-Communist Manifesto*, Cambridge University Press.（＝1960，木村健康・久保まち子・村上泰亮訳『経済成長の諸段階』ダイヤモンド社。）
佐藤俊樹，1998，「近代を語る視線と文体」厚東洋輔・高坂健次編『講座社会学1 理論と方法』東京大学出版会，65-98。
佐藤俊樹，2000，『不平等社会日本』中公新書。
佐藤俊樹，2011，『社会学の方法』ミネルヴァ書房。
盛山和夫，2012，「公共社会学とは何か」盛山和夫・上野千鶴子・武川正吾編『公

共社会学1　リスク・市民社会・公共性』東京大学出版会，11-30。
総務省，2006，『多文化共生の推進に関する研究会報告書2006年』。
友枝敏雄，1998a,『戦後日本社会の計量分析』花書院。
友枝敏雄，1998b,『モダンの終焉と秩序形成』有斐閣。
友枝敏雄，2012,「社会理論の基礎としての公共性と正義」牟田和恵・平沢安政・石田慎一郎編『競合するジャスティス――ローカリティ・伝統・ジェンダー』大阪大学出版会，289-310。

Column 2

social と modern

厚東洋輔

　1848年パリで勃発した「二月革命」の動きは，一気にヨーロッパ大陸全体へと波及する。同じ年に，プロイセン，ウイーンで革命が起こり，マルクス・エンゲルスの『共産党宣言』も刊行された。この革命で問われたのは「社会問題 social problem」であった。「社会問題」をめぐって「社会運動」が起こり，うまくいけば「社会改革」が実現する。こうした一連の動きを教導する主義主張として「社会主義（social-ism）」が体系化されることになる。

　「社会（society）」の形容詞形「社会的（social）」が，英仏独などヨーロッパの主要言語で日常的にもちいられ始めたのは1848年の革命を契機としてであった。〈社会的なもの（the social）〉の興隆の起点は19世紀中葉に求められる。「社会問題」を旗印とした〈社会的なもの〉をめぐる争いは，19世紀後半，「帝国主義の時代」と呼び習わされてきたグローバリゼーションの最初の波に乗って，ロシアや日本にまで短期間に到達することになった。

　「社会学」は，〈社会的なもの〉について19世紀中端以降持続的に思考し続け，1890年代に入ると，アカデミーで教授可能な専門科学として制度化されることになった。1890年代は，社会学が「野生の思考」から「アカデミックな学問」へと変貌を遂げた分水嶺をなす。

　では，20世紀において〈社会的なもの〉をめぐる闘いはどのように推移したのだろうか。〈社会的なもの〉がもっとも輝きを帯びたのは，第二次世界大戦の時期——1940年代のことと思われる。

　第二次世界大戦の帰趨を決めたのは，資本主義 vs. 共産主義という体制の相違を越えて，アメリカ合衆国とソ連とが手を結び合った時点である。1941年に締結された「大西洋憲章」において，ドイツを撃つために選ばれたのが「自由／デモクラシーの擁護」であった。ドイツ，イタリア，日本の「ファシズム」に対抗して，アメリカ，イギリス，ソ連は「デモクラシー」・「自由」を大義に闘いを挑んだ——これがわたしたちの常識的歴史理解であろう。

　ナチスの台頭によりドイツを追われ，アメリカ合衆国に移住した「亡命知識

人」とりわけフランクフルトの「社会研究所」のメンバーは，自分たちの闘いをどのように意味付けていたのだろうか。亡命した所員たちの中でもっとも早い1940年に『大衆の国家（State of Masses）』をニューヨークで刊行したエミール・レーデラーは次のように述べている。

　……きたるべき闘いは，もしそれがあるとすれば，民主主義のための闘いではなく，もっと具体的なもの，すなわち社会と私生活の存立のための闘いを意味するであろう。もしもこの闘争の好機をのがしたり，大衆の国家が相手国の闘争力を破壊することに成功したりすれば，結局のところ，世界は新しい奴隷時代に向かうことになるのである。（Lederer 1940＝1961：194）〔強調は厚東〕

　ファシズムによって脅かされているのは「社会と私生活（the existence of society and private life）」であり，これを死守することが第二次世界大戦を戦う意味なのである。「社会」が死滅する？　レーデラーの前提とするのは国家 vs. 社会という二項対立である。「大衆国家」は「社会」を併呑し，「社会」を廃墟にしてはじめて屹立することが出来る。「社会と私生活」とを〈社会的なもの〉として一括すれば，ファシズムに対する闘いは，「デモクラシー」のためではなく，〈社会的なもの〉の擁護を求める闘い，ということになろう。第二次世界大戦によって賭けられているのは〈社会的なもの〉の存亡である。

　20世紀における〈社会的なもの〉の興亡を振り返ってみると，1940年代は〈社会的なもの〉の復権への叫びと動きが最高潮に達した時期であった。アメリカ合衆国＋イギリス vs. ソ連，というふたつの体制を架橋する目印として，「デモクラシー」が英米寄りの，〈社会的なもの〉がソ連寄りのスローガンであると，一見したところ思えるかもしれない。というのもソ連が依拠する「共産主義」は，〈社会的なもの〉の実現をめざす「社会主義」に由来するものだからである。しかしこうした見立ては必ずしも正確ではない。

　1942年のイギリスにおいて『ベヴァリジ報告』が公刊された。『ベヴァリジ報告』は，「福祉国家」のバイブルとして，第二次世界大戦後の世界において，きわめて重要な働きをした書物である。「福祉国家」という考え方は，第二次大戦後，資本主義 vs. 共産主義，先進国 vs. 開発途上国，といった体制間の相違を越えて，人々を魅了し続けた理想であった。

　『ベヴァリジ報告』は，ドイツとの闘いに苦しんでいるイギリス国民を鼓舞し

統合するために，戦争が終わったらどのような社会が構築されるのかを明らかにするために起草された。人々は何のために自らの生命を賭けてドイツとの戦争を戦い抜かねばならないのか。戦争目標として選び出されたのが『大西洋憲章』の第5項，すなわち国民のすべてに「社会保障」を確保するという約束である。もしもこの戦争に勝つことが出来るなら，イギリスは「揺りかごから墓場まで」すべての国民の生活に対して責任をもつと高らかに宣言されたのである。

　イギリス国民は熱狂的にこの『戦後の再建計画』を受け入れた。2時間で7万部が売れ，一年間で62万5000部が売れたといわれている。二ヶ月後の世論調査では，この報告書を知っているものは95％，賛成のものは88％，反対のものは6％であった。（小峯 2007：310）

　アメリカ合衆国では半年以内にアメリカ版が5万部売れ，ヨーロッパのナチス占領下の諸国では，要約版が抵抗運動の地下組織を通じて回覧された。（毛利 1990：220）

それまでほとんど知られなかった「社会保障（social security）」という言葉は，ベヴァリジ報告書を契機に，一気にあまねく理解されるようになった（Social Security Act 制定のもっとも早い例が，1935年のアメリカ合衆国である）。

　報告書の提示した戦後の社会秩序の青写真は，通常「福祉国家」と呼ばれている。だが当事者の意図からいえば，この呼称は適当とはいえない。ベヴァリジ自身は「社会的サービス国家」と呼ぶべきであると繰り返し述べている。もともと英語の welfare state は，ナチズムの warfare state（戦争国家）との語呂合わせでもちいられた組織象徴である。またドイツ語の福祉国家 Wohlfahrtsstaat とは，ヴェーバーによれば，「家産制の神話」であり，「父と子との間の権威主義的関係に基づく」（Weber 1956＝1962：392）ものであった。さらにまたフランス語の福祉国家 État-providence は，文字通り訳せば「救いの神の国家」であり，そのイメージの原型は絶対主義に求められよう。

　ベヴァリジ計画は過去の「救貧法」の再版ではない。あくまでもモダニティ進化のひとつの段階として構想されている。ベヴァリジの弟子である T. H. マーシャルの整理によれば，戦後社会は，公民権（civil right）→参政権（political right）→社会権（social right）という市民権発達史の上に構築されるべきものである。ベヴァリジ自身の観念にしたがえば，彼の報告書がめざしている方向性

は，〈social state（社会的国家）への道〉と名付けるのが，もっとも適当だと思われる．こうした呼称ならば第二次世界大戦後〈社会再建の学〉として期待を集めた「社会学」の位置づけが，もっと見通しやすいものとなったはずである．ベヴァリジ報告の刊行が引き起こした一大ブームは，イギリスとアメリカ合衆国における〈社会的なもの〉興隆の端的な例といえるだろう．

　ファシズムあるいはナチズムをもって「近代文明の野蛮への退行」と規定する人は，現在ではもはや皆無であろう．ナチズムはモダニティ——合理主義，理性，啓蒙，デモクラシー，インダストリアリズム等々アクセントの置き方でさまざまな規定の仕方があるにしろ——が本性的に孕んでいるひとつの傾向性の現れととらえるのが，今や通説的な理解であろう．ナチズムはモダニティのとりうるひとつのアスペクトに他ならない．社会学の分野では，ファシズムの生成は，「ブルジョワ的市民社会」が「大衆社会」へと転態していくための画期としばしば理解されている．「大衆社会」におけるデモクラシーは，19世紀のそれとは性格が根本的に異なるものであり，「大衆の民主主義」は「公衆の民主主義」の延長上で理解されてはならない等々，議論されてきた．

　しかしここであらためて考え直してみると，ファシズムに対抗するために掲げられたスローガンが「デモクラシー」ないし「自由」であったのは不適切な選択であった，との感は否めない．「デモクラシー」のイメージの源泉はアテネ等の古典古代の都市国家に求められる．ルソーを思えば明らかなように「デモクラシー」という言葉は，厳密にはジュネーブのような小規模社会にしか適用することは出来ない．デモクラシーをモダニティの不可欠な構成要素へと組み込むためには，「比喩的な」意味変容を積み重ね，言葉の転用の末にようやく可能になる．他方「自由」の方も，これまたモダニティの特産物ではない．たとえばカール・ポラニーによれば，自由に関するもっともすぐれた認識は『新約聖書』に記録されているイエスの教えの中にあるという（Polanyi 1944=2009：466）．またトクヴィルによれば自由（リベラル）の本来的故郷は，中世における貴族たちの生活習慣に求められる．独・日・伊も米・英・ソ連も，同じようにモダニティという共通の平面の上に存在している，両者を分つのはモダニティの孕むアスペクトの相違に過ぎない，第二次世界大戦は近代 vs. 前近代の闘いではなく，あくまでも近代的な総力戦の闘いでなくてはならない——こうした条件＝状況を歪曲なしに端的に表現するには，〈社会的なもの〉という言葉を使うのがもっとも適切であった．というのも〈社会的なもの〉は，モダンになってはじめて出現した特性だからである．〈社会的なもの〉は，モダニティの孕むアスペクトの重要な一こま

に他ならない。

文献

厚東洋輔，2009，「問題としての〈社会的なもの〉（社会的なものの興亡　その1）」『関西学院大学社会学部紀要』108号。

小峯敦，2007，『ベヴァリッジの経済思想——ケインズたちとの交流』昭和堂。

Lederer, Emile, 1940, *State of Masses: The Threat of the Classless Society.*（＝1961，青井和夫・岩城完之訳『大衆の国家——階級なき社会の脅威』創元社。）

毛利健三，1990，『イギリス福祉国家の研究——社会保障発達の諸画期』東京大学出版会。

Polanyi, Karl, 1944, *The Great Transformation: The Political and Economic Origines of Our Time.*（＝2009，野口武彦・楢原学訳『大転換——市場社会の形成と崩壊』東洋経済新報社。）

Weber, Max, 1956, *Wirtschaft und Gesellschaft.*（＝1962，世良晃志郎訳『支配の社会学Ⅱ』創文社。）

第9章

モダニティのあとの社会学の課題
——グローバリゼーションにおける可能性——

盛山和夫

1 危機の学問から学問の危機へ

　社会学は危機の学問として始まった。それは，近代的な産業社会の勃興に伴うさまざまな共同性の危機をどう乗り越えることができるかという問題意識から出発したのである。
　そのことはたとえばコントの『社会を再組織化するために必要な科学的作業のプラン』（1822）においてきわめて歴然としている。

> 一つの社会組織が消滅し，もう一つの新しい組織が完全な成熟期に達して，形成されようとしている。文明の進行全般から見た時，これが現代の持つ基本的性格である。こうした事態と呼応して，性質の違った二つの動きが今日の社会を動揺させている。一つは組織破壊の動きであり，もう一つは組織再建の動きである。……先進諸国民が体験している大きな危機は，実に，この二つの正反対の動きが共存していることによる。（Comte 1822＝1970：51）

　コントが見ていたのは，フランス革命によって旧体制が崩壊したあと，新しい秩序の確立にはほど遠く，恐怖政治，ナポレオン専制政治，相次ぐ戦争，ウィーン会議，王政復古と続く混乱の時代であった。この『プラン』のあと，コ

第9章　モダニティのあとの社会学の課題

ントは実証哲学の名をかかげて独自の思想を展開し，その中核部分を構成する学問として「社会学 sociologie」が創設されたのだった。

社会学が学問としての認知を確立するのは，それからしばらくたった19世紀の終わりから20世紀のはじめにかけて，アメリカのウォード，サムナー，スモール，ヨーロッパのテニエス，ジンメル，デュルケム，ヴェーバーなどの知的活動を通じてである。そこでも，中心的な探求テーマは，産業化（この言葉は，まだ使われてはいないが）が進展していく中で，人々の共同生活がどのような変容を蒙り，どのように維持発展させられていくかという問題であった。

今日，この社会学が学問としての危機に直面している。そのことは，現象面では次の3つの側面で見て取ることができる。

(1)社会学のテキストにおける「社会学の定義」の欠落
(2)社会学のテキストにおける理論的概念や理論的命題の提示の少なさ
(3)社会学の求心力の弱まり

この3点はお互いに関連しているが，少し説明しておこう。

テキストの現状

まず，テキストにおける社会学の定義の欠落である。そもそもテキストは，その分野において解明され確立された知識を体系的に叙述して，知識の共有と普及をはかり，さらなる探求の発展のための基盤を形成するものである。その学問がいかなる探求課題を引き受けて，それがどこまで達成されたかを明示することは，テキストというものの根本的な役割である。

ところが，今日の社会学のテキストは，この点においてきわめて嘆かわしい状況にある。

たとえば，ギデンズの定義は次のようなものだ。

［社会学は］人間の形作る社会生活や集団，社会を研究し，社会的存在と

しての われわれ自身の行動を研究対象とする。(Giddens 1997＝1998：24)

　この定義は，単に社会学の研究対象が何であるかを示しているだけだ。一部の学問ならそれでいいかもしれない。しかし，社会学に関しては，この定義では何も述べたことにはならない。なぜなら，社会生活や集団や社会やわれわれの行動というのはきわめて一般的な現象であって，それらを研究対象とする学問は社会学以外にも無数にあるからだ。

　他のテキストはもっと悪い。マシオニスとプラマーの『*Sociology: A Global Introduction*』(Macionis and Plummer 2005) では，「社会学とは人間社会の体系的研究をするものだ」としか述べていない。ほかのテキストには「人間社会の科学的研究」というような定義もある。「体系的」とか「科学的」という形容詞をつけたところで，結局のところ，「社会学は社会を研究するものだ」と言っているにすぎない。

　こうした言い方しかできていないのは，著者たちに社会学という学問の学問的な課題が見えていないからであり，したがってまた，その学問的課題に対して，これまでの社会学がいったいどこまで答えてきたかを評価する視点が欠落しているためである。

　次に，(2)の社会学固有の理論や概念の問題であるが，そもそも学問とはひとつの知的共同体であり，そのなかでテキストは，当該学問分野において解明された事実や確立された知識をわかりやすく体系的に記述することを通じて，その学問の達成したことがらを確認し，共有し，広く伝達することを任務とするものである。理論的概念や理論的命題は，当該学問において真理として共有される水準にあると認められる知識の中核をなしている。それらは学問共同体の共有財産であり，当該学問のアイデンティティの基盤を形成するものである。

　社会学では，テニエスやジンメルの頃から社会学固有の諸概念の発展と蓄積が進み，第二次世界大戦後のマートン，ホマンズ，パーソンズらの理論的な仕事を通じて，1960年代には一定の共有財産が確立したかに見えた。理論的概念としては，役割，地位，役割葛藤，機能，第一次集団，中間集団，アノミー，

エートス，社会的性格，予言の自己成就，意図せざる結果，などがあり，理論的命題としては，たとえば都市の同心円理論や相対的剥奪論などがある。

しかしながら，今日の社会学テキストでは，こうした概念や命題は軽視されるかまったく無視される傾向がある。その代わりに，もっぱら世界の多様な社会的現実を叙述することや，これまでの社会学的研究を紹介することにとどまっている。ギデンズのテキストにもその傾向があり，その巻末に用語解説が掲載されているが，社会的地位や社会的役割はあるものの，第一次集団や相対的剥奪や社会的性格はない。その地位や役割にしても，本文のなかで理論的なキー概念として説明されているわけではない。

このことは，ふたつのことを意味している。ひとつは，今日の社会学が，1960年代までに形成された社会学的知識から大きく断絶しているということである。ここには，一種の「文化的革命」が介在している。今日の社会学の多くは，かつての社会学の知的共有財産を継承することもそれに依拠することもなく，それを無視して展開されている。

もうひとつは，それは，社会学の学問的共同性が衰弱してきていることの現れだということである。知識の継承と共有なしに，共同性は成立しない。むろん，学問であるからにはつねに新しい知識が獲得され，古い知識が乗り越えられていくことはやむをえない。単なる継承だけでは，学問としての発展はない。しかし逆に，適度な継承がなければ，それぞれの探求はばらばらに拡散していくだけになってしまう。

求心力の低下

第三の「求心力の低下」はまさにこれを示している。ギデンズやその他のテキストは，社会学をいってみれば単に「社会現象の学」だとしか定義できていない。しかし，「社会現象」にはさまざまな領域があり，それぞれに対して社会学以外のさまざまな学問からのアプローチが存在する。今日では，それぞれの個別現象領域ごとに，社会学のディシプリンとは関連しない形で，研究分野が形成されつつある。これは，ジェンダー，女性学，ジェロントロジー，社会

福祉，都市，階層格差，エスニシティ，マイノリティ，開発などで顕著にみられると言えるだろう。

たとえばジェンダーである。ジェンダー研究は，もともと社会学の一部として出発したというわけでもない。『第二の性』のボーヴォワールは哲学者であるし，『新しい女性の創造』のベティ・フリーダンはジャーナリスト出身の社会運動家である。ジェンダー研究は，フェミニズムという思想を出発点としている。その意味で，ジェンダー研究が社会学の枠をはみ出るのは仕方がないとも言える。

しかし，社会学にはもともと家族社会学という一領域が存在してきた。とくに日本の場合，家族社会学の成立は欧米に先立っている。早くから，スペンサーの影響を受けた有賀長雄や河田嗣郎などの仕事があり，その後，戦前では戸田貞三，鈴木栄太郎，有賀喜左衛門などの諸業績や，あるいは戦後の有賀-喜多野論争など，家族社会学は日本社会学の中核をなして発展してきた。

家族研究そのものには，社会学だけではなく，歴史学，法制史学，民法学などの学問分野からのアプローチも決して少なくはないが，それらと一定の交流をもちながらも，社会学の中に家族社会学という分野が維持発展されてきたのである。

ところが，1960年代後半に女性学という名称で，フェミニズムの影響のもと，実証的なジェンダー研究が始まり，それに多くの社会学者が参加していった。この女性学ないしジェンダー研究には，社会学の他に，歴史学，文学，哲学，法学，経済学，政治学，文化人類学，社会心理学など，きわめて多様な学問分野の人たちが携わっている。そうしたインターディシプリナリーな研究分野が展開されること自体は，たいへんよいことだ。

問題は，このとき，社会学出身のジェンダー研究が社会学というアイデンティティを喪失する傾向をもつことである。それはふたつの側面で現れる。ひとつは，研究の理論的，実質的側面での社会学との関連の希薄化である。つまり，理論的，概念的なレベルにおいて，社会学の他の領域との交流や共通性が薄れ，ジェンダー研究独自の理論や概念が固有に発達していって，それが社会学の他

の部分にフィードバックしたり，社会学理論のあらたな展開をうながすというような作用が見られなくなるという側面である。もうひとつは，人的交流の側面である。具体的な学会や研究会や共同研究などの活動において，研究者同士の交流が社会学という境界によってではなく，ジェンダー研究というまとまりで盛んになるという傾向である。

　ある意味では，こうした動向はやむを得ないものである。ジェンダーという研究課題が社会学の枠に収まりきらないものであることは，明らかだ。しかし，歴史学や法学の場合には，同じジェンダー研究でもやはり依然としてそれぞれの出身学問にとどまる傾向がある。それは社会学とは異なる。その分，社会学には求心力が薄れてきているのである。

　似たようなことはさまざまな「地域研究」でも見られる。たとえば現代中国の政治，経済，社会，文化などの研究は著しく盛んになっていて，そこには社会学者も大勢関わっているのだが，その場合でも「社会学」というディシプリンの影は次第に薄くなってきている。

　こうした社会学の求心力の低下は，端的にいって，社会学という学問内部にあらたな理論的，概念的，知的な用具や発想や方法を備給する力が低下していることを意味している[1]。

2　モダニティの学の終焉

近代化とグローバリゼーション

　社会学の求心力はなぜ低下したか。その最大の原因は，社会学の初発の問題関心であった「近代化・産業化」の問題が，今や消滅したかもしくは様相を一変したからである。

　19世紀半ばから1960年代までの約100年間，近代化あるいは近代社会というものの本質を解明することは，多くの研究者の関心のまとであった。近代という時代と社会が「謎」だったのである。ヴェーバーの「なぜ，西欧のみにおいて資本主義の発達が見られたのか」という問い（Weber 1920=1995）は，産業

化した近代社会が地球上のごく一部にしか存在しなかった1960年代まで，大きな意味をもったのであった。

　しかし，1970年代に台湾や韓国から始まった東アジア諸国の産業化は，1980年代以降，中国を巻き込んだ巨大な流れとなって地球上の多くの地域に広がっていった。1989年の東欧革命によって「資本主義」へのオールタナティブであった「社会主義」が消滅すると，その流れはさらに加速された。それが今日のグローバリゼーションであるが，それによって「近代」という「謎」が，消滅したとは言わないまでも，大きく薄れてしまったのである。

　「グローバリゼーション」という概念は多義的で曖昧であるが，基本的には，16世紀以来のヨーロッパ世界の非ヨーロッパ地域への進出とそれに続く19世紀の植民地主義によって，地上の諸社会が次第にひとつの世界に支配的に統合されていったプロセス自体がグローバリゼーションであった。したがって，産業化・近代化は同時にグローバリゼーションを伴っていたのである。

　そもそも近代化とグローバリゼーションとには共通するものが多い。それらはともに，経済活動の水準の革命的な変化を主要因として旧来の秩序が解体されていく過程である。経済というある種の普遍性をもった活動の進展が，それまでの比較的に自立し自足していた生活空間を解体し，より大きな新しい未知の社会空間のなかに人々を誘い込み，あるいは投げ入れ，機会とともに戸惑いと不安とを生じさせる過程である。経済活動は，市場という普遍性のきわめて高い社会空間を通じて展開される。それは個別的なもの，伝統的なもの，非経済的なものを無視し，あるいは破壊しながら，ひたすら市場的価値の高さを追い求めていく。市場において売れるものが価値あるものであり，売れるものを生産し流通させていく活動こそが，意義あるものである。近代化の過程でも，今日のグローバリゼーションの過程でも，このような側面が少なからず存在した。

　しかし，19世紀から20世紀半ば過ぎまでの「近代型グローバリゼーション」と，今日の「ポスト近代型グローバリゼーション」とには，いくつかの重要な違いがある。

その第一は、前者が「国民国家の創出」と手を携える形で進展していったことである。社会が近代化するとは、国民国家が形成されて、近代的な政治システムが整っていくことでもあった。それに対して後者は、世界が国民国家で分割されていることを前提としたうえで、なおかつ国民国家の枠を越えたグローバルな論理で進展していく。

第二は、工業型経済システムから、脱工業型経済システムへの転換である。工業型経済システムにおいては、生産活動が主として男性の肉体労働によって担われており、そこから「労働者階級」が成立していった。それに対して、現代の脱工業型経済システムでは、ますます多くの生産活動がそうしたものではない形で展開されている。たしかにグローバリゼーションには、製造業が新興国に進出していってそこで工業化が進んでいくという側面もある。しかし、その生産工程自体がすみやかにロボット等を用いた高度なシステムに転換されていき、全体として、情報産業やサービス産業のウエイトが高まっていく。つまり、肉体的工場モデルではない生産活動が大多数となり、その意味で脱工業化していく。

言い換えれば、近代化の過程とは、国民国家と工業型経済システムとが基盤となって進行していったものであり、それに対して今日のグローバリゼーションは、そのふたつの基盤が、なくなったわけではないが、絶対的な意味を失って相対化されていくプロセスである。

社会学の基本諸概念の非自明化

社会学の古典的理論は近代化のこのふたつの基盤を前提にしており、それによって社会学では次の3つの「基本的集合体」が想定されてきた。

(1)「社会」と等値された国民国家
(2)「家族」なかんずく「核家族」ないし「夫婦家族」
(3)「階級」

今では，「社会（society）」の概念が新しく近代に成立したものであることは，よく知られている（厚東 1991，市野川 2006）。「社会」というのはもともとから経験的な実在というよりはむしろ理念的に想定されたものであるが（盛山 1995），その想定を経験的に支えたのは，国民国家の理念であった。1648年のウエストファリア条約によって，ヨーロッパ世界は主権をもった諸国家から構成されていることが，政治的に確立する。いわば，グローバルな（といっても，実際はヨーロッパだけだが）世界は基本単位としての国家によって構成されているのだという了解が確立する。その後，18世紀の啓蒙思想や社会理論では，国家とは概念的に独立なものとしての，国家に論理的に先行するものとしての「社会」概念が展開されていくが，この想像上の「社会」の表象を支えたのは，やはり国家という政治的な現実である。

　コントやスペンサーの時代には，「社会」が存在するということはもはや自明のことであった。その自明な前提のもとで，「社会学」という学問名称が成立したのである。

　今日，社会学において「方法論的ナショナリズム」という言葉がよく使われる。すなわち，社会学はその研究対象としての社会を nation に想定するし，分析の枠組みを nation state に設定することが多いけれども，それは決して nation state を自明なものと想定しているからではなく，あくまで研究上の便宜としてそうしているだけだ，というのである。この言葉には，いささか言い訳がましいところがあるが，nation state が自明でないという想定は1960年代までの近代的社会学の前提と180度異なっている。

　これまでの社会学では，このように国民国家と等値された社会について，その構成単位として家族が想定されてきた。現実に存在する家族もまた本来的にはきわめて多様で，19世紀からの家族研究ではまさに世界におけるその多様性こそが探求の焦点であったが，社会学はどこかで「核家族こそが，社会を構成する基本単位だ」という前提をおいていた。これは，純粋論理的には間違いではない。世代の継承は，夫婦とその子どもたちからなるブロックの重なり合いからなっている。論理的にそうであるところから，核家族のある種の理念化が

第9章　モダニティのあとの社会学の課題

もたらされる。核家族こそが本来的にあるべき家族の形態であり，近代化とは核家族化していくプロセスである，という考えが一般化していくと同時に，核家族の自明視ないし本質主義化が進んでいく。

　近代型社会学の第三の柱は，階級である。社会学における階級論は，マルクス以前に，もともとサン・シモンが来たるべき産業社会の担い手としての「産業者階級」を想定したことに始まっている。サン・シモンの助手であったコントがそれを継承発展させて，人間知性レベルでの神学的，形而上学的，および実証的という三段階と，社会レベルでの軍事的，法律的および産業的の三段階の説を展開したことは有名だが，そこでも，それぞれの段階は，聖職者と軍人，法律家，そして産業家という異なる「階級」に対応していたのである。つまり，社会を構成するものとしての「階級」という想定は，サン・シモン，コントと続く社会学の創生期にすでに始まっていたのである。

　その後，この見方はマルクスによってさらに大々的に発展されたが，非マルクス主義的な社会学でも，階級は基本的であり続けた。たとえば，テニエスはゲマインシャフトとゲゼルシャフトにおいて，庶民階級（Volk）と教養階級（Gebildete）とを区別し，ゲゼルシャフト的状況のもとでは両者の対立が激化する危険があると述べたりしている（Tönnies 1887＝1957(F)：207）。

　ヴェーバーもまた，その世界史的な比較宗教社会学において，儒教における郷紳層，ヒンズー教におけるブラーマンなど，それぞれの宗教が一定の社会層によって担われるという構図を保持している。

　1930年代以降のアメリカ社会学においても，リンド夫妻のミドルタウンやウォーナーたちのヤンキーシティシリーズにみられるように，地域社会の研究の焦点には必ず「当該社会はいかなる階層ないし階級によって構成されているか」という問題関心が主軸にあったのである。

　1970年代以降，社会，家族，そして階級という近代型社会学の中心概念は，根底的な見直しを迫られてきている。国民国家の自明性が問われるに伴って，社会概念の本来的な曖昧さが明らかとなる。工業型経済システムから脱工業型のそれへの転換に伴って，家族の自明性も失われていく。そして，階級・階層

は，一部，コーポラティズムの概念などに残存はしているものの，現実の政治状況や社会問題を分析するうえでの効力を失った（原・盛山 1999, 盛山 1999, 参照）。「社会的排除」の概念が登場するのは，そのためである。

3　ポスト近代型社会学の道

再帰的近代？

　1970年代以降，社会学者たちはしだいに顕著になってきた社会の変容をさまざまな概念をもちいて理解したり説明しようと試みてきている。リスク社会，個人化，親密性の変容，リキッド社会，マクドナル化，グローバリゼーションなどである。これらは，すでに述べた社会の近代性が変質して別のものに転換しつつあるそれぞれの側面をとらえたものである。たとえば，個人化，親密性の変容，そしてリキッド社会の概念は，それまでの社会学が想定していた家族と階級という基盤的集団が，もはやかつてほどの強烈な意味をもたなくなったことを示している。ベックやバウマンの著作で明らかなように，個人化やリキッド社会の概念は，それまで社会学者たちが想定していた「階級」が人々にとっての意味を喪失したという認識をふまえて提示されたものである（本人たちは必ずしもそう自覚してはいないが）。

　こうした諸変容を包括的に表現する概念として，ギデンズ，ベック，ラッシュなどから「再帰的近代化（reflexive modernization）」の概念が提示されている（Beck, Giddens and Lash 1994＝1997）。Reflexive というのは，再帰的のほかにも，内省的，反省的，反照的などと訳され，やや曖昧で多義的な言葉である。著者たち自身が，その意味するところが必ずしも同一ではないと認めている。もともと reflect とは，音や光が反射するときの「反射」であるから，reflexive は，何かが投げかけられてそれが反射して戻ってくるというイメージを表している。

　今ではほとんど忘れられているが，ずっと以前に reflexive sociology という概念がグールドナーによって提出されていた。ここでは，reflexive なのは社

会の性質ではなく，社会学自体がもつべき性質とされている。すなわち，それまでの方法的にも実践的にも無反省な実証主義的あるいは現状維持的な社会学を批判したうえで，社会学は自らの実践的な意味や効果を反省的にとらえ直す形で営まれていかなければならないという主張である。しかし，その後この考え方は「社会学の社会学」という自らへの反省的でメタ的な考察そのものを目的とする内閉的な営みにつながっていったため，reflexive sociology の発展は見られなかった。

　ギデンズらの reflexive modernization において，reflexive という言葉はいくつかの多重な意味を担わされているが，大きくはふたつに分けられる。

　第一は，近代および近代化の性質としての reflexivity であり，そこでは，近代化が「脱-伝統化（detraditionalization）」のプロセスであり，近代とは脱伝統（post-tradition）の時代であることを言い表すものとして，reflexive という言葉が使われている。すなわち，近代という社会は伝統的なものからの脱却が継続的に展開されている社会であるが，それは，自明視されているものを反省的（reflexive）にとらえ直すことが常態化している社会だという意味である。近代化というプロセスそのものが，社会への reflexive な考察からなっているという側面が強調されている。ヴェーバーの「脱魔術化」の概念と通じている。

　第二は，近代とは区別されるものとしての後期近代あるいはポストモダンの性質としての reflexivity である。この点に関しては，3 人の間で若干の強調点の違いが見られる。

　ベックは，近代と後期近代とを産業社会とリスク社会という区分に対応させ，reflexive だということは，「産業社会のシステムでは対処できないしそれと同じようには理解できないリスク社会の影響と自ら向き合うこと self-confrontation」を意味すると述べている。

　ギデンズは，近代が依然として一定の伝統的なものローカルなものに依存してきたことを確認したうえで，後期近代をグローバリゼーションで特徴付けている。ここでギデンズがグローバリゼーションの影響として強調するのは，「脱埋め込み化」「ローカルな文脈の空洞化」である（Beck, Giddens and Lash

1994：95-96)。

ラッシュは、ホルクハイマー＝アドルノの啓蒙の弁証法やハーバマスの生活世界の植民地化などによって提起された近代社会への批判的な観点を参照したうえで、後期近代はそれからの転換の可能性を孕んでおり、「reflexive modernity は、新しい社会運動のローカリズムと脱物質主義的な利害に根付いているラディカルで多元的な民主主義の政治を提示するものだと主張する。簡潔に言えば、単なる近代化が征服・服従 subjugation を意味するとすれば、reflexive modernization は主体 subject への権能の強化 empowerment に関わっている」(ibid.：113) というのである。

このように、後期近代の性質としての reflexivity は3者3様で、共通の意味は必ずしも明確ではないし、とくに reflexive という性質が言及されているわけでもない。端的に言えば、単に「後期近代」ないし「ポストモダン」という時代の性質を reflexive と呼んでいるだけの面がある。

再び「危機」に対応する社会学へ

とはいうものの、彼らが単に近代の性質としてだけではなく、近代とは異なる側面での後期近代の特性についてとくに reflexive という言葉をもちいたことには、十分には説明し切れていない彼らなりの直観があるといえるだろう。それは、次のような二重の意味での reflexivity である。

(1)社会学そのものの reflexivity の自覚と、それが含意する諸問題
(2)後期近代が、近代への反省的なとらえ直しからなっていること

この両者は連動している。近代型社会学から後期近代型社会学への変容は、社会そのものにおける近代から後期近代への変容と軌を一にしているのである。後期近代とは、近代を支えてきたナショナリズム、国民国家の理念、性別役割分業、階級などの自明性が揺らいでいった時代である。それはまた、フーコーによって強調されたような、医学という近代科学を根拠とする人間の選別への

批判，脱構築系の思想が強調する科学や真理への懐疑，あるいは脱物質主義などの言葉で表現される近代的価値観からの変化などからもなっている。ここにあるのは，近代への reflexive なまなざしにほかならない。

ポスト近代型社会学の反省は，ベッカーのレイベリング論（Becker 1963）をひとつの契機としている。これこそまさに，自明視されていた「正常−逸脱」の区分に反省を迫るものだった。その後のバーガー＝ルックマンの構築主義（Berger and Luckmann 1967），ガーフィンケルのエスノメソドロジー（Garfinkel 1967），グールドナーの reflexive sociology（Gouldner 1971），スペクターとキツセたちの社会問題の構築主義（Spector and Kitsuse 1977）等々と，いずれもそれまでの社会学が日常生活者の社会認識を無反省に受け入れて構築されてきた点を批判し，あらためて客観的な学としての社会学を構築しようとするものであった（盛山 2011）。

しかし，これまでのこうしたポスト近代型の社会学は，それまでの近代型社会学の陥った「一次理論の疑似二次理論化」（盛山 1995）を回避しようとするあまり，自らを徹底的に「客観主義化」しようとする傾向があり，そのため，グローバル化していく今日の社会の危機を受け止めてそれに答えようとする姿勢に乏しいという問題がある。グローバリゼーションは近代から後期近代への移行を象徴しているが，この移行過程には，かつての近代産業社会の成立時と同じように，社会学という学が取り組むべき多くの課題が出現している。そのことは，誰の目にも明らかである。

たとえば，(1)国際化に伴う多文化問題がある。エスニシティ，国際移動，移民社会などの問題として社会学は以前から積極的に取り組んでおり，豊かな研究蓄積があるけれども，総じて，政治哲学分野でリベラリズムとコミュニタリアニズムとが闘ったような規範的問題に答えようとする姿勢が欠けている。世界のさまざまなところで異なる文化的出自を有する集団の間の軋轢，差別，格差等々が歴然と存在するが，それがいかなる規範的原理のもとでどのような政策を通じて解決できるのか，という問いに答えようとする試みが社会学に求められている。

(2)福祉国家の持続可能性は先進社会の根幹を揺るがしている。もともと社会保障制度の制度設計に大きな欠陥があったところに、少子高齢化、経済の低迷などの影響できわめて深刻な存立の危機にさらされているのだが、社会学からの社会保障制度へのアプローチはどちらかといえば「生活者の観点からの必要性」に重点をおいて、「制度の持続可能性問題」を軽視する傾向があった。しかし、その傾向は改められる必要があり、社会学は、両者のバランスをとりながらの実践的な解決策の探求に向かわなければならない。

(3)グローバリゼーションは、世界の経済をいかに制御するかという問題を提起している。従来、経済問題は経済学の領域だと見なされてきた。しかし、そこには、経済の根本には制度問題があるというデュルケム的視点が欠けている。実際、金融、貿易、特許、環境、雇用などにおいて、いかなる国際的なルールを設定するかが喫緊の課題となっているが、それは経済学だけの問題ではない。しかも経済状況は、失業、格差、社会保障など、社会学固有の諸問題に深く関わっている。社会学の泰斗R.ドーアが『金融に乗っ取られる世界経済』（ドーア 2011）で展開したような議論や研究が、社会学からどんどん現れるべきである。

(4)さらに科学技術のリスク問題と倫理問題がある。環境や生命倫理については社会学でもかねてから多くの取り組みがなされてきたが、東日本大震災と福島第一原発事故とを契機に、科学技術への根本的な見直しが必要になっている。これまで、経済と同様に、科学技術は自立したシステムと見なされて、専門外からの介入を退ける傾向があったが、このたびの出来事はそれが大きな間違いであったことを示している。科学技術は「社会に埋め込まれた」制度なのであり、その観点から社会学が取り組むべき重要課題なのである。

以上のように、近代性という問題構成はなくなっても、グローバリゼーションや科学技術の進展によって、世界には新しい社会問題が生まれている。それらは、かつての近代主義的な社会学によってではなく、社会的世界のしくみをreflexiveにとらえ直す方法を明示的に採用しつつある今日の社会学によってこそ取り組まれるべき問題である。この意味で、グローバリゼーションのよう

な巨大な社会変化が生じている時期こそ，ポスト近代型の社会学が引き受けるべき課題は非常に大きくて重いのである。

注
(1) 数年前，ビュラオイの「公共社会学」の提唱（Burawoy 2005）が世界中の社会学者から歓迎されたのも，社会学者たちの危機感を反映している（盛山 2012 参照）。

文献

Beck, Ulrich, Anthony Giddens and Scott Lash, 1994, *Reflexive Modernization: Politics, Tradition and Aethetics in the Modern Social Order*, Polity Press.（＝1997，松尾精文・小幡正敏・叶堂隆三訳『再帰的近代化——近現代の社会秩序における政治，伝統，美的原理』而立書房。）

Becker, Howard, S., 1963, *Outsiders*, Free Press.（＝1978，村上直之訳，『アウトサイダーズ』新泉社。）

Berger, Peter, and Thomas Luckmann, 1967, *The Social Construction of Reality*, Doubleday & Co.（＝1977，山口節郎訳『日常世界の構成』新曜社。）

Burawoy, Michael, 2005, "For Public Sociology," *American Sociological Review*, 70 (1): 4-28.

Comte, Auguste, 1822, "Plan des travaux scientifiques nécessaires pour réorganiser la société."（＝1970，霧生和夫訳「社会再組織に必要な科学的作業のプラン」清水幾太郎責任編集『コント・スペンサー　世界の名著36』中央公論社。）

ドーア，ロナルド，2011，『金融が乗っ取る世界経済——21世紀の憂鬱』中公新書。

Garfinkel, Harold, 1967, *Studies in Ethnomethodology*, Polity Press.

Giddens, Anthony, 1997, *Sociology*, 3rd edition, Polity Press.（＝1998，松尾精文他訳『社会学　改訂第3版』而立書房。）

Gouldner, Alvin W., 1971, *The Coming Crisis of Western Sociology*, Basic Books.（＝1978，岡田直之他訳『社会学の再生を求めて』新曜社。）

原純輔・盛山和夫，1999，『社会階層——豊かさの中の不平等』東京大学出版会。

市野川容孝，2006，『社会』岩波書店。

厚東洋輔，1991，『社会認識と想像力』ハーベスト社。

Macionis, John J., and Ken Plummer, 2005, *Sociology: A Global Introduction*, 3rd ed.,

Perason Education Limited.
盛山和夫,1995,『制度論の構図』創文社.
盛山和夫,1999,「近代の階層システムとその変容」『社会学評論』50(2):3-23.
盛山和夫,2011,『社会学とは何か』ミネルヴァ書房.
盛山和夫,2012,「公共社会学とは何か」盛山和夫・上野千鶴子・武川正吾編『公共社会学Ⅰ リスク・市民社会・公共性』東京大学出版会.
Spector, Malcom and John I. Kitsuse, 1977, *Constructing Social Problems*, Cummings.(=1990,村上直之他訳『社会問題の構築――ラベリング理論をこえて』マルジュ社.)
Tönnies, Ferdinand, 1887, *Gemeinschaft und Gesellschaft: Grundbegriffe der reinen Soziologie.*(=1957,杉之原寿一訳『ゲマインシャフトとゲゼルシャフト』上下,岩波文庫.)
Weber, Max, 1920, *Die Protestantische Ethik und der《Geist》des Kapitalismus.*(*Gesammlte Aufsätze zur Religionssoziologie*, Bd.Ⅰ,所収.)(=1955,梶山力・大塚久雄訳『プロテスタンティズムの倫理と資本主義の精神』岩波書店.)

第10章

モダニティの理想と現実
—— グローバル時代のコミュニティとアイデンティティ ——

山田真茂留

1 連帯の夢と実態

連帯できるのは誰か

　第3代アメリカ合衆国大統領トーマス・ジェファソンは，独立宣言の起草に関わった建国の父のひとりであり，奴隷制廃止論者としても有名だが，その一方，自ら多くの黒人奴隷を所有し，また先住民の強制移住政策を推進した。今から思えば，大変に不思議な話ではある。

　「人民の，人民による，人民のための政治」という言葉で知られ，また奴隷解放の父とも呼ばれる，第16代大統領エイブラハム・リンカーン。彼は必ずしも人種平等論者ではなく，とくに先住民に対しては過酷極まりない措置をとった。ダコタ・スー族の反乱の鎮圧に際して，リンカーンが許可した絞首刑の人数は38名に及ぶ。処刑が行われたのは1862年のクリスマスの翌日のこと。これはアメリカ史に残る最多の集団処刑記録である。リンカーンの言う「人民」の中に，もちろん先住民は入っていなかった。

　では，彼らは欺瞞に満ちた悪辣な指導者として断罪されるべきであろうか。現代アメリカにおける多文化主義思想の行き過ぎを懸念するギトリンは，次のように述べる。「ジェファソンが奴隷を所有し，女性参政権拒否の先頭に立ったからといって，ジェファソンの考えが全て誤りで，当時の奴隷か女性の誰かがたまたま考えたことのほうが正しいと言えるわけではない」（Gitlin 1995＝

2001：251)。たしかに、ジェファソンもリンカーンも、自由と平等を愛し、民主主義を強力に推進した「良心的な」人物にはちがいなく、その人格や考えのすべてを否定し尽くすのは無謀としか言いようがない。また、彼らの過ちをことさらにあげつらうのはよくないことかもしれない。それは古い話なのだから。

しかしジェファソンやリンカーンの「良心」は、たとえば2008年の大統領選におけるオバマへの熱狂について訊かれた際、次のような言葉を自然と発してしまう年取った紳士に確実に受け継がれている。「私は人種差別主義者ではありませんよ。でもね、彼に対して熱狂的になってもいません。どうしてかな、多分彼が黒人だからだと思いますけどね」。この言葉を紹介する白人特権性研究の第一人者ファーバーによれば、アメリカの白人の多くは、今なお人種差別が残っていることを不思議に思い、それに対して憤りを覚えるが、自らの潜在的な特権や日々の振る舞いに関しては無自覚なままに留まる (Ferber 2008)。多くの黒人にとって人種差別は驚きでも何でもない。それはきわめて日常的な出来事だ。

すべての人々を平等・公平に扱おうとするモダニティの崇高な理念。けれども実際には、そこから誰かが——特定のカテゴリーの人たちが——はじき出されてしまっているという惨めな現実。こうしたモダニティの理念と現実のギャップが近年にいたるまで大問題にならずに済んでいたのは、近代化がいっそうの進展を見ることで、いつかはあらゆる属性の違いを越えて人々がみな一緒に扱われると信じられていたからにほかならない。ところがいつしか現実の改善は頭打ちになってしまった。連帯はもちろん重要だ。しかし誰もが連帯できるようには到底なれないのではないか、という感覚が強くなってきている。そしてグローバル時代の今日、アメリカのみならず多くの先進国の内部において、あるいは幾多の国家の間において、属性的な多様性の混在は急激に伸張し、それにつれて全人類が連帯可能だとする普遍主義的な理想論はどんどん影をひそめていく。最早夢ばかりを語ってはいられない、というのがグローバル化の突きつけたポストモダンの苦い現実である。

数々の分断

　「アメリカ社会のヴィジョンとまったく異なるグループ」として無神論者を挙げているのは39.6％，「子どもの結婚相手として強く反対するグループ」としてアフリカ系を挙げているのは27.2％，などといった2003年の調査結果を紹介している社会学の論文がある（Edgell et al. 2006）。こうしたデータそれ自体は厳しい現実を指し示すものとして有用にはちがいない。だがその一方で，他者性の創出はアイデンティティや連帯のためには必要なこと，とする著者たちの解釈には違和感を覚える人も少なくないだろう。そこには，すべての人々の連帯を望む夢は微塵も存在していない[1]。

　これに対して，2006年の調査においてアメリカという国が宗教関連で分断されていると答えた人は72％いるものの，人種関連では93％，経済関連では96％，政治関連では97％という結果が出ており，そうした中にあって宗教的な分断は比較的ましに見える，とする政治学者パットナムらの論調の方が（Putnam and Campbell 2010：516），まだ希望がある。もちろんこれらはいずれも惨憺たる数字ではある。しかし彼らは宗教意識調査をもとにした著作において，過酷な現実を直視しつつ，なお温かい連帯の可能性について随所で語っているのである。

　たしかにアメリカの現実は厳しい。ギトリンは「異民族間の結婚は件数にして1960年から80年の間に535パーセントの増となり，既婚カップル総数の2パーセントに達した」（Gitlin 1995＝2001：130）と述べているが，これはもとの民族分断がいかにひどかったかということ，ならびに増えてもたったそれだけということを端的に示している。パットナムは2006年の調査結果をもとに，宗派の異なる人と結婚している人はアメリカ人の半数に達するまでになったと誇らしく報告しているが（Putnam and Campbell 2010：148），これは裏を返せば今なお半数が同宗派婚をしているということにほかならない。人種的・宗派的多様性を誇るアメリカだが，それは何百年経ってもなかなか自由には混じり合わないというのが実状だ。

モンデールの栄光と挫折

　ミネソタ州選出の上院議員を務め，公民権法制定のために奮闘し，その後は副大統領や駐日大使を歴任した民主党のウォルター・モンデール。彼は自叙伝において，どうしてこのようなことがアメリカで起こり得るのか，という言葉を幾度となく発する（Mondale 2010）。彼が憤るのは，たとえばかつてメジャーリーグ，ミネソタ・ツインズのキャッチャーが，アフリカ系ということで遠征中に宿舎を別にされていたという事実，功名のあった海軍軍人でさえ，アフリカ系だからという理由だけで住むところに苦労するという実態，貧困にあえぐ子どもが給食の一部を弟に分けようと家路を急いでいた際，トラックに轢かれてしまったという事故など，さまざまだ。

　ここできわめて重要なのは，こうしたことはアメリカではあってはならない現実だという強い認識がモンデールをはじめ，かつての多くの政治家たちのうちに共有されていて，それをもとに諸々の改革がなされていったということである。しかもモンデールが若手上院議員として活躍した1960年代，マイノリティ問題への対処などは，民主党と共和党の協力のもとでなされたのである。もちろんそこにはさまざまな反対があった。公民権運動が盛り上がりを見せているとき，「南部民主党は人種隔離政策の擁護者であり，人種差別こそ彼らの政治権力の土台であった」（Mondale 2010：29）。そして結局，公民権運動の展開の後，民主党は南部の票の多くを失うことになる。けれどもモンデールの述懐によれば，それは知ってのうえでのことだった。ならばどうしてそうしたのか。必要だったからである。

　モンデールは言う。公民権法以前，「250年以上もの間，アメリカは公的差別という悪を直視してこなかった。それはこの国最大の道徳的汚点であり，そしてわれわれ国民の恥である」（Mondale 2010：50）。近代化が進んでも，なお残存している個別主義や属性主義の弊害。1960年代のアメリカ人はこれを少しでも取り除くために必死になった。そしてそこにはまだ，普遍主義や業績主義を志向するモダニティの夢が熱く，そして広く共有されていた。しかし，この種のマイノリティ問題の改善が少しばかり図られると，いまだ改善されざる諸々

の点がかえって強烈に意識されることにもなる。再びモンデールの言によれば，「公民権という偉大なパンドラの箱は開けられ，そしてそれは再び閉じようとはしなかった」(Mondale 2010：73)。

ギトリンは「ウォルター・モンデールは，民主党支持者内部の人種や階級間の緊張を克服して団結を促すような力を発揮することはできなかった」(Gitlin 1995＝2001：97) と，手厳しい。たしかにその後，アメリカが急速に右傾化してしまったというのは事実だ。しかしモンデールに言わせれば，それでも50年前に比べればエスニック・マイノリティの問題にせよジェンダーの問題にせよ，ずっとよくなったということになろう。ただし今日の問題は，かつてよりはましになった状況にあって，かえって公平や公正といったことが鋭く認識されるようになったということにある。また，より公平で公正な社会に向けて今後社会は進歩していくだろうという信憑性が，50年前に比して著しく減衰してしまったということも大きな問題だ。理由の如何はともかくとして，今日，普遍主義的な連帯の夢をかつてのように素朴な形では抱きにくくなった，というのは紛れもない事実である。

2　コミュニティとアイデンティティの現在

統一社会からの退却——空気と社会関係資本

モダニティの夢とは，すなわち属性的な差を乗り越え，よりよい社会と個人のあり方をみなでともに構想することにあった。臨在する現実がいかにそれと異なっていたとしても，いつかはそれが実現できるはずだという信念こそが，その夢を根本から支えることになる。たとえば日本における戦後の民主化の流れや，アメリカにおける公民権運動はそうした夢が現実へと開花した典型と言える。そして政治家や社会学者をはじめ，近代という現実の中に夢を見た人々にあっては，自律的な諸個人が社会を民主的に構成するということや，脱属性的・非人格的なルールが個人の権利を守るということ，また対等な人々から成る温かな親密圏が社会と個人とを根本から支えるということなどが自明の理念

となっていた。これらはグローバルでコスモポリタンな理想にほかならない。

ところが今や、そうした理念の信憑性は非常にもろくなってしまった。夢のある統一的な社会というものはなかなか現実的な像を結ばない。階級やエスニシティなどによって分断された状態ばかりが目につく、というのが近代国家の現状だ。そして近代的な大きな社会の観念が稀薄化することによってもたらされたひとつの帰結として、ごく身近な親しい人たちから成る親密圏への撤退、ならびに公共性感覚の鈍磨という事態が挙げられよう。たとえば、アメリカでも日本でも、自動車移動文化が身に染み過ぎてしまうと、とくに公共交通の中での振る舞い方が麻痺する傾向が見られる。アメリカは公共空間での規範がきつくて、というのは今となっては単なる神話に過ぎない。

日本的な"恥"とアメリカ的な"罪"は、それぞれ集団ベース、個人ベースという違いはあるものの、何らかの公共性感覚と結びついた観念であった。ところが集団主義・個人主義を支える社会全体の規範が揺らぎ、公共性への志向が後景へと退いていくと、社会でも集団でも個人でもなく、個別的な関係性ばかりがクローズアップされるにいたる。日本のとくに若い世代でよく口の端に上る"空気"と、そしてアメリカのアカデミズムで(今では日本でも)流行の"社会関係資本"は、いずれも近代的な意味での社会と個人がともに見えにくくなった状況だからこそ注目を集めるようになった言葉だ。このふたつはともに個別的な関係性の今日的表現と言える。

まず空気の方だが、これはある程度堅固な世間や集団と結びついた恥とは違って、つねに変転してやまない、実質的に無内容の状況規範と言っていい。[2] それは前近代的な伝統とも近代的な合理性ともかけ離れたところに位置している。これに対して社会関係資本の方は、対等な個人間の自律的な連帯といった近代的理念にもとづいているように思われる場合もあるが、しかし多くの議論においてそれは、実のところコネそのものと言って間違いない。リンはシステムがしっかりしていて情報が行き渡っている場合は直接応募が可能なので仲介者を必要とはしない、という議論を展開しているが(Lin 2001 = 2008 : 76-77)、これはすなわち前近代的あるいは脱近代的なつてを頼らざるを得ないのは近代的

な制度が甚だ不十分だから，と言い換えることができる。昨今流行の社会関係資本論やネットワーク分析の多くは，実はコネに関する洗練された議論となっている，ということに注意しておきたい。

閉ざされたコミュニティ

そして今日，空気や社会関係資本のような関係性とともに，あるいはそれらと重畳しながら頼りにされるのがコミュニティだ。グローバル化はそもそもあらゆる個別的な地域性を越えていく運動なので，それが社会関係を完全に席巻してしまえば，コミュニティ的なものは衰微の方向に向かうものと考えられる。しかし，グローバル化の進展に伴って，一国内部の近代的な諸制度・諸組織・諸集団が次第に頼りがいを失っていくと，それ以外の何ものかに拠り所を求めようとする動きが活発化する。そうしたなか，身近なコミュニティに対する期待は非常に高いものとなってきた。

アメリカではコミュニティやネイバーフッドという言葉が非常に重視されるが，それは近隣環境が生活の安全・安心に根本から関わっているからにほかならない。社会・経済的地位の高い人たちは，どんどん住環境のいい地区へと移動していく。その極端な例は，バウマンがよく例に挙げるゲーテッドコミュニティだ（Bauman 2001a = 2008：76 など）。警備員によって24時間監視され，居住者以外は許可なく中には入れなくなっている超高級住宅地。そこに暮らすことは，一見安全の極致のようにも映ずる。しかしそれは実のところ，一般的な社会に対する強烈な不信・不安の裏返しに過ぎない[3]。

もちろんこれは極端な例だが，アメリカの中産階級の文化には多かれ少なかれ，これと似たようなところがある。公民権関係のあらゆる努力にもかかわらず，アメリカの都市の居住地区の多くは相変わらずエスニシティや階級によってきれいに分断され，住宅販売に関して人種差別を容認する意識はいまだ払拭されていない。バスの中ですら今なお，白人は前の方，ラテンアメリカ系やインド系が中ほど，アフリカ系は後ろの方に座るという様子が自然に見られるありさまだ。今日でもアフリカ系は時として，「黒人が運転する車まで含めてタ

クシーが止まってくれ」ない状況や,「エレベーターで二人だけになりそうだと慌てて降りてしまう白人」(Gitlin 1995＝2001：183) に出くわす。

　このようにさまざまな棲み分け意識によって構成された,それぞれのコミュニティ。では,その内実はどのようなものなのだろう。南アジアからの移民の息子で,何不自由なく南カリフォルニアで育ち,シカゴ大学での院生時代,アフリカ系のギャングたちに関するフィールドワークを行ったヴェンカテッシュは,自らが育った住環境について次のように述べる。「ぼくが育った郊外で,近くに住んでいる人の名前を挙げろと言われても,ぼくは数人しか思いつかない。だいたい,お互いになにか貸し借りしたり,なにかを一緒にしたりなんて,一度だってなかった」(Venkatesh 2008＝2009：58)。彼はギャングたちの関係性の密度の濃さに驚くわけだが,むしろ驚くべきは,彼の育った環境における地域的なコミュニケーションの稀薄さの方だろう。

　つまり,安心・安全を主眼としたきわめて今日的なコミュニティは,人種的・階級的な等質性が際立っているだけで,その意味的な内実がほとんどない。空虚なコミュニティの内部で属性的なアイデンティティにばかりこだわれば,属性の違う人々への不信・不安は確たる根拠もないままいっそう増進してしまう。今や,公園などの公共空間の監視体制も非常に厳しいものとなり,ホームレスを追いやろうとする動きもきわめて先鋭化するにいたった (Bauman 2001a＝2008：158-159や,堤 2010：182-191などを参照)。今日的なコミュニティの特徴は,まさにこの空虚さと排他性の同居に求めることができよう。

アイデンティティの相克

　アイデンティティはコミュニティの代用品だと,バウマンは随所で言っている。だがそれは,集団的なコミュニティから個人的なアイデンティティへと時代精神が遷移してきた,などといった単純な話ではない。ここで重要なのは,アイデンティティは「自らが取って代わったはずの,同一不変のコミュニティという亡霊を呼び出す」(Bauman 2001b＝2008：207) という点だ。近代的な意味でのアイデンティティは個々人が自律的・遂行的に構成するものであり,そ

こには職業や趣味や価値観などさまざまな事柄が関わってくる。これに対してグローバル化が進むポストモダンの文脈でアイデンティティが語られる際，その多元性や流動性を強調する議論がある一方，なぜか当たり前のように属性的なものに話を限定しているケースも非常に多い。後者の場合，アイデンティティとはすなわち文化的なそれであり，文化的なアイデンティティとはほとんど階級的ないし人種・民族的なそれに等しいということになる。

　1995年の秋，普段ならば平穏なはずのミネアポリスのオーケストラ・ホールにおいて，ある騒動がもち上がった。[4]この年の9月，日本人指揮者の大植英次がミネソタ管弦楽団の第9代音楽監督に就任する。シーズン・オープニングの定期演奏会に際し，ステージ上で大植を紹介したのは当時の駐日大使モンデールだ。音楽監督として大植を歓迎する声は大きかったが，その年の11月29日と12月1日に糀場富美子作曲の「広島レクイエム」が演奏されることが発表されると，ツイン・シティ（ミネアポリスとセントポール）在住のアジア系アメリカ人たちの間から猛烈な抗議が沸き起こった。その抗議活動は，当初中国系の7団体を中心としていたが，最終的には中国系・韓国系・マレーシア系合わせて16の団体，ならびに退役軍人関係の3つの団体にまで拡がっている。アジアで暴挙を尽くしたのはほかならぬ日本であり，原爆投下は戦争終結に必要だったとする抗議は，演奏会当日まで続いた。

　演奏会に臨席するため日本からはるばるやってきた作曲家は，この時オーケストラ・ホールを取り巻いた200人の抗議者たちを見て，さぞや驚いたことだろう。終戦から50年が経ったこの年，グローバル化が進んだからこそアメリカ中西部の地で自作のパフォーマンスに立ち会おうとしているのに，その場で同じアジア系から剥き出しの敵意を向けられるとは。彼女はメディアに対して，アジア諸国での日本の残虐な行為はよく知っており，日本政府は謝るべきだと答えた。

　指揮者の大植も作曲家の糀場も実は広島出身で，いずれも身近に原爆での犠牲者がいる。そうした共感・共苦がグローバル化によって大きな輪を描いていけばいいのだが，現実にはなかなかそうはならない。グローバル化はかえって

属性カテゴリーにもとづくアイデンティティを際立たせてしまう。ここに立ち現れたのは、まさに「同一不変のコミュニティという亡霊」そのものだ。

　ここで、1989年に始まった東欧改革という世界史上の大事件へと眼を転じてみよう。一連の東欧改革の動きは、民主化を求める市民の声にもとづいたものであり、これで民主主義が平和な形で世界中に拡がっていくと見る人は、当時大勢いた。この頃、政治的にも経済的にも社会的にもグローバル化なるものをポジティヴにのみとらえる議論は、まだ非常に多かったのである。ところが1991年に始まったユーゴスラヴィア連邦崩壊に伴う激しい内戦により、事態は一変する。連邦の一員、あるいは社会主義諸国の一員という、元々個別的な民族を越えていたはずの東欧的な意識は、さらに世界の一員という（あるいはそれが無理でもせいぜいヨーロッパの一員という）コスモポリタンな意識に向かって飛翔していくだろうという期待があったわけだが、それは大きく裏切られ、あろうことか民族的アイデンティティ同士の凄惨なぶつかり合いが生起したのである。

　コミュニティにしてもアイデンティティにしても、これを合理的に構成された確固たる存在としてモダンにとらえる視角と、多元的・流動的なプロセスとしてポストモダンにとらえる視角があるが、このふたつを有意に統合すればそれで十分かと言えば、決してそうではない。そこには諸々の属性というプリモダンな要素（バウマンが言うところの「亡霊」）が多数混入している。国際政治の場でも地域社会の場でも、なぜか属性的にばかり観念・構成されがちなコミュニティとアイデンティティという問題。これにどう対処していくかというのは、非常に重要な課題であり続けている。

3　多文化主義の光と翳

ツイン・シティの変容

　ウォルター・モンデールの政治家としての師、ヒューバート・ハンフリーが政界に登場した1940年代、ミネソタ州は「閉鎖的で孤立主義的な場所」であり、

「保守的で独立独歩の人たち」(Mondale 2010：13) で満ちていた。振り返れば そのとき，ミネソタの地でダコタ・スー族の反乱首謀者たちが一斉処刑されて から，まだ100年も経っていない。ところがその後，北欧系移民を中心とした この州は，非常に開明的，開放的になっていく。モンデールの言によれば， 「圧倒的に白人ばかりの人口で占められる北部の州，ミネソタの政治の世界で 公民権運動が顕著なものとなったのは，不思議に思われるかもしれない」 (Mondale 2010：21)。が，それには，第二次世界大戦で果敢に戦った黒人帰還 兵を見て，彼らを差別してはいけないという正義感が高まったことも関係して いるという。

その後，教育や福祉という分野において，あるいは他民族の受け入れという 点において，同州は先端的な地との評価を得るまでになった。パットナムは社 会関係資本なるものを，先に触れたコネという以上に幅広い指標で測定してお り，そこにはコミュニティ組織やヴォランティア活動への参加，友人付き合い， 社会的信頼感などが含まれるが，ミネソタ州はその意味での社会関係資本の度 合いが全米一高い (Putnam 2000＝2006：356-358)。また同州は，人種平等の意 識も低い方ではないことがわかっている (Putnam 2000＝2006：439)。

ミネソタ州が先端的なのは，アメリカの国外介入の結果として発生したモン 族やソマリ人の難民を積極的に受け入れていることからもうかがえる。ただし ここで注意しなければならないのは，そうした開明的な施策や寛容な態度が続 いていられるのも，白人が圧倒的な優位を誇っているからこそではないか，と いう点である。これに関しては，大津留による次のような議論が大変示唆に 富む。「ツイン・シティが，経済的な豊かさのみでなく社会としても住み心地 がよいことは，これからもマイノリティ人口の増加という形をとって，新しい 挑戦を投げかけてくることになる」。「ミネソタ州やウィスコンシン州という， マイノリティを受容してきた北欧の文化も，マイノリティの人口が増加しすぎ て，主流社会を脅かすかに受け止められるようになれば，大きく変容してしま うのだろうか」(大津留 2008：79)。つまり，これからマイノリティ比率がさら に高まると，他都市のように民族間対立が目立ってくる可能性もあるというわ

けだ。

　ツイン・シティを構成するミネアポリスでもセントポールでも，街にはアフリカ系やラテンアメリカ系やインド系やモン系やソマリ系の人たちがたくさんいる。だが，その中で偉そうにしているのは——当人たちは普通にしているだけなのだろうが——もちろん白人で，住む地域もごく一部を除いて民族別にきれいに色分けされている。このように堅固なハイアラーキーの下で一見穏やかそうに営まれる多文化共生。それが本当に望ましい多文化共生の姿と言えるのかどうか，微妙なところである。また，その穏やかさがいつまで続くのか，予断を許さない状況にもなってきた。

普遍主義と個別主義の葛藤

　アメリカ北部の住民なら人種平等の意識が遍く浸透しているかといえば，必ずしもそうではない。パットナムによれば「奴隷制反対というのは，典型的には人種隔離の拒絶を伴うものではなかった」(Putnam and Campbell 2010：280)。居住に関する人種差別は，北部の諸都市でも身近なものである（Mondale 2010：56)。もちろん今日のアメリカ人の多くは，あからさまには差別意識を表明しない。また実際，普遍主義的な平等の観念を重視する人は大勢いる。だが，そうであるにもかかわらず，ときに自然と差別的な態度がとられてしまう，というのが問題の根の深さを示していよう。

　普遍主義的な平等の理想はいつも美しい。しかしその美しさが①すべての人を包摂しているとはかぎらないということ，ならびに②ときに牙をむいてあからさまな他者の抑圧につながる場合があるということには十分な注意を払っておかなければならない。これに関しては，ウォーラーステインによる議論が非常に刺激的だ（Wallerstein 2006＝2008)。彼によれば，従来のヨーロッパ的普遍主義は①人権や民主主義を標榜し，②西洋化によって世界の平等が実現できると説き，また③科学的な真理性を喧伝することで（今日では新自由主義的に市場の有効性を謳うことで)，非西洋世界に対してさまざまな干渉を行ってきた。しかし考えてみれば西洋だけが進んでいるとして，世界各地に数々の施策を持

ち込む姿勢は，それ自体，真の普遍主義と言うにはほど遠く（つまりは非常に個別主義的で），大変に押しつけがましい。そしてそれは，アメリカ大陸侵略における原住民の大虐殺に見られたように，他者に大変な犠牲を強いることが少なくない。そこで今こそ，実は個別主義的であった従来型のヨーロッパ的普遍主義を棄却し，真にグローバルな普遍主義を打ち立てる必要がある，というのがウォーラーステインの主張にほかならない。

　これはすなわち，一個の個別によってすべてを圧倒していくタイプの普遍主義ではなく，多種多様な個別を勘案しながら共通のあり方を一緒に探っていくタイプの普遍主義こそが望ましい，ということにちがいない。思えば多文化主義という思想が登場したとき，そこにはまさにこの普遍主義と個別主義の統合という理想の輝きがうかがわれた。(5) 多文化主義は，普遍主義的な人権思想に立脚しつつ，個々の民族的な文化に十全な配慮をする施策として大いに歓迎されたのである。

　ところがそれは次第に，西洋白人男性的な歴史や文化を全否定し，共通の文化を探る作業には見向きもせず，もっぱら自文化ばかりへのこだわりを見せる文化極左的な思想・運動を生むようになった。またその一方，ならばということで，マジョリティ側の差別的な文化を多文化主義的に賞揚する文化極右的な思想・運動も現れるにいたる。こうなると多文化主義は，単なる個別文化孤立主義を意味するものになり下がらざるを得ない。ギトリンは「居場所の定まらぬ無数の集団がひしめき合って，自分たちのアイデンティティなるものを守り，確かめようと躍起となっている」（Gitlin 1995＝2001：45）ような状態を痛烈に批判し，これを接着剤を欠いたモザイク，ひび割れたサラダボウルと呼んだ（Gitlin 1995＝2001：101）。

　バウマンもまた，多文化主義に対して手厳しい批判を展開する。彼によれば，多文化主義は実のところ差異への無関心にもとづいている（Bauman 2001a＝2008：147）。それは自然や成り行きに任せるしかないという撤退の宣言でしかない（Bauman 2001a＝2008：181）。またバウマンは次のようにも言う。「相互の寛容が無関心と結びつくとき，コミュニティ的文化の共存は可能かもしれな

いが，お互いの間で対話が行われることはめったになく，そうであれば，電話よりも銃器に訴えがちとなる」(Bauman 2001a＝2008：184-185)。

　こうして対等な価値をもつ諸々の文化の相互的・共同的承認という普遍主義的な理念で輝いていたはずの多文化主義は，多くの場合，単なる文化的引きこもり主義と化してしまった。ここにおいて，旧来の文化的ハイアラーキーを認めたままで引きこもれば，中西部に典型的に見られるような穏やかな多文化主義となるが，それはウォーラーステインの言う偏狭なヨーロッパ的普遍主義の枠内に留まろう。これに対して，それぞれの砦に引きこもりながら，相互に敵意を剝き出しにすれば，西海岸にありがちな激しい多文化主義となり，ギトリンらが注目する文化戦争の状態を帰結する。いったいどちらがましなのだろう。どちらにせよ，マイノリティにとってもマジョリティにとっても幸せな状態とは到底言い難い。

4　社会の理解と構想

直視されるべき現実

　人種・民族の違いによって差別的な扱いをしてはいけないということ。それはモダニティの理念そのものと言える。これほど論駁のむずかしい真っ当な理念はない。しかし完璧に正当でありながら，これほど現実的に無視されがちな理念もない。つまり，こと人種・民族に関し，モダニティの理想と現実のギャップはあまりにも深甚ということになろう。

　アメリカという国は，まさにモダニティの理念を体現した国だと思われてきた。ところが，ローティはアメリカが人種差別の甚だしい地であり，また教育や医療などの面で他の先進国より立ち遅れてしまっているのを認めているし (Rorty 1998＝2000：113)，ギトリンも連帯の欠如や不平等や貧困といった問題を大いに憂いている (Gitlin 1995＝2001：267)。アメリカの社会調査では，黒人は知的に劣っていると思うかどうか尋ねる項目が載る場合があるが，それはイエスと答える人が一定比率いるからだ。そうした質問をすること自体が差別的

第10章　モダニティの理想と現実

だということで、この項目が質問票から消える日は、いったいいつ来るのだろうか。[8]

　アメリカは、属性主義から解放され業績主義が徹底しているように見えつつ人種差別が当たり前のように横行し、公式的なルールが強調される一方でコネやカネが大いにものを言い、一般的信頼感が高いように思えるが必ずしもそうとばかりは言えず、温かいコミュニケーションが重視されながらセキュリティ絡みで高度な監視がなされる、などといった数々の矛盾を抱えている。これはそれぞれ、モダニティの理念と現実のズレと言うべきものだろう。あるいは、こうした事柄の中には、実は理念はタテマエに過ぎず、現実の方がホンネといったところも少なからずあるのかもしれない。

　ではこのような厳しい現実を、（ごく一部の例外を除いて）アメリカの代表的な社会学者の多くはどうしてこれまで精確に伝えようとしてこなかったのであろうか。そこには、まずは見たくないほどひどい現実だったという、ごく単純な事情が控えていよう。またそれとともに、理念に向けて少しずつでも改善が図られているのであれば、現実のひどい状態は取り敢えずは外れ値のように無視しておいていい、という判断もあったにちがいない。振り返ると20世紀の中盤、パーソンズもゴッフマンも、アメリカという国の放つ理想主義のまばゆいばかりの輝きの中で、エスニック・マイノリティの問題などにはほとんど見向きもしないまま、一般的な形で社会について語っていた。考えてみれば、大勢いるアフリカ系の人々のことを考えないままで——彼らを外れ値扱いしておいて——、コミュニケーションを、コミュニティを、制度を、共有価値を淡々と語るという姿は、相当に珍妙なことではある。

　いや、パーソンズやゴッフマンのそばにアフリカ系の「住民」は、ほとんどいなかったのかもしれない。郊外の住宅地で人種的な混住が実現しているところなど、まず見当たらないのだから。しかもそうした住宅地では、先のヴェンカテッシュの証言に見られたように、地域的なコミュニケーションが稀薄な場合が少なくないという。ならば、そういう場を、いかなる意味でコミュニティと呼ぶのであろうか。アメリカ人は一般的な他者への信頼度が高いと言われて

いるが，その信頼の対象たる他者は本当に「一般的」なのだろうか。また，さらに根源的な問題として，そもそもコミュニティという言葉や信頼という言葉を，アメリカ人は，日本人は，また他の国の人々はそれぞれどのように理解しているのだろう。[9]

こうして見てくると，アメリカについて，あるいはそれが体現しているとされるモダニティについてこれまで常識的に理解されてきたところに関し，あらためて確認したい点が数多く出てくる。大事なのは，社会学が経験科学本来の姿に立ち返り，眼の前の現実を直視することである。理念と違っていたとしても——いや，違っていればなおさら——その現実をしっかりと見据え，それによって現今の社会を深く理解することは，将来の社会を有意に構想するための大きな力となるにちがいない。

ポストモダンの夢

アメリカが理想主義に輝いていたパーソンズやゴッフマンの時代以降，マイノリティの地位が向上するとともに，モダニティの理念と現実のギャップはより鋭く認識されるようになる。そしてそれに伴い，社会学をはじめとする社会諸科学は，最早素朴な形でモダニティの麗しさや，それを体現するアメリカの凄みを謳うことができなくなってしまった。近年のアメリカ社会学の多くが，大きな社会理論の構築の方向性をまったく示さず，個別の統計調査研究ばかりに没頭しがちなのは，社会全体を広く見通すことがむずかしく，また夢のある社会のイメージも抱きにくくなっているからにちがいない。[10]

そしてグローバル化のさらなる進展は，現実の厳しさを否応なく認識させる方向に働く。ここで重要なのはヒト・モノ・カネの国際移動だけでなく，大量な情報のグローバルな伝播が瞬時になされるようになったことだ。これによって悲惨な現実を覆い隠そうとする政治家や官僚や御用学者たちの力はかなり減衰され，モダニティの夢の中に虚妄が多く含まれていたことがあらわになる。そしてそれを見て，社会学者の中には社会を語ることから撤退する者も多く現れるようになった。

第10章　モダニティの理想と現実

　本当は，理想主義の輝きに眩惑されなくなった今こそ，現実社会の姿をありのままに見極める好機と言えるはずなのに，なかなかそうはならない。というのもアメリカ社会学の場合，眼前の社会を批判的にとらえる勇気がもちにくい状態がまだ続いているからだろう。あるいは世界で一番という意識が強過ぎて，まともな比較研究をあまりしてこなかったという経緯が効いているのかもしれない。ならば日本の社会学こそが，アメリカの社会や社会学の，あるいはモダニティそれ自体の見直しの作業を行えばいいのではないか。しかしそれを阻んでいる要因が，おそらくふたつある。まずは，アメリカ社会には正義や公共性への志向が横溢しているが日本にはそれがない，などといった安易な思い込みによる比較が今なおよく語られること。マイノリティ問題に関しては欧米が先進的な対処をしているので，それに学べばいいというような議論は，欧米諸国をすべて一緒にし，それと日本とを対置させる雑駁な図式によって，現実を見る眼を曇らせてしまう場合がある。そしてもうひとつは，歴史や思想の過度の珍重。欧米の社会を知るにはキリスト教史の理解が不可欠だとか，社会なるものの概念史に通暁していなければならないなどといった議論があるが，それは一方でたしかに思想史の研究上有益な成果をもたらすものの，その反面，欧米一般に関する臆見を強化し，欧米諸国に現存するさまざまな社会についての虚心の理解を妨げてしまう危険性がある。思想史に関する文献知識の豊富さがかえって自由な観察や思考の邪魔になる可能性がある，という点には十分な注意が必要だろう。

　ただしこれは今までの話だ。考えてみれば，かつてよりも格段に進歩した交通手段によって世界中を軽やかに飛び回り，あるいはそうしなくてもインターネットをはじめとするさまざまな手段を駆使して各国各地の情報を直接的に入手できるようになったあらたな世代は，臆見を多く含む安直な比較文化的批評や思想史的ひけらかしを蹴散らし，自らの手で現実を見極める可能性を大いに秘めている。これはまさに，グローバル化の進むポストモダンの希望に満ちた側面と言うことができよう。

　ヘブディジはポストモダニティのことを，端的に希望や夢を欠いたところの

モダニティと呼んだ（Hebdige 1987：69）。たしかにこの時代，モダニティの夢破れて，荒涼たる現実があらわになってきたというのは事実だろう。しかしそれは虚飾がはがれて，本当に見るべきものが見えてきたということなのかもしれない。なるほど，グローバル化の進展に伴い，従前の近代的な理念の多くが実は特定の属性の人々の（たとえば白人の・男性の・持てる者の）特権を隠蔽＝保証する虚妄に過ぎなかったことが明るみに出，これによって全社会的に夢をもつことは容易ではなくなった。しかし希望を捨てるのはまだ早い。かつての夢の狭さや狡さを真摯に反省すれば――そうするかぎりにおいて――，もっとグローバルで真に普遍的な夢を描き出す可能性も拓けてこよう。そして夢見るために必要なのは，眼前に拡がる現実を酸いも甘いも含めて直視する虚心な態度だ。今こそ社会学には，従来にも増して純粋な現実観察力が求められている。

注

(1) 付言するならば，スケープゴートを介した社会統合という見方は，夢がないばかりか，社会学的解釈としてあまりにも独創性に乏しい。またそれは，保守派の世界観を無自覚になぞっただけであり，その意味でも陳腐で，社会学的洞察に欠ける。
(2) 空気を読むコミュニケーションの問題については，山田（2009：113-120）を参照。
(3) ギトリンの議論にもゲーテッドコミュニティへの批判的言及がある（Gitlin 1995＝2001：263）。
(4) ここに示す一連の出来事に関しては，Minnesota Orchestra Archives, Performing Arts Archives, University of Minnesota Libraries における Series 5.5収載の関連資料，ならびに Star Tribune 紙の1995年9月6日，9月12日，9月14日，11月27日，11月30日の関連記事を参照。
(5) 普遍主義と個別主義の諸問題に関しては，山田（1998）も参照。
(6) 多文化主義のこうした問題は，反動として横暴な統合主義の復活を呼ぶことにもなる。これに関しては，たとえばアーメドによる議論を参照（Ahmed 2008）。
(7) 孤立か差別か抗争くらいしか多文化主義にレパートリーがないのだとすれば，それはとても寂しいことと言わざるを得ない。
(8) ちなみにギトリンの著作にもパットナムの著作にもこの質問関係の議論がある

が,質問文自体のはらむ差別性についての言及は一切ない(Gitlin 1995＝2001：146-147；Putnam and Campbell 2010：313)。
(9) 例えばコミュニタリアンの思想家サンデルの場合,大きなコミュニティとしての国家とその構成員についての考え方は,(本人の意図はともかくとして)相当に限定的なようだ。鴻巣友季子はサンデルの著作の書評の中で,次のように述べている。「現代の倫理は個人の道徳・信仰の尊重を理由に『回避』の姿勢をとってきたという主張には頷くものの,共同体意識から生ずる『誇りと恥』を扱う行(くだり)で,合衆国憲法や戦没者の英霊などは『(米国の？)どこの誰でも称賛しうる』と慎重な検証なくあっさり書くとき,著者のもつ愛国心の前提に私はやや怖じる気持ちをもった」(朝日新聞 2010年6月13日朝刊)。
(10) ちなみにローティは,「アメリカの社会学部は,社会改革のための運動として始まったのであるが,統計学を専門用語で表現するように学生を訓練するはめになった」(Rorty 1998＝2000：138)と揶揄している。

文献

Ahmed, Sara, 2008, "Multiculturalism and the Promise of Happiness," *New Formations*, 63: 121-137.

Bauman, Zygmunt, 2001a, *Community: Seeking Safety in an Insecure World*, Polity Press.(＝2008,奥井智之訳『コミュニティ――安全と自由の戦場』筑摩書房。)

Bauman, Zygmunt, 2001b, *The Individualized Society*, Polity Press.(＝2008,澤井敦・菅野博史・鈴木智之訳『個人化社会』青弓社。)

Edgell, Penny, Joseph Gerteis and Douglas Hartmann, 2006, "Atheists as "Other": Moral boundaries and Cultural Membership in American Society," *American Sociological Review*, 71: 211-234.

Ferber, Abby L., 2008, "I Am Racist!" (http://www.huffingtonpost.com/abby-ferber/i-am-racist_b_139118.html)

Gitlin, Todd, 1995, *The Twilight of Common Dreams: Why America Is Wracked by Culture Wars*, Metropolitan Books.(＝2001,疋田三良・向井俊二訳『アメリカの文化戦争――たそがれゆく共通の夢』彩流社。)

Hebdige, Dick, 1987, "The Impossible Object: Towards a Sociology of the Sublime," *New Formations*, 1: 47-76.

Lin, Nan, 2001, *Social Capital: A Theory of Social Structure and Action*, Cambridge

University Press.（＝2008，筒井淳也他訳『ソーシャル・キャピタル——社会構造と行為の理論』ミネルヴァ書房。）

Mondale, Walter F., 2010, *The Good Fight: A Life in Liberal Politics*, Scribner.

大津留（北川）智恵子，2008，「多文化的市民像の実験——ツイン・シティの事例から」リム・ボン他『躍動するコミュニティ——マイノリティの可能性を探る』晃洋書房，45-85。

Putnam, Robert D., 2000, *Bowling Alone: The Collapse and Revival of American Community*, Simon & Schuster.（＝2006，柴内康文訳『孤独なボウリング——米国コミュニティの崩壊と再生』柏書房。）

Putnam, Robert D. and David E Campbell, 2010, *American Grace: How Religion Divides and Unites Us*, Simon & Schuster.

Rorty, Richard, 1998, *Achieving Our Country: Leftist Thought in Twentieth-Century America*, Harvard University Press.（＝2000，小澤照彦訳『アメリカ　未完のプロジェクト——20世紀アメリカにおける左翼思想』晃洋書房。）

堤未果，2010，『ルポ貧困大国アメリカⅡ』岩波新書。

Venkatesh, Sudhir Alladi, 2008, *Gang Leader for a Day :A Rogue Sociologist Takes to the Streets*, Penguin Press.（＝2009，望月衛訳『ヤバい社会学——一日だけのギャング・リーダー』東洋経済新報社。）

Wallerstein, Immanuel, 2006, *European Universalism: The Rhetoric of Power*, The New Press.（＝2008，山下範久訳『ヨーロッパ的普遍主義——近代世界システムにおける構造的暴力と権力の修辞学』明石書店。）

山田真茂留，1998，「個別主義の現代的位相——普遍主義的ニヒリズムの彼方に」田中宏編『社会学の視線——探究の諸相』八千代出版。

山田真茂留，2009，『〈普通〉という希望』青弓社。

Column 3

モダニティのコンテクスト

井上　俊

　モダニティの概念は多義的である。それは，主として，モダニティがさまざまのコンテクストで問題にされ，それぞれのコンテクストに応じて異なった意味と評価を与えられてきたからであろう。そこで，以下では，社会学の歴史的展開のなかで，モダニティがどのようなコンテクストにおいて，どのような意味で問題にされてきたのか，ごく大まかにスケッチしてみたい。

モダニティの衝撃

　初期の社会学にとってモダニティは，何よりもまず，これまでになかった新しい事態として現れ，それゆえにしばしば一種の衝撃を伴って現れてくる。ある意味で，デュルケムやウェーバーを含めて社会学そのものがこの「衝撃」に対する反応であったともいえるが，ここではもう少し限定されたコンテクストに目を向けたい。

　そのひとつは都市あるいは都市研究というコンテクストであろう。モダニティという新事態はまず都市という空間に出現するからである。たとえばG.ジンメルの「大都市と精神生活」（Simmel 1903=1999）は，都市生活の刺激とスピード，貨幣経済の浸透と合理性の重視，価値の平準化など，都市におけるモダニティの具体的な現れをとらえ，その特質を鮮やかに分析した。やや時期はあとになるが，アメリカ社会学ではR.パークを中心とするシカゴ学派の人たちが，やはり都市というコンテクストでモダニティの問題を取り上げた。ここでは，モダニティの衝撃は主として「社会解体（social disorganization）」との関連において扱われた。シカゴ学派都市社会学の形成・発展期（1920年代から30年代半ば）とほぼ同じ頃，日本でも権田保之助や今和次郎・吉田謙吉らによる都市研究が現れる。権田は，活動写真（映画）を中心に新しい都市的民衆娯楽を研究し（権田 1921, 1931），今と吉田は大正末期から昭和初期の新しい都市風俗や消費行動に注目した（今・吉田 1930, 1931）。いずれも都市に現れたモダニティを扱ったものといえる。今と吉田は自分たちの研究を考現学（モデルノロヂオ）と呼んだが，モデルノロヂ

オとは「モダンの学」の意味である。

　もちろん,「新しい事態」をどのように評価するかは, 論者によって, また各論者が新事態のどのような側面を取り上げるかによって違ってくる。たとえば, 新しい都市娯楽を取り上げた権田は, 大筋としてこれをポジティブに評価した。しかし一般的にいえば, たとえばシカゴ学派の諸研究にみられるように, 新事態としてのモダニティはむしろネガティブに評価されるのが普通であった。シカゴ学派の場合, それは, コミュニティの解体や犯罪・非行・自殺・離婚など, さまざまな社会解体を促進する「問題」としてとらえられる。もっとも, シカゴ学派の研究者たちはどちらかといえば個別の諸問題に関心を向ける傾向が強く, それらの根底にある共通問題としてモダニティをとらえるという観点は必ずしも明確ではなかった。その点, モダニティ一般を正面から問題としたのはフランクフルト学派の人たち, とくに M. ホルクハイマーや T. W. アドルノらであったといえよう。彼らは, マルクス主義の枠組みを活用しながら, 主として商品化と（形式的）合理化の浸透という面からモダニティをとらえ, 批判の対象とした (Horkheimer and Adorno 1947=2007 など)。

目標としてのモダニティ

　このように, モダニティはだいたいにおいて評判が悪く, 批判の対象となってきたのであるが, 第二次世界大戦が終わって1950年代から60年代に入ると, 逆にこれを肯定し賛美するような議論のコンテクストが現れる。「近代化論 (modernization theory)」である。現在では適用範囲の広い一般的な社会科学の枠組みとみなされることが多いが, もともと近代化論は W. W. ロストウの経済発展段階論や B. ムーアの民主政治論などをふまえてアメリカで発展した議論であり, 東西冷戦下におけるイデオロギーとしての役割も担っていた。そこでは, 経済発展や政治的民主化だけでなく人々の意識のあり方なども含めて「近代化」の規準とそこに到る道筋が描かれ, その最先端にアメリカ（あるいはアメリカを含む西欧先進社会）が置かれた。こうして, 非西欧社会や発展途上国にとっては, 欧米先進社会に実現されている（とされる）モダニティがモデルとされ, 到達すべき目標とされる。なお, 日本は欧米型の常道とは少し違う独自の道筋で近代化を達成した（あるいは, 達成しつつある）国として注目され, しばしば研究の対象とされた（たとえば, Bellah 1957=1962 など)。

　「近代化論」はとうぜん日本の社会科学にも大きな影響を与えたが, モダニティの評価という点では, 近代化論の影響以前から日本ではむしろ肯定的であった

といってよい。戦中期こそ、文学関係者を中心に「近代の超克」をめぐる議論などもあったが（『文学界』1942年9・10月号）、敗戦とともに、GHQによる民主化政策などとの関連もあって、欧米型のモダニティは日本がめざすべきモデルとして、あるいは少なくとも日本の現状を批判的に評価する際の準拠点としての役割を与えられるようになった。このことは、たとえば丸山眞男「超国家主義の論理と心理」（1946）、川島武宜『日本社会の家族的構成』（1948）、福武直『日本農村の社会的性格』（1949）など、当時の代表的な著作のなかにも見てとることができる。この頃には日本社会学会の再建も進み、1950年には現在の学会機関誌『社会学評論』の創刊号が発刊されたが、その巻頭の特集は「日本社会の非近代性」であった。総じて戦後の論壇・学界では、「近代の超克」ではなく「非近代の超克」こそが課題であった。そして、超克されるべき非近代性は一般に「封建遺制」と呼ばれた。1951年には、日本人文科学会によって『封建遺制』という本が編集され、経済学から大内力、隅谷三喜男、法学から戒能道孝、宗教学から小口偉一、そして社会学から福武直、喜多野清一、小山隆らが執筆している。

モダニティの頽落

　モダニティのコンテクストという面からいえば、上記の流れはいわゆる「戦後啓蒙主義」のコンテクストであろう。しかし1950年代後半以降は、この方向は「近代化論」と混じり合い、両者を明確に区別することは困難になる。

　1950年代後半といえば、「近代化論」とも一部重なり合いながら、しかし新しいコンテクストとして「大衆社会論」が登場し、たちまちブームになった時期でもある。雑誌『思想』が「大衆社会」という特集を組んだのは、1956年であった。大衆社会論には大別してふたつの系譜がある。ひとつは原子化した大衆が全体主義的な権力に操られる点に主として着目する系譜、もうひとつは大衆が個人としての主体性を失って「組織人」（W.H.ホワイト）あるいは「陽気なロボット」（C.W.ミルズ）と化していく点に主として着目する系譜である。前者をドイツ系、後者をアメリカ系と呼ぶこともあるが、作田啓一は前者を「中間集団衰弱説」、後者を「過剰同調説」として整理した（作田 1966）。

　しかしいずれにせよ、大量生産と大量消費、第三次産業の発展、大衆の政治参加とポピュリズムの浸透、マスメディアと大衆文化の影響力増大などの要因によって、欧米型モダニティの理念に支えられた「近代市民社会」が崩れて「大衆社会」が出現するというのが大衆社会論の基本の筋立てであった。この意味で、モダニティの評価に関しては大衆社会論もやはり肯定的であったといえる。いわば

大衆社会論は，近代化論が到達目標としたモダニティの，その後の頽落過程を問題にしたのである。この点に関連して，前近代⇒近代（市民社会）⇒現代（大衆社会）と段階を踏んで展開する西欧社会に対して，日本では近代化（市民社会化）の過程と大衆化（あるいは「超近代化」）の過程とが同時的に重なり合って生じる面があるため事態が複雑になるという議論（「二重写し論」）もあった。

その後，大衆社会論のブームは去り，1970年代から80年代にかけて「脱工業化社会（脱産業社会）」（A. トゥレーヌ，D. ベルら）や「情報社会」「消費社会」といった議論が盛んになるが，これらはいずれも古典的市民社会から大衆社会への変容の要因あるいは特徴的局面として大衆社会論のなかで示唆されていたものであり，いわば大衆社会概念のある側面を拡張した議論であるともいえる。一方，市民社会から大衆社会へという筋書きを近代化論の文脈においてモダンからポストモダンへと読み替えたものが，80年代以降のポストモダニズム論であろう。ただ，少し違うのは，大衆社会論においては「大衆社会」の評価がほぼ全面的にネガティブであったのに対し，「脱工業化社会」「情報社会」「消費社会」「ポストモダン」などの評価は必ずしもそうとは限らないという点，したがって大衆社会論にくらべるとモダニティの評価が多少とも相対化されるという点である。とりわけ「ポストモダン」論のコンテクストでは，しばしばモダニティがネガティブに評価され，「近代の超克」が示唆された。

複数形のモダニティ

1990年代に入ると「グローバリゼーション」という観点が登場し，とりわけ90年代後半以降，急速に普及する。厚東洋輔によれば，グローバリゼーションとは「〈モダニゼーション〉の新しい展開局面」であり，「モダンの地理的移動の趨勢を表す言葉と解すること」ができる。モダニティが時間の推移によって「ポストモダン」に変容していくというパターンは西欧にのみ典型的にみられるものであり，それとは別に，西欧起源のモダニティが空間的に「非西欧世界に移植されるなかで変容するパターン」がある。これは「近代日本を波頭として，二〇世紀後半に至ると世界各地にみられるようになった」。この過程では，とうぜん土着文化との混淆や交雑が生じるので，この種の変容を厚東は「ハイブリッドモダン」と呼んだ（厚東 2011）。

グローバリゼーション論をモダニティに関する新しいコンテクストとみた場合，そこで示されるのは，モダニティへの多様な道筋，そしてモダニティそのものの複数性ということであろう。

もちろん，グローバリゼーションは単にモダニティに関するコンテクストにとどまるものではない。この過程は時代の大きな動向であり，さまざまな形で現代の経済，政治，社会生活などに広範な影響を及ぼしている。その進展は，かつてモダニティ（あるいはモダニゼーション）が初期の社会学にとってそうであったように，一種の「衝撃」として，また対応をせまられる課題として，現代の社会学の前に置かれている。

文献

Bellah, Robert N., 1957, *Tokugawa Religion: The Values of Pre-Industrial Japan*, Free Press.（＝1962, 堀一郎・池田昭訳『日本近代化と宗教倫理』未来社。）
福武直, 1949,『日本農村の社会的性格』東京大学協同組合出版部。
権田保之助, 1921,『民衆娯楽問題』同人社。（再録：1974,『権田保之介著作集』第1巻, 文和書房。）
権田保之助, 1931,『民衆娯楽論』巌松堂書店。（再録：1974,『権田保之介著作集』第2巻, 文和書房。）
Horkheimer, Max and Theodor W. Adorno, 1947, *Dialektik der Aufklärung*, Querido Verlag.（＝2007, 徳永恂訳『啓蒙の弁証法』岩波文庫。）
川島武宣, 1948,『日本社会の家族的構成』学生書房。
今和次郎・吉田謙吉編, 1930,『モデルノロヂオ』春陽堂。（復刻：1986, 学陽社。）
今和次郎・吉田謙吉編, 1931,『考現学採集』建設社。（復刻：1986, 学陽社。）
厚東洋輔, 2011,『グローバリゼーション・インパクト』ミネルヴァ書房。
丸山眞男, 1946,「超国家主義の論理と心理」『世界』5月号。（再録：1956,『現代政治の思想と行動』上, 未来社。）
日本人文科学会編, 1951,『封建遺制』有斐閣。
作田啓一, 1966,「市民社会と大衆社会」『思想』9月号。（再録：1972,『価値の社会学』岩波書店。）
Simmel, Georg, 1903, "Die Großstädte und das Geistesleben," *Jahrbuch der Gehe-Stiftung zu Dresden IX*.（＝1999, 川村二郎訳「大都市と精神生活」『ジンメル・エッセイ集』平凡社ライブラリー。）

第11章

モダニティ・グローバリティ・メディアリティの交差
―― 社会変動をあらたな視座からとらえる ――

遠藤　薫

1 「グローバリゼーション論」再考

　多くの人々が「グローバリゼーション（グローバル化）」について語っている。「グローバリゼーション」とは，一般には「地球規模での相互関係の緊密化」の潮流を指す。その結果として，「経済活動の流動性の増大」や「国境の無効化」などさまざまな現象が生じる。これらの現象に対して，その是非を論じ，グローバリゼーションというバスに乗り遅れるなという立場や，反グローバリゼーションを叫ぶ立場などが入り乱れているのが現状である。

　「グローバリゼーション」の"時代"とは，もっとも一般的には，1980年代ないしは1990年代以降とされている。この時代は，ポストモダン論が盛んに語られた時代でもある。ポストモダンの時代＝グローバリゼーションの時代，あるいはポストモダニティ＝グローバリティというとらえ方をする論者も稀ではない。一方，同じく，1980年代ないしは1990年代以降の時代は，インターネットをはじめとするデジタル・メディアの展開により，あらたな社会的コミュニケーションの回路が開かれた時代でもある。そのため，この時期以降の社会を「情報化社会」という呼び方で指すことも多い。では，ポストモダン社会＝グローバル社会＝情報化社会という近似式が成り立つと考えてよいのだろうか。

　だが他方で，「グローバリゼーション」という動態を古代から見出す視座，メディア史と文明史あるいは社会史全体と重ね合わせるアプローチも，重要な

第11章 モダニティ・グローバリティ・メディアリティの交差

観点を提供することを忘れてはならない。

　本章は,「近代化（モダニゼーション）」の特性を「モダニティ」と呼ぶのに倣って,「グローバリゼーション」の特性を「グローバリティ」,「情報化」の特性を「メディアリティ」と呼び，これらの相互関係を明らかにすることにより，現代にいたる社会変動のダイナミズムをあらたな光の下に置くことを目的とする。

2　グローバリゼーションと情報／メディア問題

　2000年代における「グローバリゼーション」論の隆盛は，1980年代末から1990年代初頭のソ連崩壊やベルリンの壁崩壊を含む，いわゆる「民主化のドミノ倒し」を，ひとつの重要な契機としている。U. ベックも,『グローバル化の社会学』の冒頭を，次のように書き始めている。

> 「ベルリンの壁」が平和裏に崩壊し，ソヴィエト帝国が滅亡したとき，政治の終焉が始まるのを多くの人が目のあたりにした。社会主義と資本主義，ユートピアと解放との対立を越えた時代にいたったと，人々は考えた。そうこうするうちに，政治的なものとのこうした別れの宴は下火になった。なぜならば，今日どんな公式の見解においても回避できない脅し文句となった「グローバル化」は，政治の終焉を示唆するどころか，政治的なものが国民国家というカテゴリーの枠組みから離脱していく徴候を示しているからである。（Beck 1997＝2005：12）

　この，それまでの米ソによる世界の二極構造を根底から，しかも雪崩のように一気に突き崩した政治変動の背景のひとつが，メディア・情報技術の急速な展開であった。詳しくは拙稿（遠藤 1998, 2000など）を参照されたいが，衛星テレビ，コンピュータ・ネットワークの急速な発展は,「鉄のカーテン」と呼ばれた共産主義諸国の情報統制を無効化し，カーテンの向こう側の人々の視野

231

を（歪みはあれ）拡大した。それをひとつの契機として1989年11月9日から10日にかけて、あれほど多くの悲劇を生んだベルリンの壁に向かって人々が押し寄せ、壁を破壊していく様は、あたかも『マクベス』の「動く森」のようだった。「東側諸国」という言葉が意味を失い、「歴史の終わり」という言葉が意味をもつように考えられた。

そして、1992年、情報スーパーハイウェイ構想の実現を公約としたクリントン＝ゴアがアメリカ大統領選挙に当選した。この政権によって、それ以前のコンピュータ・ネットワークとは比較にならないほど使いやすいインターネットが、アメリカ国内のみならず、世界中の人々の利用に供されることになった。これによって、グローバリゼーションは、まさに日常レベルで、加速度的に推進されていくことになったのである。

3 〈近代化〉というグローバリゼーション
―印刷革命から近代国家体制―

さて、冒頭にも述べたように、今日「グローバリゼーション」といえば、1980年代末からの世界における多様な主体間の相互関係の緊密化を指すのが一般的である。しかし、D. ヘルドが端的に言うように、「グローバル化は別に新しい現象ではない。この2,000年間に、世界的宗教の展開、発見の時代、諸帝国の拡大など、多くのグローバル化の局面を認めることができる」(Held 2000=2002：i)。長い間、海外との交流が少なかったとされる日本でさえ、7～8世紀の正倉院御物に唐や西域、ペルシャの宝物が所蔵されているのである。

とはいえ、「確かに、数千年のあいだ、人びとは旅を続け、新しい土地に入植し、深海を探り、帝国を建設し、あるいは生活手段を探し求めてきた。だが、世界を股にかけ、両アメリカ・オセアニア・アフリカ・アジアを制覇し、互いに結びつけることができるようになったのは、ここ500年のことにすぎないことも想起すべきである」(Held 2000=2002：1)。

500年前、何が起こったのか。15世紀～16世紀、ヨーロッパを中心に、現代

の世界にまで直接繋がるさまざまな変化が起こった。初期資本主義が台頭し，プロテスタンティズムが勃興し，機械時計が広まり，近代科学と人間主義が花開いた。近代（モダニティ）の始まりである。

この潮流のトリガーとなったもうひとつの歴史的出来事が，グーテンベルクによる印刷革命であった。

印刷技術がメディアリティに大きな変容を引きおこすものだったことはいうまでもない。しかし，それだけでなく印刷技術は，先に挙げた他のさまざまな変化要因とともに，「標準化」をひとつの特徴としつつ，国家-個人-市場という三つ巴の社会構造の形成に寄与した。

国家-個人-市場という三つ巴の近代（モダニティ）がひとつの完成形態に達したのは，19世紀中葉から20世紀初頭にかけてであった。宗教革命・市民革命・産業革命・アメリカ建国は，その現れといえる。

そして，15世紀〜16世紀には，大航海時代の名の下に，スペイン，ポルトガルなどのグローバリズムが，海を越えて世界に国土を拡張した。日本にもその余波は南蛮船の到来という形でやって来た。

さらに，19世紀〜20世紀，植民地主義と呼ばれた欧米のグローバリズムが世界を席巻した。日本にも再びその波が押し寄せ，江戸体制は明治政府への変換を余儀なくされた。

4 〈近代〉の進化か，〈近代〉の反転か
―情報革命―

この観点からするならば，モダニティとグローバリティは手をたずさえ，相互促進的に共進化してきたといえる。

そして，モダニティとグローバリティの間を媒介したのが，メディア技術である。

500年前，今日に続くモダニティ／グローバリティのダイナミズムのトリガーになったのが印刷技術だったとすると，この技術の本質を「複製技術（mechanical reproduction)」という概念で論じたのが W. ベンヤミンであった。もっとも，この論文で彼が中心的に論じたのは，印刷革命というよりもむしろ D. ブーアスティンが「グラフィック革命」と呼んだ，19世紀末から20世紀初頭に発明された，写真技術や映画技術であった。メディア論史をたどると，このようなズレがしばしば見られる。それは，メディアの創り出す現実（メディアリティ）の変化が，離散性と連続性，そして遅延性をあわせもっているからにほかならない。

　20世紀半ばに「新しいメディア」を大胆に論じて世界に衝撃を与えたマクルーハンにも，このようなズレが見られる。「機械の形態から瞬間的な電気の形態への移行の速度が増したとき，外爆発から内爆発へという逆転が起きる。現在の電気の時代には，われわれの世界の内爆発あるいは短縮によるエネルギーが古い組織の拡張主義的な伝統パターンと衝突を起こす。最近まで，社会，政治，経済上の制度や配置はすべて一方向のパターンをとっていた。いまでもなお，われわれはそれを「外爆発的」あるいは「拡張的」と考えている。そして，もはやそれは有効ではないのである……実際，人口についてわれわれの関心を惹くのは，もはやその数の増加ではないのだ。むしろ，世界中のすべての人びとがきわめて身近に生活しなければならないという事実のほうである。それはわれわれが電気によって互いの生活に巻き込まれてしまったことから生じたものだ」（McLuhan 1964＝1987：37-38）。

　上記引用には，ふたつの論点が含まれている。ひとつは，支配的なメディアが機械的複製技術から電気的複製技術に変わったということ。そして第二は，この変化に伴い，モダニティ／グローバリティが，外部拡張的なものから相互入れ子型へと転換するという主張である。だが，彼がこの論文を発表した時点で彼の眼前で発展しようとしていたテレビは，実際にはいまだ過渡的なメディアであった。彼がテレビに仮託して論じようとしたメタ複製技術としてのインターネットは，まさにこの論文に衝撃を受けた人々によって形成された。彼の議論は，当時の事実観察であるよりも，自己成就予言だったのである。彼の予言からおよそ半世紀後，モダニティ／グローバリティは，たしかに進化／展開

第**11**章　モダニティ・グローバリティ・メディアリティの交差

した。ベックの言葉を借りるなら，「グローバル化は次のような過程を意味する。すなわちその帰結として，トランスナショナルなアクター，そのアクターが権力を握るチャンス，彼らの行為の方向性，そして彼らのアイデンティティやネットワークによって，国民国家とその主権が裏をかかれ弱められていく過程（プロセス）を意味している」（Beck 1997=2005：29）のである。

5　2011年初頭における世界変動
―欧米中心主義に対するアジア・アフリカの動き―

　15世紀以降，あるいは19世紀以降に進展したモダニゼーションが，欧米をポジティブなアクターとしたダイナミズムであったことは疑えない。この潮流の中で，地球上の他の地域は，きわめてパッシブな位置に置かれることになった。
　アメリカ大陸（この呼称がすでに，それ以前の原社会が，ヨーロッパによって駆逐されたことを示しているわけだが）はヨーロッパ人たちの所有地になり，アフリカの人々は一部この地へと連れ去られ（それは，近代的世界秩序の中でアフリカ社会がどう位置づけられたかを示している），アジアもまたそのほとんどの地域がヨーロッパの植民地となった。
　が，この構造にも，今大きなゆらぎが生じている。

「急成長」する中国――「中心‐周縁」構造に何が起こっているのか
　2011年1月，中国が日本を抜き，GDPで世界第二位となった（図11-1）。
　かつて，巨大な文明国として栄華を誇った中華帝国は，19世紀末のグローバリゼーション（欧米の拡張主義）の波の中で，阿片戦争に敗れ，日本を含む諸列強の従属的立場に甘んずることとなった。第二次世界大戦後は，社会主義国・中華人民共和国として新しい体制を敷いたが，長い間，主たる産業は農業であり，世界の中でも相対的に貧しい国であった。
　しかし，1989年の天安門事件などをきっかけとして，鄧小平は市場経済の導入に積極的なスタンスをとるようになった。その結果，同時期に同じように急

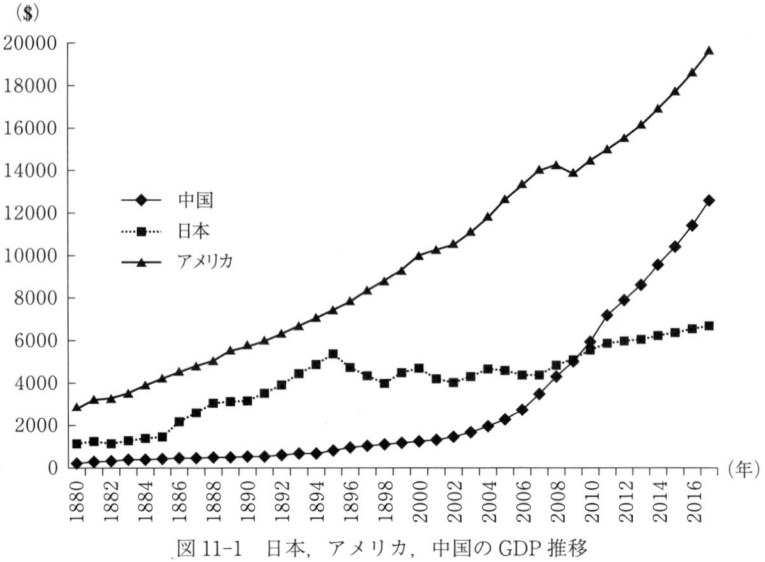

第Ⅱ部　モダニティからグローバリティへ

図11-1　日本，アメリカ，中国のGDP推移
出所：IMF, http://www.imf.org/external/pubs/ft/weo/2012/01/weodata/index.aspx, 2011年以降は推測値（2012年4月時点）

速な経済成長を始めたアジア諸国（韓国，シンガポールなど）の後を追うように，中国経済はグローバル市場のなかへと突き進んで行った。開放経済を進める中国は，当初，「世界の工場」と呼ばれた。多くの多国籍企業が人件費削減のために，低賃金労働者を多く調達できる中国に生産拠点を移し，その結果，先進諸国での労働市場が大きな影響を受けた。

　しかし，2000年代に入ると，中国企業の発展がめざましくなり，中国経済は「バブル」と呼ばれるほど沸騰的な成長を見せ始めた。これを受けて，2008年には北京オリンピック，2010年には上海万博を成功させた。興味深いのは，この上海万博閉幕のニュースで中国国際放送局日本語放送は，「発展途上国で万博を開催するのは今回が初めて（http://jp.expo2010.cn/a/20101101/000001.htm）」と強調していることである。たしかに，IMFによる国家の分類（2011年）で，アメリカや日本などのG7諸国は「先進国」，韓国などは「新興国」，近年経済成長のめざましい中国やインドは「発展途上国」とされる。

第**11**章　モダニティ・グローバリティ・メディアリティの交差

　ここから見えてくるのは、かつてそうあると信じられてきた世界システムにおける「中心-周縁」構造とそれを支えるパワー構造とが、きわめて不分明になりつつある現状である。

ジャスミン革命からエジプト革命へ

　一方、2010年末から2011年初めにかけて、中東のアラブ諸国で、激しい反政府運動が顕在化した。

　最初に大きく動いたのは、チュニジアだった。発端は小さな出来ごとだった。2010年12月17日、失業中の青年が、生計を立てるために開いた露店を警察に無許可営業としてとがめられ、焼身自殺を計った。この事件がネットなどを通じて拡がり、1月5日の葬儀には多数の群衆が集まった。その後、現体制への鬱積していた不満が抗議デモや暴動へと発展した。数十人の死者も出、抗議が拡大していくなか、1月14日、ベン＝アリー大統領はサウジアラビアへ亡命し、独裁体制にあったチュニジアの政権は崩壊した。

　チュニジアの国花の名を取って「ジャスミン革命」と呼ばれるようになったこの「革命」は、イスラム圏における民主化運動として、またその展開の速さによって世界を驚かせた。しかも、この動きはたちどころに近隣諸国に波及した。

　エジプトでも、1月半ばから、政権に対する抗議の焼身自殺を計る若者が相次ぎ、大規模なデモが繰り返された。とくに1月25日には広場に多くの民衆が集まり、治安部隊が出動する騒ぎになった。このあと、ムバラク政権は運動を厳しく制圧する方向に向かい、インターネットなどを遮断する情報統制も行った。しかし、激しいデモは収まらず、2月11日、ついに30年近く続いたムバラク政権はあっけなく崩壊した。

　2012年2月時点で、イラン、リビア、バーレーン、イエメン、アルジェリア、クウェート、サウジアラビア、オマーンなどにも反政府運動は野火のように拡がっている。

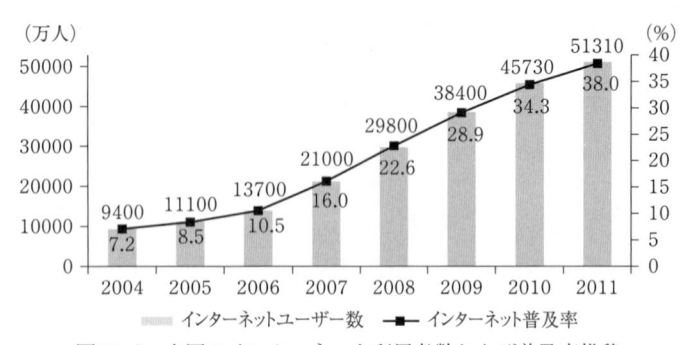

図 11-2　中国のインターネット利用者数および普及率推移
出所：CNNIC「第28次中国互換網発展状況統計報告」(http://www.cnnic.net.cn/dtygg/dtgg/201201/W020120116337628870651.pdf)

アジア——ソーシャルメディアと間メディア環境

　こうした動きと，メディアの関係はきわめて，重層的で複雑である。

　中国では，市場開放と並行して，インターネットの利用が進行した。図11-2は，China Internet Network Information Center が2011年1月19日に発表した中国のインターネット利用者数推移である。GDPと同様，2000年代半ばから利用者の増大はいっそう激化しており，2011年には5億1000万人を超えるインターネット利用者がいる。インターネットは，これまで政府による報道しかなかった状況に，自由な情報流通の可能性を拓いた。ただし，当然のことながら，(経済格差と同様)国内の情報格差は著しい。利用者は都市部，富裕層，高学歴層，若年層に大きく偏っている。また，中国政府による情報統制も厳しく，グーグルなど外国のサービスと中国政府の間で問題が生ずることもしばしばである。それでも，インターネット上で〈世論〉が沸騰することはしばしば起こっている(遠藤 2007など参照)。

　しかもメディアリティの展開は，当然のことながら，あらゆる情報の流れをグローバルな舞台に引き出す。たとえば2008年，北京オリンピックの聖火リレーは，チベット自治区で起きた暴動をめぐって，国境なき記者団やフランス，アメリカと中国政府の応酬の場となった。それは，聖火リレーのライブ中継と共に，世界中にリアルタイムで放送された。これに対して中国国内では，携帯

第11章　モダニティ・グローバリティ・メディアリティの交差

電話のメールやチャットを介して，フランスの大手スーパーマーケット・カルフールやフランス製品のボイコット運動が広まった。さらに大規模な抗議行動を呼びかけるショートメッセージも広まり，いくつかの都市でデモが行われた。これに対して，政府系メディアである人民日報は，2008年4月20日付1面社説で，「冷静な愛国心を」と呼びかけた。[1]

このような動きも，既存マスメディア，衛星放送，インターネットなどが重層的に世界を被覆している，現在の間メディア環境が具現させた動きと言えよう。本章では，このような間メディア環境（Intermediality）を「メディアリティ」と呼ぶ。

中東・アフリカにおけるメディアリティの作動

一方，中東・北アフリカのアラブ諸国ではどうか。2011年の「アラブ同時革命」は，当初から，facebookやTwitterの影響が取りざたされていた。これを「ネットによる民衆運動」として報じるマスメディアも多かった。（たとえば，2月20日という早い時期に，NHKはすでに「ネットが革命を起こした——アラブ・若者たちの攻防」という特集番組を放送している）。ただし，このような見方について，懐疑的な議論も当初から多く見られた。

そのひとつの理由は，これらアラブ諸国のインターネット利用率の低さ（表11-1参照）である。いずれの国も10～20％程度であり，統計すらない国では数％にも達しないかもしれない。もっとも，携帯電話の普及率は意外なほど高い（表11-1参照）。したがって，「携帯」通信も「ネット」に含めるならば，影響力を過小評価するには及ばないかもしれない。

また，普段ならあまり情報が入ってこないアラブ諸国の動乱を，極東のわたしたちがリアルタイムで体験することができるのも，ネットによる。それは，単に観客が多いことを意味するだけでなく，国際世論に影響を及ぼし，（アメリカやフランスはいち早く民主化運動への支持を表明した）、結果を左右したのである。

筆者自身，動乱の初期から，TwitterやYouTubeで，東京に居ながらにし

表11-1　北アフリカ諸国の通信利用率

	人口(千人)	固定電話利用率(％)	携帯電話利用率(％)	インターネット利用率(％)
アルジェリア	33,860	8.63	63.34	10.34
エジプト	75,500	14.87	39.80	11.42
リビア	6,160	14.56	73.05	4.36
モロッコ	31,220	7.67	64.15	23.38
チュニジア	10,330	12.33	75.94	16.68

出所：ITU Africa, ICT Indicators, 2007
(http://www.itu.int/ITU-D/ict/statistics/at_glance/af_ictindicators_2007.html)

て情報をえていた。もっとも，一番の情報源は中東の衛星放送アルジャジーラのサイトであった。では，アルジャジーラは，「ネット」なのだろうか？　本来は，TV放送すなわちマスメディアである。しかし，その「放送」はネットを通じても配信されている。つまり，今日ではもはや，「マスメディア」か「ネット」か，という問いは意味をもたない。

　エジプト政府は，ネットによるデモの拡大を恐れて，ネットを遮断し，携帯を遮断し，放送を遮断した。しかし，それでも，デモは拡大し続けた。現実のコミュニケーションは，使いうるすべてのメディアを臨機応変に組み合わせること（「間メディア性」）によって，しぶとく機能を発揮し続けるのである。

　「ネット革命」懐疑論のもうひとつの主張は，2011年初頭の一連の動きを「ネット決定論」化してしまうことによって，背景にある多様なパワーバランス（政治，軍，宗教，経済…）を閑却してしまう（させる）ことへの危惧である。この危惧は，まったく正当である。そこには重大な政治的罠が潜んでいる。と同時に，メディアが，その他のパワー構造と独立にあるわけではないことも忘れるべきではない。言い古された，メディア＝虚構，その他の社会要素＝リアル，という迷妄もまた，わたしたちが問題とすべき事柄を見誤らせる。メディアリティは，グローバリティと相互に共鳴し合いつつ，進行するのである。

西欧諸国の反格差運動

　アラブの一連の運動は，欧米諸国では一般的に民衆による「民主化運動」と

第**11**章　モダニティ・グローバリティ・メディアリティの交差

して好意的に報じられた。

　しかし、西欧諸国においても、ソーシャルメディアを媒介とする社会運動が活発化している。その本格的な口火を切ったのは、2008年のアメリカ大統領選挙である。無名の若い非白人候補であったバラク・オバマは、もって生まれたスピーチ能力と、SNS や Twitter とマスメディアを組み合わせた間メディア的手法を最大限活用し、「ネットルーツ（ネットを媒介とする草の根運動）」とも呼ばれた選挙運動によって、一気にアメリカ大統領の座を獲得した。

　一方、オバマ大統領の政策に反対する保守派の人々も、2009年秋頃から、「ティーパーティ」運動を起こし、2010年11月の中間選挙で大きな影響力を発揮した。「ティーパーティ（Tea Party）」とは、宗主国イギリスの茶法（課税）に抗議した1773年のボストン茶会事件（Boston Tea Party）に因むと同時に、「Taxed Enough Already（税金はもう十分）」の略語でもあるとされる。これに対抗して、オバマ支持派も、「コーヒーパーティ」運動を立ち上げた（遠藤2011など参照）。

　さらに2011年夏、Occupy Wall Street（ウォール街を占拠せよ）運動が発生した。この運動は、ティーパーティやコーヒーパーティのようなイデオロギーにもとづく運動というよりも、経済界や政界全体に対する抗議運動であり、一部のものだけが富み、多くのものが貧困に苦しむ格差社会に対する異議申し立てであった。Occupy Wall Street でも、ソーシャルメディアが人々の動員に使われた。

　こうした反格差社会運動は、以前から、ヨーロッパでもたびたび起こっていた。

　2005年10月、移民問題と若年雇用問題に端を発したフランスの暴動は、近隣ヨーロッパ諸国に飛び火しただけでなく、世界中で頻発する同様の抗議行動の典型ともなった。本章で見てきた「愛国」運動の中には、グローバリゼーションの潮流の中で顕在化する失業問題（あるいは若年雇用問題）が姿を変えていると指摘できるものも少なくない。とくにフランスでは、イスラム圏からの移民が増えており、フランス国内で「文明の衝突」が起きていると指摘する声も

ある。2010年7月にはグルノーブルで，2012年8月にはアミアンで，やはり若年労働者と警察とのもめ事が発端となって，暴動が起こっている。

イギリスでも，2011年8月，ロンドンで黒人男性が警官に射殺されたことをきっかけに，死者5名を出す大規模な暴動が起こった。暴動はさらにイギリス各地に拡散した。このロンドン暴動でも，社会格差が暴動の背景にあるといわれ，また，facebookやTwitterが連絡に使われた。その一方，警察も，暴動に参加した者たちの特定に監視カメラを使い，双方がネットを介しても対立するというまさにメディアリティ的な構図が見られた。

これらの事例に共通するのは，メディアリティの時代の社会運動のパンデミック性（広域感染性）である。すなわち，かつて，社会運動の発生をめぐる社会学的アポリアは，参加のコストがきわめて高いにもかかわらず，参加によって期待される効用がきわめて低い初期段階において，なぜ社会動員は可能なのか，という問いであった。

しかし，情報技術の発展は，社会動員における呼びかけや連絡などの費用や労力などの初期コストを大幅に低減した。しかも，匿名のままにこうした動きを媒介することはさらに容易になった。その結果（それ以外の条件も当然あるが），社会運動が野火のように拡がる速度や勢いは強まり，かつてなら狭い範囲で鎮火したかもしれない運動も，周囲に連鎖して拡がっていく。

情報の流動化

抑えが効かずに漏れ拡がっていくのは，かつてなら内部文書として秘匿されていた情報もそうである。

掲示板やブログ，SNSなどは，非意図的な情報漏出の媒介となりがちである。それだけでなく，意図的に情報を暴露するにも，インターネットは格好の場となっている。

たとえば，2006年にジュリアン・アサンジが創設したWikiLeaksは，匿名で政府，企業，宗教などに関する機密情報を公開するサイトである。2010年には，イラク駐留アメリカ軍ヘリコプターがイラク市民やロイターの記者を銃撃

し殺傷した事件（2007年）の動画，アフガン紛争関連資料，イラク戦争の米軍機密文書などを次々と公開し，世界に衝撃をあたえた。WikiLeaks と同様，情報の透明性を求めて活動する団体は他にも多くある。

　WikiLeaks のように情報のあり方に関する信念にもとづいて行動する団体もある一方，個人が個人的な信念にもとづいて情報を暴露する事件も相次いでいる。たとえば，2010年秋，尖閣諸島付近で操業中の中国漁船が日本の海上保安庁巡視船に衝突した事件で，この時の映像が sengoku38 を名乗る人物によってYouTube 上に流出した。この人物は，当時現役の海上保安官であったが，「映像の秘密性は低い」として逮捕はされなかった。

　こうした動きをどうとらえるかは，非常に微妙である。これらは，これまでの秩序意識を揺るがすものであると同時に，かえって，社会の監視強化をもたらす恐れもある。いずれにせよ，こうした動きをどのように考えるかは，世界の今後に重大な影響を及ぼすだろう。

6　世界変動のあらたな理解

　以上，本章では，近代から現代における世界変動のダイナミズムを，モダニティ→グローバリティ→メディアリティの変遷としてではなく，それら三者の同時併存と相互干渉の観点からとらえてきた。ここであらためて，モダニティ，グローバリティ，メディアリティという言葉の意味を確認しよう。

モダニティとは何か

　これら3つの語のうち，もっとも一般的なのは"モダニティ"だろう。ただし，"モダニティ"の定義はきわめて拡散している。たとえば，厚東（2006：12）は「17世紀の西欧（とりわけイギリス）で生まれ，19世紀から20世紀にかけてフランス革命・産業革命・都市化などを通して全世界に普及していった制度的構造」という定義例を紹介し，その他地域への「転移」と「変容」によって「ポスト・モダン」あるいは「グローバリゼーションの時代」が到来したと

説明している。他方,吉原(2011:18)は,「モダニティの概念として定着した啓蒙の神話は,時間を社会的時間から切り離し,『時間の細分化』,『社会生活のタイムテーブル化と数字化』(ラッシュ&アーリ),畢竟,グリニッジ標準時の発展を促した,それじたい,ニュートニアンの視圏内にある『単線的で同質的で連続的な時間』(ブルデュー)を強く打ち出した」と論じている。

この他にも,「モダニティ」の定義はさまざまあるが,それらの公約数として,「17世紀西欧を起点とし,19世紀から20世紀にかけての市民革命・科学革命・産業革命をメルクマールとする,過去から未来へ向けての一方向的時間を『進歩』という名の下に整序する認識」とまとめてもよいのではないか。そして,この「進歩」の先頭に位置づけられるのが欧米社会であり,他の領域(社会)はこの構図のなかに,「進歩をめざすべき客体(啓蒙されるべき客体)」として適宜配置される。この結果,モダニティの観念は,世界のすべてをこの関係性のなかで了解するため,本来は「時間」の観念がその中心であるが,それに付随するものとして,空間をも,中心‐周縁というフレームのなかに配置するのである(欧米による世界覇権拡張という意味での「グローバリゼーション」は,この意味のもとでのみ有効である)。

グローバリティとは何か

次に「グローバリティ」であるが,「モダニティ」と同様,「グローバリティ」は「グローバリゼーション」を作動し,またそれがもたらす社会状態の特性を指す。具体的に言えば,世界に在るさまざまな主体が,自らを拡張しようとする運動を指す。本章冒頭から述べているように,そうした動きは,有史以来常に観察されるものであり,時代時代によって,自己拡張のパワーや範囲が変化してきたと理解することができる。

「近代」という時代は,西欧ならびにアメリカにおいて発生した「国家」がその主体として世界に大きな影響力を及ぼした時代といえる。しかし,欧米国家以外の諸主体もまた力を発揮できる状況になると,「国家」という枠組みも相対化される。

第11章 モダニティ・グローバリティ・メディアリティの交差

この構図によれば,現在は,「近代」から「グローバリゼーション」の時代へと移行したのではなく,モダニティとグローバリティの相互作用の変化として,統一的に理解することが可能となる。

メディアリティとは何か

「メディアリティ」とは,メディアによって社会が媒介される動きを指す。ここで言う「メディア」は特定のメディアを指すのではなく,多様なメディアが重層的に相互作用するようなメディア環境(「間メディア」環境と呼ぶ)を指す。メディアリティもまた,有史以来,人間社会がつねに帯びてきた性格である。そして,メディアリティの段階によって,人間の歴史全体を区分したり,あるいはメディアリティのタイプによって文化を分類したりすることがこれまでも行われてきた。

先にも述べたように,活版印刷技術の開発というメディアリティの深化がモダニティを生成し,また,20世紀末以降のデジタル・メディアの発展というメディアリティの深化がグローバリティの深化をうながしたと理解することができる。

その一方,メディアリティの深化は,時間・空間という物理的制約条件を緩和してしまうために,モダニティにおける世界(時間)の一方向的整序を突き崩し(方向性を無効化し),また,グローバリティにおける空間的拡張の動態を無意味化する。この現象は,まさに,かつてマクルーハン(McLuhan 1964＝1987)が指摘した「外爆発から内爆発へ」という世界変化に対応する。

このようなフレームにより,従来,なぜどのようにして起こるのか,(マクルーハンは,「転換点」という曖昧な説明をしているが)が十分説明されなかった社会変動へのプロセスが,明晰に理解できるようになる。

7 世界の変化とモダニティ・グローバリティ・メディアリティ

「グローバリティが意味するのは,われわれははるか以前から世界社会のな

かで生活しているのだということである。しかもそれは，閉ざされた空間という考えが虚構になるという意味でそうなのである。どんな国も，どんなグループも，互いを締めだすことはできない。したがって，さまざまなエコロジー的，文化的，政治的形態が相互にぶつかりあう。これまで自明とされてきたもの，たとえば西洋的モデルの自明性さえも，新たな正当化を必要とするようになる。そのさい『世界社会』という言葉が意味しているのは，国民国家の政治に統合されない，あるいはそれによって規定されない（規定しえない）社会関係の総体である。そこでは，（国内のマスメディアに演出された）世界社会の自己認識（Selbstwahrnehmung）が重要な役割を果たしている。そのため（狭い意味での）世界社会は，──（政治的な関連性をもった）操作的基準を提案するならば──認識され反省的となった（wahrgenommene, reflexive）世界社会を意味している」（Beck 1997＝2005：28）とベックは述べている。わたしたちは，この一部を修正しなければならない。すなわち，今日では，「世界の自己認識」は，「国内のマスメディアに演出された」ものだけに依存するわけではない。現代では，わたしたちの「世界の自己認識」は，「マスメディアをも相対化する，ネットを含む重層的な間メディア環境の中で，可視化される」。

　この修正によって，本章で論じてきたように，わたしたちの時代のモダニティ・グローバリティ・メディアリティの相互関係は，今，大きく転換しつつあるのである。

注

(1) "Protests continue; restraint urged", April 21, 2008, People's Daily Online (http://english.people.com.cn/90001/90776/90785/6396060.html)

文献

Bauman, Zygmunt, 2007, *Liquid Times: Living in an Age of Uncertainty*, Polity Press.

Beck, Ulrich, 1997, *Was ist Globalisierung? : Irrtumer des Globalismus--Antworten auf Globalisierung*, Suhrkamp Verlag.（＝2005，木前利秋・中村健吾監訳『グ

ローバル化の社会学——グローバリズムの誤謬　グローバル化への応答』国文社。）
Benjamin,Walter, WERKE band 2, Suhrkamp Verlag KG., Frankfurt.（＝1970, 佐々木基一編集訳『複製技術時代の芸術　ヴァルター・ベンヤミン著作集2』晶文社。）
遠藤薫, 1998,「インターネットと国際関係——グローバル世界の力学」高田和夫編『国際関係論とは何か——多様化する場と主体』法律文化社, 25-46。
遠藤薫, 2000,『電子社会論——電子的想像力のリアリティと社会変容』実教出版。
遠藤薫, 2007,「情報化と国際社会——東アジアにおける情報グローバリゼーションの進展とそのジレンマ」高田和夫編『新時代の国際関係論——グローバル化の中の「場」と「主体」』法律文化社。
遠藤薫, 2008,『グローバリゼーションと文化変容』世界思想社。
遠藤薫, 2009,『メタ複製技術時代の政治と文化——社会変動をどう捉えるか2』勁草書房。
遠藤薫, 2010,『三層モラルコンフリクトとオルトエリート——社会変動をどう捉えるか3』勁草書房。
遠藤薫, 2011a,『間メディア社会における〈世論〉と〈選挙〉——日米政権交代』東京電機大学出版局。
遠藤薫, 2011b,「グローバル都市としての上海」遠藤薫編著『グローバリゼーションと都市変容』世界思想社。
遠藤薫編著, 2011,『大震災後の社会学』講談社現代新書。
遠藤薫, 2012,『メディアは大震災・原発事故をどう語ったか——報道・ネット・ドキュメンタリーを検証する』東京電機大学出版局。
Held, David ed., 2000, *A globalizing world?*, Routledge.（＝2002, 中谷義和監訳『グローバル化とは何か——文化・経済・政治』法律文化社。）
厚東洋輔, 2006,『モダニティの社会学——ポストモダンからグローバリゼーションへ』ミネルヴァ書房。
McLuhan, Marshall, 1964, *Understanding Media: The Extensions of Man.*（＝1987, 栗原裕・河本仲聖訳『メディア論——人間の拡張の諸相』みすず書房。）
長尾真・遠藤薫・吉見俊哉編著, 2010,『書物と映像の未来』岩波書店。
吉原直樹・斎藤日出治編, 2011,『モダニティと空間の物語』東信堂。

ウェブサイト

The World in 2011: ICT Facts and Figures (http://www.itu.int/ITU-D/ict/facts/2011/index.html)

Core indicators on access to and use of ICT by households and individuals (http://www.itu.int/ITU-D/ict/statistics/)

第12章

文化のグローバル化と「グローバル文化」論

丸山哲央

1 グローバル化と文化

　グローブ（globe＝球体→地球）という語をもとにしたグローバル化（globalization＝地球規模化，全球化（中））とは，人類社会が地球規模のシステムへと変化しつつある過程のことである。グローバル化の端緒ともいうべきものは，欧米の社会学者の多くが主張しているように，一般的には15世紀の「地理上の発見」の頃からと考えられている。しかし，アジア諸国やイスラム圏の古代帝国における領土拡張や有史以前の民族大移動といった事実は，もっと古くからグローバル化現象がみられることを示している。したがって，グローバル化の起源については，諸説が併存しており一概に結論づけることはできない。

　ただ，20世紀後半の電子メディアの発達と資本主義経済の進展によるグローバル化現象は，それまでの人類史に例を見ないグローバルな状況を生み出している。部分的ではあるが，グローバル化の結果としての文化や経済面でのグローバルなシステムの現出，つまりグローバルな特性（globality）の現出を見て取ることができる。とくに1990年代にこの傾向が顕著になるのであるが，社会学の理論の文脈では，60年代のM.マクルーハンによる「グローバル・ビレッジ（global village）」（マスメディアと文化の分析）の概念や，70年代のI.ウォーラーステインによる「世界システム論（world system theory）」（経済の地球規模化，国際的分業の分析）がこれを先行して予見していた。

グローバル化は，メッセージ，イメージ，シンボルといった空間的制約から自由な「文化的なもの」を基盤に進行しているといってよい。なぜなら，ヒト，モノ，カネ，情報が地球規模で行き交う現象は交通・通信技術の発達によるが，とりわけ電子メディアによる瞬時の記号伝達がその根底にあってこれを可能にしているからである。経済の分野においても効用性のシンボル（記号）である電子マネーの出現によってグローバル化が加速化されてきている。ただ，グローバルな社会や文化が形成される可能性が生じているということと，それが実在するということとは区別されねばならない。したがって，現時点までに形成されてきたグローバルな現象を分析する社会理論は，「グローバル化（globalization）」論であって，グローバル化の結果現出したグローバルな社会や文化の本質を分析する「グローバル性（globality）」論とは必ずしも言えない。後者が存在するとしてもそれはあくまで仮説として提示されたものである。敢えて論を進めるなら，globalization の結果，創発特性を伴った globality が創出されるとするならば，その本質は記号によって媒介された象徴的構成物として説明されるであろう。ここから人類社会のグローバル化とは記号の体系としての文化のグローバル化であると言うことができる。

　本章では，まず社会学における文化概念の定義を再確認したうえで，文化のグローバル化とその結果形成される「グローバル文化」の本質について考えてみたい。

2　社会学と文化概念

社会学における文化概念

　社会学においては，「文化」が明確な専門用語として確立される以前から，人間生活の象徴的側面と象徴内容の自律性に焦点をあてた観念，知識，シンボル等の「文化的なもの（the cultural）」は理論構成上重要な位置づけを与えられてきた。K. マルクスにおける経済的下部構造に対する上部構造としての観念的要因の区別，M. ウェーバーにおける近代のエートスの分析と観念による

行為の方向付けという発想，É. デュルケムにおける宗教的シンボリズムと集合意識という概念——これらはすべて「文化的なもの」に関わっている。20世紀中期にいたって，T. パーソンズは，デュルケムやウェーバーを代表とするそれまでの社会学の諸理論においてもちいられてきた「文化的なもの」を心理学や人類学との学際的な研究成果と統合する中で，社会学の文脈における文化の概念規定とその包括的かつ論理整合的な分析図式を提示した（Parsons 1951, 1961＝1991, Parsons and Shils eds., 1951＝1960）。パーソンズの社会学理論における文化概念ないしは文化の分析図式の特色は，社会（集合体）やパーソナリティ（個人）と記号（シンボル）の体系としての文化とを区別したこと，さらに人類学などと共通する学際的な観点を取り入れ，行為の機能上の問題とも関連させ文化の構成要素の分析を行ったことである。記号論を導入したパーソンズの文化理論は，現代のグローバル化現象を分析するうえで有効性に富む要素を含んでいる。

シンボル性の記号

　文化と文化の構成要素について，ここではパーソンズの用語法（Parsonian terminology）を援用することによって，以下のように定義したい[(1)]。

　すなわち，文化とは，実在的世界のあらゆる事象をその表象にもとづくシンボル性記号（映像性，言語性）で表現したもの（象徴化されたもの）である。シンボル性記号は，①言語記号（①a 知的イメージ（概念や命題の表現）①b 感情イメージ（文学））と②非言語記号（映像，アイコン，音声等で感情イメージを表現）に分けられる。文化の構成要素（文化の下位システム）とは，個々の特質に応じて分類された文化の内容である。このシンボル性記号の分類に即して文化要素を分けるならば，(I)外部世界を客観的に認識するための科学技術のような認知（cognitive）的要素（①a により表示。「理性」による外界の把握。記号を成り立たせるコードが明確で，グローバル化しやすい），(II)芸術のような情緒的表現に関わる表出（expressive）的要素（①b および②による表示。実在界の喜怒哀楽から出る感情（不純物含み，非永続的）から本質的特性を抽出しより普遍性を備え

た記号へ転化したもの。これは表現構成の規則をもつ。つまり，線，面，量塊（空間配置）や色，光，音（時空的構造）による芸術表現へと形象化される。カセクシス的充足をもとめる生命有機体としての共通の基盤に立脚しているためグローバル化しやすい），さらに，(Ⅲ)人間生活における望ましい状態を示す価値，規範，道徳といった評価的（evaluative）要素，そして(Ⅳ)限定された状況での生活規範や信念としての実存的（existential）要素ということになる。前二者の認知的及び表出的要素は，外的な客観的世界との関連性が強くグローバル化しやすいが，一方で，他の評価的及び実存的要素は行為主体としての個人や集合体の主観的側面とより密接に関わっているためローカル性が強い。

　シンボル性の記号は，実在的対象の抽象化によって形成されたものであるため，実在界からの自立性を獲得し，時空を超えた伝達が可能となる。すなわち，具体的，実在的対象からの表象をもとにシンボル性記号が形成されており，そのため実在界の制約から離れて記号が記銘・保持・想起されるのである。神経系の記録・保存・再生能力の増大とともに，これを補強する情報技術の発達により，感覚・知覚と指示対象との遊離が生じて，記号の自律的展開が進展することになる。

3　コミュニケーションメディアの変遷

メディアの発展史

　次に，現代の文化のグローバル化に関わる人類社会のコミュニケーション・メディアの変遷について触れておく必要がある。コミュニケーション・メディアの段階的な発展史とその特性を，後述のW. J. オングの説を参考にして，以下のように整理してみたい。つまり──(1)音声言語（記憶による保存）：約5万年前のホモ・サピエンスの出現とともに現出。(2)文字，書き言葉（記録が可能，伝達の時間差（time lag）が発生。視覚，感覚の印としての記号の発生から→記号のコード体系形成→意識の外化による理性と分別の世界へ）：紀元前3500年頃メソポタミアのシュメール人による楔形文字の発明。(3)活版印刷（大量複製による記

第12章 文化のグローバル化と「グローバル文化」論

録,伝達が可能。19世紀以降の印刷系マスメディアの発生へ。):15世紀,J. グーテンベルクによる活版印刷術の発明。(4)電子メディア(マス＋パーソナル(個人)の相互伝達。多機能＝視覚＋聴覚):20世紀後半,コンピューターによる通信技術の普及——である。

　ここで注意すべきは,(1)～(4)のメディアが人類の歴史の中で併存して存在してきたということ,そして新種メディアが既存メディアの変質にかかわってきたということである。たとえば,現代においても対面的な相互行為の場で,音声言語は重要な位置を占めている。しかし,それは(1)の段階における音声言語とは異なる状態にある。(2)以降の段階では,音声言語は文字を介して意識化されたメッセージも含まれるようになる。しかも,その比重が次第に増してゆき,(3)の段階では文字化された情報や知識をもとに多くのメッセージが形成されることになる。また日常の生活場面において,メディア自体も(1)→(4)へと比重が移動している。そして,(3)から(4)の段階にいたって,文化のグローバル化と「グローバル文化」の形成という現象がみられるようになる。

　(2)の文字の発明以降,人類社会の言語は多様化してゆくが,人間の言語は諸言語間でただむやみに異なっているのではない。「身体性」という条件づけに関しては,人間は「人間」種(ヒト科の動物)として共通性を備えた存在であり,「言語」の基本的な共通性の条件づけがあると考えられる。(1)の段階の音声言語自体も phone (音声:ヒト科の動物としての共通性) と logos (言葉:理性にもとづく生の形式の分化) という両面性を備えている。それが,(2)の段階以降の logos の発展,複雑化によって言語の多様性が生じてきたのである。現代の(4)の段階では,電子メディアは視覚と聴覚に同時受容される。一見それは音声言語の機能を包摂しているかのようであるが,(1)の段階の音声言語とは本質的に異なっている。なぜなら,今日メディアを介して伝達されるメッセージの内容は,主として視覚を通して形成されているからである。

　文化の(Ⅳ)実存的要素は,(1)音声言語との結合性が強く,普遍性を備えた記号に転化し易い(Ⅰ)認知的要素や(Ⅱ)表出的要素に比して,(4)電子メディアによって伝達することが容易ではない。

電子メディア

オングは，メディアは身体が世界に関わる仕方を構造化するところの世界把握の身体技術であるとして，その変遷を以下のようにとらえる。つまり，①口承的（oral）②筆記的（chirographic）③活字的（typographic）④電子的（electronics）である（Ong 1982＝1991）。

①の第一次的な声の文化（音声コミュニケーション）の段階では言語は行動様式そのもので，思考表現の記号ではない。口頭での発話は生体内部から発生したもので，力動的（dynamic）である。言葉は魔術であるとか「言霊」という言い方，さらに仏教における「称名念仏」という教えは，この段階（先述の発展史における(1)の段階）の音声言語と関わっている。オングは「声の文化」を「手書き文字」「活字」「エレクトロニクス」と比較してその特徴を，累積的（分析的でない）／保守的・伝統主義（繰り返し確認）／生活世界との密着（当事者性）／感情移入的，参加的（客観的距離をおかない）／全人間的・実存的，状況依存的（抽象的でない）／記憶が反復（テクストにもとづく逐語的記憶形成とことなる）としている。これは文化の(Ⅳ)実存的要素の基盤をなすものである（丸山 2010，第8章）。

記号（シンボル）にもとづくスクリプトは時間の中を動く音声言語に対して静止したものである。②の段階で記号が発生するのであるが，これは記号の体系としての文化の形成へとつながってゆく。

また，M.ポスターは情報様式による歴史の発展段階を1）音声，2）文字，そして3）電子と三段階に整理している。つまり，1）音声の段階では，声の媒介でのシンボル交換がなされ，対面関係の全体性に埋め込まれ，自己は発話地点となる。2）文字の出現によって，線的シンボルを論理的に結合することが可能となり，記号の自律性が生じて，文化が相対的に安定した状態になる。そして，3）電子の段階では，シミュレーションが容易になり，物質的限界から離脱して自己は脱中心化，脱文脈化状態におかれる。言語は，対面状況的文脈から離れ，言語自身の中から生成，複製される。つまり，言語は具体的対象物への回路をハイパー・リアルな時限に移行し，自己準拠的メカニズムの中に内

包される。そのため身体は対面的な場所と電子の回線的場所とに二重帰属し，社会も地理的定在性と電子的非定在性に二重化，多重化する（Poster 1990＝2001）。

ポスターが指摘するように，電子メディアを介した相互行為では，時間・空間的距離が無化され脱文脈的となり，同時的・相互依存的な場が無限に出現することになる。さらに，線形的・視覚的なコミュニケーションが包括的・触覚的なものとなり，一見，第一次的な音声言語によるコミュニケーションへ回帰したかのような現象がみられる。しかし，それは物理的な時空間と結合した対面的相互行為とは本質的に異なる特性をもっている。

シミュラークルと無のグローバル化

一方，J. ボードリアールは，電子メディアが優勢となるなかで，物の価値が使用価値→交換価値→記号的・象徴的価値へと比重を移行させ，有用性の苦役を免れた自由な存在としてのモノが所有，収集の対象に転化すると考える。記号的価値の優先ということは，差異的意味作用が機能的欲求に優先し，構造的規範（コード）が強制されるようになることでもある。そして，差異表示記号としてのシミュラークルが模範的準拠集団への同一化欲求を充足するようになる。

ボードリヤールによれば，記号化の進展によって実在物と記号との相即不離の関係性が後退し，記号独自のシステムが次第に強化されるようになる。本来実在物の反映であるはずの記号が実在に対置されあらたな「現実」を構成するようになる。つまり，シミュレートされたものであるシミュラークル（simulacrum／模擬物）が人間世界の現実で比重を増すということである。シミュレーション（simulation）が模擬作用を意味する語であるのに対して，シミュラークル（simulacru）はこの作用によって「存在」するものを指す，とされる。オリジナルとコピーを区別できないまがい物がシミュラークルであり，それはコピーのコピーでもある。シミュラークルの受容は差異表示記号としてのモノの消費を通してその根底にあるイメージを消費することであり，結果として，

シニフィエ（記号内容）の機能まで統合したシニフィアン（記号表現）が増殖することになる。かくして，現実は，コードとシミュレーションというハイパー現実に吸収され，シミュレーション現実が現実原則に代わる，とされるのである（Baudrillard 1970＝1979, 1975＝1982）。

G. リッツアは，現代の合理化過程を現したマクドナルド化論をさらに発展させ，電子通信技術の発達による精巧な複製品の氾濫する現代の人類社会の諸過程を，無のグローバル化（globalization of nothing）というより包括的な主題のもとでとらえようとした。ここでの「無（nothing）」とは，個性的，実質的な内容を欠いており，特定の中枢部で構想され，そこで管理・統制されるような社会形態を意味している。一般化されあらゆるところへ適用可能な社会形態である「無」は，時間や場所の個別性との葛藤が少なく，容易に増殖し拡張していく。典型的な例は，定まった場所や人と関係なく（非場所，非ヒト）画一的な生産・消費をめざすファスト・フードのチェーン店システムである。また米国のみならず日本でもおなじみの巨大なショッピングモールは，その形態や構造が中枢部である本社で構想され，さまざまな地域に同じパターンで設定され，増殖してゆく「無」の一形態とされる。リッツアは，ボードリヤールの言うシミュラークルに相当するものについて，F. ジェイムソンを引用し「オリジナルが存在しなかったもののコピー」として，マクドナルドの商品のチキンマックナゲット（Chicken McNugget）を例に挙げている。（Ritzer 1993＝1999, 2004＝2005）。

ボードリアールやリッツアによる以上のような見解は，電子メディアの発達によるデジタル化と関係しているのであるが，それは表出的および認知的記号が優先する文化要素に適合する考え方である。

4　文化のグローバル化と電子メディア

デジタル化

現代の電子メディアによる記号化された情報伝達の特徴についてさらに見て

第12章 文化のグローバル化と「グローバル文化」論

おきたい。

　情報を有限桁の数字列で表現したものがデジタル方式で，コンピューターの扱う情報は0と1の数列であらわされるデジタル情報である。電子メディアにおけるデジタル化は情報の保存形式を変えるだけでなく，情報へのアクセス形態をも変える。電子メディア（electronic media），とくにインターネットのようなネットワーク化されたコンピューターシステムの発展が，このような傾向を強めている。従来のアナログなメディアに比して，デジタルメディアは，情報へのアクセスにおいて早さ，可動性，柔軟性が決定的に増大しており，情報の再生や情報の相互作用があらたな様相をもちはじめている。特定のテクストは境界を形成して受け手に関与してくるものであるが，そのテクストのアナログ的記述を超テクスト的（hypertext）なジャンプによって結合させることができる。これは受け手が，社会空間の一定の位置と結合した秩序だった読み方を超えて情報に接することが可能になるということである。つまり，電子の超テクストはひとつのテクストの内外を飛び越え同時的に多元的テクストをまたがってつないでゆく。電子メディアが各テクストの境界を越えてジャンプするという流動性をもたらし，それによって各テクスト間のあらたな関連性が生じる。これは，すべてのテクストが間テクストとして存在することになり，あるテクストにとってのコンテクスト（前後の脈絡）が絶えず生成，再編されるということである。

　高度結合（hyperlink）自体は，本来脱テクスト的であるため，イメージや映像（前述の非言語記号）をも結合できるので，イメージやアイコンからのジャンプも可能である。イラストや芸術作品をテクスト的記述に変換する可能性とともに，多元的メディア方式のもとで多様な文化要素が扱えるため，広義の記号としての文化の統一的把握が可能となる。何らかの形での記号化可能なすべての文化的様式が複製化されデジタル化されているデータの大海へアクセスし，あらたなグローバルレベルの文化を形成する。デジタル化（digitalization）による新しいメディアやインターネットのような新情報技術と電子空間の存在は，グローバル文化を考察する際に避けて通ることのできない前提である。

グローバル文化の特性

　「グローバル文化」と考えられるものの形成はこのように高度な記号化が可能な文化領域（たとえば形式合理性が優位な文化）において特化するため，一方で，この領域の肥大化による既存の文化システム（national culture）の不安定化現象があらわれる。これは，現代社会に固有の病理現象を指摘したM.ウェーバーにおける「合理化と鉄の檻」（過度の合理化と疎外現象），またG.リッツアの「合理性の非合理性」（合理化と非人格性）や「無のグローバル化」（空疎な文化の拡散）といった問題の基底をなしている。

　デジタル化された情報は物理的空間の制約から自由に分離，結合し（hyper-link），バーチャルなあるいはハイパーリアルな空間で新種の知識を創出することもあり得る。つまり，知識形成の場が特定空間という位置に限定されず，文化の多極化という現象が現れてくる。さらにデジタル化は，イメージやビデオ資料をテクストに取り込むが，それは単なるテクスト中のイラストとは違って，あらたな形の統合を意味している。これは，認知および表出的記号領域での「グローバル文化」形成へつながってゆくといえる。

　デジタル化された情報のグローバルなレベルでの自律的な展開は，電子マネーによる経済の金融化という現象の中にも見て取ることができる。経済の金融化（financialization）つまり金融投機化は，生産設備や住宅などの実物資産に比べて預金，投資信託，証券などの金融資産の蓄積が進み，財，サービス（実在物）の取引より金融（記号）取引の規模が桁違いに増大し，その結果，経済活動全般の中で金融市場や金融機関の重要性あるいは影響力が高まることである。1980年代以降の金融自由化の流れの中で，実物資本に比べ動きの早い貨幣資本がさらに加速化し，多国籍企業，大手金融機関，年金基金，ヘッジファンド，投資信託の国際化戦略が深化する。近年，米欧の市場では「ダークプール」という私設取引所を介した金融取引が増え，1000万分の数秒の反応可能なシステムによって，サイバー空間を電子マネーが行き交っているという（『選択』2012年6月号）。このような資本移動手段の発達により，国家のコントロールが失われ資本主義経済のグローバル化が進展してきた。経済のグローバル化とは実

体経済と貨幣経済との分離と言い換えてもいいが，これは，実在界がハイパーリアルな認知的記号の世界に主役を譲ることでもある。

5 文化の実存的要素と評価的要素

実存的文化

　このような認知的，表出的要素に対して，他方の文化の実存的，評価的要素の特質とは何か。

　文化の実存的要素または実存的文化とは，ここでは，人間存在の根源的な問題としての身体に根ざした位置性，当事者性に関わるシンボル複合と考えたい。それは，個別的で有限な人間の主観性に限定された存在形態を表すものである。特定の時空間と結合した身体性は人間が実践的に世界と関わり，志向を形成してゆく基盤であり，普遍的な人間的状況を表している。それは最終的にはより抽象化することによって特定の集合体の価値や倫理体系（評価的要素）の基盤をなしその素材を提供する。これらの文化要素は，具体的な身体と共同体とに不可分に結びついて形成されるシンボル複合である。

　文化の実存的要素は仏教における称名念仏や瞑想，座禅といった宗教的実践としての「行」と結び付けてとらえることができる。シンボル複合体としての文化は，あくまで記号の体系である以上は，「行」自体も言語化，記号化して伝達される。たとえば，仏教の伝道者である開教使は異文化の信者に対して最初は当該言語を介して宗教的実践の方法を伝えねばならない。しかし究極の宗教的体験は言葉の実体化が否定され，言葉の背後にある理性的分別そのものが消滅し「空」（無実体性）に目覚めることとされる。実在的な指示対象である「色」は身体に備わる感官を介して認識され，表象化され言語を形成することになるが，究極の主客一体という見仏体験においては対象を指し示す言語は消滅することになる。文化の実存的要素は，限りなく対象に密接した表象に関わるものであるため，以下の開教（仏教の布教）の事例にみられるように異文化への本質的な内容の伝播が容易ではない。座禅，念仏，唱題，ヨーガ，気功法

等は心身の形を整えるための「行」である。華道，茶道，柔道，剣道等の「道」とは，実践としての行によって意識・心を陶冶し，心身一如の状態へ到達するための定型化した方法論を示している。この種の文化の実存的要素は，特定の時間・空間と不可避的に結合して形成されてきた「伝統文化」の中核をなすものである。したがって，科学・技術といった認知的要素のように記号を介したグローバル化（文化伝播）が，この文化領域では容易ではないのである（丸山 2010）。

日本仏教とグローバル化

次に，具体的な日本仏教の海外布教（開教）の事例を通して，以上の問題を考えてみよう。

従来の社会学理論においては，宗教は「宗教的観念」として人間の行為の方向づけに影響を与え，社会の構造的特質に関わるものとされてきた。その意味で，社会学において宗教は主として文化の認知的要素（理念としての教理）を構成するという側面に焦点が当てられてきた。宗教における実存的要素（行などの宗教的実践）については十分に理論化されてきたとはいえない。

インドから中国，朝鮮・韓国を経て日本に定着した仏教は，時代ごとの再解釈を加えられ，絶えざる再構成を経験してきた。一方で，日本化された仏教（Japanized Buddhism）はすべての時代，地域に通底する普遍的要素を付加し，独自の体系性を具備するにいたっている。日本仏教に固有の要素でありながらあらたな普遍性を備え，逆に外部に再発信しうる要素とは何かということの解明が，文化のグローバル化現象の根幹をなす問題である。ここでは，日本仏教のグローバル化について，南米浄土宗の開教師へのインタビューを中心とした実態調査について見てゆく（丸山他 2011）。

21世紀にいたり，浄土宗のブラジルにおける開教活動は大きな転機を迎えている。それは，従来の日系社会を対象とした布教から，より一般的なブラジル社会への布教へと活動内容が進展しつつあるということである。現代の若い開教使たちは，このあらたな状況に対処すべく，マリンガ，サンパウロ，さらに

第12章 文化のグローバル化と「グローバル文化」論

クリチバにおいて種々の活動を展開している。

　日本語を解さない２，３世以降の日系人や非日系のブラジル人を対象としていかなる方法で布教を行うかということは，すべての開教使にとって大きな問題である。従来の海外布教はもっぱら日系人移民を対象としていたために，良い意味でも悪い意味でも，日本社会における仏教のシステムに準拠していた。いわゆる「葬式仏教」としての特徴をもち続けてきたのもその一例である。新時代の海外布教に際しては，法事や葬儀式といった死者と関わる宗教というよりも，生きるための指針を与える宗教としての側面を強調すべきであるという。つまり，誕生日，成人式，結婚式といった生を愛でる儀式に率先して僧侶が参加するようになるのが望ましいのであり，人生における「別れ」より「出会い」により大きな比重が置かれるべきである（サンパウロのA開教使）。

　さらに，ブラジル語（ポルトガル語）で説教をして教理を説明する場合，読経や念仏はいかに行うかという問題がある。浄土教における念仏は心に仏の姿を描きながら，阿弥陀仏の名号を唱えるという身体性にかかわる宗教的実践である。日本仏教の実存的要素の伝達は，このような実践修行を抜きにして考えられない。しかし，読経や念仏においては，それを通して仏の姿を観ずるという側面があり，その意味において，身体性（body）とともに理念的つまりロゴス（logos）的な要素が含まれている。この点に関しては，法要においては原語（日本語及びサンスクリット語）のままの読経や念仏を行うが（サンパウロのA，B開教使），「称名念仏」（仏名を声を出して称え，心に仏の姿を観ること）という日本仏教における宗教的実践を伝達することの困難さが伴うのである。

　他方で，浄土宗を含む既成仏教教団による布教活動のうち，とりわけブラジル社会に広く知られているものとして仏教連合会によってサンパウロ市などで毎年開催されている「花祭り」がある。サンパウロ市の日本人街リベルダージにおける「花祭り」は「祇園祭りのような」年中行事として，広く非日系人が参加・見物し，多くの屋台が出店される。こうした場において仏教的な表象は「白象の山車」を中心として表出されるが，これに付随して若干の説法もなされている。しかし，近年では「花祭り」の様相も変化しつつあり，たとえばク

リチバ市における祭りは仏教的なものというよりは，現代日本文化に関する表象が消費される傾向がみられる。ブラジルにおける仏教の花祭りは，日本におけるキリスト教のクリスマスに相当する。キリスト教のクリスマスの行事が，真の宗教的体験とは別に日本社会で受け入れられているのは，その表出的側面の魅力によるものである。ブラジル社会における「花祭り」の盛行は，仏教的な教理の体系や「聖なるもの」はあまり問題とされず，現代日本文化との曖昧な混淆のうちに，消費文化の一カテゴリーとしてそれが受容されているということである。日本におけるキリスト教のクリスマスが担ってきた役割を，ブラジルでの仏教の開教で，「アニメ」などの表象を媒介としながら仏教の「花祭り」が担いつつあるといえよう。つまり，日本の仏教文化における表出的側面が先行してブラジル社会に受容されているのである（丸山他 2011）。

文化のグローバル化とグローバル文化

　これまでの考察をもとに，文化のグローバル化現象とグローバル文化について，以下のようにまとめておきたい。

　文化の客体関連（外的）と主体の志向関連（内的）という区別から，前者に関わる認知的及び表出的要素は，科学的知識や芸術上のスタイルにみられるように，一般性，通文化性が強く，グローバル化の影響を受けやすい。科学的知識は元来外的な客観世界にその基盤を有しており，否定し難い事実を通じて効用性の根拠が示される。また情緒的なカセクシスに関わる芸術的な美も具体的な可視的物件を通じて表現されるため，通文化的な理解が容易である。さらに，それぞれの記号の特性という点から，科学的知識はコードが明確で論理一貫性という原理のもとに絶えず再統合，再構成され，自律的に発展する。人類社会における合理化の進展とは，厳密には形式合理性，あるいは理論合理性が貫徹した文化の認知的要素の拡張ということでもある。

　また，表出的記号は，生命有機体としての人間のカセクティックな共通基盤に立脚しており，しかも，必要性を超えた人間の情緒的な欲望に対応して創出されるため，電子メディアの精巧な複製力に支えられて無限に増殖し，拡散し

第12章 文化のグローバル化と「グローバル文化」論

てゆく。この文化領域ではグローバルなレベルでの（トムリンソンの称する）「美的コスモポリタン」が生み出される可能性が認められるのである（Tomlinson 1991 = 1997）。ボードリアールが「シミュラークルの無制限性」を指摘し人間的現実がハイパー現実に吸収されるとしたのは，文化の表出的記号の領域に適合した仮説といえる（Baudrillard 1975 = 1982）。

　これに対して，評価的及び実存的要素は，行為主体としての個人や共同体の統合と安定化という「願望」の周辺に形成された文化要素であり，特定の時空間と結びついた内的，主観的側面との関連性が強い。価値や倫理，道徳のような評価的要素は，個人や集合体としての主体にとっての「望ましさ」の概念にもとづくもので，必ずしも通文化的，つまり脱領域的な方式で説明できるとは限らない。また，日常生活の諸種の規範のような実存的要素は個人レベルの主観的問題に関わるもので，有限な個々人の特定状況と結びついている。したがって，これら内的な要素は，個人や集合体の具体的な対面的場の制約から完全には自由になり得ず，ローカルな特性を保持し続ける。ただ，ローカルではあるがそれは人間にとって根源的な存在条件をなしているのであり，その意味では普遍的な特性とも言い得る。

　ここから，グローバルなレベルで，記号独自の自律的展開のもとに創出され，絶えず再生産，再統合を繰り返す「グローバル文化」は，特定の記号領域において形成される文化要素（認知的，表出的）が特化した文化ということができるのである。したがって，人間生活の全領域に合理化過程が浸透する（リッツア），あるいは，すべての人間的現実がコードとシミュレーションというハイパー現実に吸収される（ボードリアール），というより，この種の傾向は特定の文化（記号）領域に偏ってみられる現代に特徴的な現象なのである（リッツア・丸山 2003，丸山 2010）。科学的知識や経済システムに現出している「グローバル文化」が優勢な現代では，身体性に基盤をもつ人間本来の日常の生命感が希薄になりつつあるということがいえよう。

注

(1) 本章でもちいる文化概念についての詳しい説明は，丸山（2010）を参照。

文献

Baudrillard, Jean, 1970, *La Société de Consommation*, Gallimard.（＝1979，今村仁司・塚原史訳『消費社会の神話と構造』紀伊國屋書店。）

Baudrillard, Jean, 1975, *L'echange symbolique et la mort*, Gallimard.（＝1982，今村仁司・塚原史訳『象徴交換と死』筑摩書房。）

丸山哲央，2010『文化のグローバル化――変容する人間世界』ミネルヴァ書房。

丸山哲央・山本奈生・渡辺秀司，2011「日本仏教のグローバル化と南米開教――『グローバル文化論』のための覚書(4)」『社会学部論集』佛教大学，第52号。

Ong, Walter J., 1982, *Orality and Literacy: The Technology of the World*.（＝1991，桜井直文他訳『声の文化と文字の文化』藤原書店。）

Parsons, Talcott, 1951, *The Social System*, Free Press.（＝1974，佐藤勉訳『社会体系論』青木書店。）

Parsons, Talcott, 1961, Introduction to Part 4 (Culture and Social System), Parsons, T., Shils, E. A., Naegele, K. D. and Pitts, J. R. eds., *Theories of Society: Foundation of Modern Sociological Theory*, Free Press.（＝1991，丸山哲央訳『文化システム論』ミネルヴァ書房。）

Parsons, Talcott and Shils, Edward A. eds., 1951, *Toward a General Theory of Action*, Harvard University Press.（＝1960，永井道雄・作田啓一・橋本真訳（部分訳／Part Ⅰ・Ⅱ）『行為の総合理論をめざして』日本評論社。）

Poster, Mark, 1990, *The Mode of Information*, Blackwell Publishers.（＝2001，室井尚・吉岡洋訳『情報様式論』岩波書店。）

Ritzer, George, 1993, *The McDonaldization of Society: An Investigation into the Changing Character of Contemporary Social Life*, Pine Forge Press.（＝1999，正岡寛司監訳『マクドナルド化する社会』早稲田大学出版部。）

Ritzer, George, 2004, *The Globalization of Nothing*, Pine Forge Press.（＝2005，正岡寛司監訳『無のグローバル化』明石書店。）

リッツア, G.・丸山哲央編著，2003，『マクドナルド化と日本』ミネルヴァ書房。

Tomlinson, John, 1991, *Cultural Imperialism*, Pinter Publishers.（＝1997，片岡信訳『文化帝国主義』青土社。）

Column 4

公平な分配はいかにして社会に広がるのか？
―― 公平な分配とシミュレーション ――

佐藤嘉倫

公平な社会はいかに実現するのか？

　多くの人々は自分の住む社会が公平であることを望んでいる。しかし人々が望ましいと思っていることと現実の社会が公平であることとは別の話である。このコラムでは，後者の問題，すなわち公平な社会がいかに実現するのかを「公平な分配」という視点から考えることにする。

　ここでは次のような状況を想定する。AとBというふたりの人が新装開店のケーキ屋に入ったところ，記念にホールケーキをひとつくれると言われたとしよう。ふたりはどのようにこのホールケーキを分けるだろうか。

　多くの人は「半分ずつに分ける」と答えるだろう。なぜならそれが「公平だ」と考えるからである。しかしこの分け方のほかに「合理的な」分け方は多く存在する。このことを理解するために，まずケーキを分配するルールを明確にしよう。ここでは，ケーキを等分に100ピースに切り分けて，それらのうちどれだけ欲しいか（要求量）をAとBが表明するとしよう。ふたりの要求量の合計が100ピース以下ならば，ふたりはそれぞれの要求量通りのケーキをもらえる。しかし要求量の合計が100ピースを越えると，ふたりは何ももらえないとする。

　このルールの下では，合理的な分配は101通りある。AとBのもらえるケーキの分量（受け取り量）の組み合わせを（Aの受け取り量，Bの受け取り量）と表記すると，(0, 100), (1, 99), (2, 98), ……, (99, 1), (100, 0) というように，101通りの組み合わせが合理的な分配である。(1, 99) という分配を例に取ろう。Aがこの分配が気に入らずにもっと多く要求すると，合計要求量が100ピースを越えてしまうので，受け取れる分量は0になり，元よりも少なくなってしまう。逆に「0でもよい」と要求量を減らすと，やはり受け取り分量は元よりも少なくなってしまう。このことはBにも当てはまる。つまり (1, 99) という分配において，AもBも自分だけ要求量を変えると損をしてしまう。このような状態はゲーム理論でナッシュ均衡と呼ばれる。つまりこのゲームでは101個のナッシュ均衡が存在する。

しかしこれらのナッシュ均衡の中で「公平である」と判断されるのは，(50,50)だけである。なぜそうなのか。この問題を進化論的な発想で考えよう(Skyrms 1996)。社会の始まりには，さまざまなケーキ要求量をもった人々がいたと想定しよう。しかし50ピースよりも多く要求する人々や少なく要求する人々は，50ピースを要求する人々よりも得られる利得（受け取り量）が少ないため，（自分と同じ要求量をもった）子孫の数も少ないと考えよう。そうすると，時間が経つにつれて50ピースを要求する人々が増えていって，最後にはそういう人だけで社会が成り立つようになる。この状態は，現在のわたしたちの社会の状態を近似している。

この進化過程は本当に起こりうるのだろうか。モデルとしては比較的単純なものなので，進化ゲーム理論を用いて解析的に解くことができるだろう。しかしここでは，エージェント・ベースト・モデルの考え方と面白さを紹介するために，コンピュータ・シミュレーションによってこの進化過程を再現することをめざそう。

ケーキ分けゲームのエージェント・ベースト・モデル

このモデルは初期化，ペアリング，ケーキ分けゲーム，自然選択の4つの段階からなる。まず初期化では，エージェントに対してランダムに0から100までの数字を割り当てる。この数字が各エージェントのケーキ要求量になる。たとえば42という数字を割り当てられたエージェントは第3段階のケーキ分けゲームで「42ピースが欲しい」と要求することになる。

第2段階のペアリングでは，エージェントは別のエージェントとペアになる。ペアにする方法はふたつ設定してある。第1は，ランダムにペアを作る方法である。第2は，「類は友を呼ぶ」というべき方法である。この方法では，同じケーキ要求量をもったエージェント同士がペアになる。たとえば42の要求量をもったエージェントは同じく42の要求量をもったエージェントとペアになる。さらに厳密に同じ要求量でなくても，少しぐらいの違いならばペアになることを許すように設定することもできるようにした。

第3段階のケーキ分けゲームでは，ペアになったエージェントがお互いのケーキ要求量を提示する。提示した要求量の和が100ピースを越えなければ，ふたりのエージェントはそれぞれ要求した量のケーキを受け取ることができる。しかし100ピースを越えてしまうと，ふたりが受け取るケーキの量は0である。

第4段階の自然選択では，まず第3段階でエージェントが受け取ったケーキの

量にもとづいて，ケーキ受け取り量の平均値と標準偏差を計算する。そして，自分のケーキ受け取り量が（平均値＋標準偏差）よりも大きいエージェントは自分と同じ要求量をもった子孫（次世代のエージェント）をふたり残せるとする。自分のケーキ受け取り量が（平均値＋標準偏差）よりも小さく平均値よりも大きいエージェントは自分と同じ要求量をもった子孫をひとり残せる。しかしケーキ受け取り量が平均値よりも小さいエージェントは子孫を残せない。

この自然選択によって，次世代のエージェントのケーキ要求量の分布が決まる。ただしこのままだと今世代と次世代でエージェントの数が異なることがある。その場合は，次世代で人数が変わらないように調整する。

この段階が終わると，モデルは第2段階のペアリングに戻り，次世代の番になる。

実際のシミュレーション

上述のエージェント・ベースト・モデルをDelphiというオブジェクト指向言語でプログラミングした。プログラムを開くと図C4-1のインターフェイスが立ち上がるようにした。左上の「社会の中の人数（偶数）」の数字がエージェントの数である。図では100人になっている。「繰り返し数」は何世代までシミュレーションを繰り返すかを決める。図では500回（500世代）繰り返すことになる。「試行数」は同じ設定のシミュレーションを何試行するかを決める数字である。図では1試行になっている。「類は友を呼ぶ」はチェックボックスになっている。チェックしないと，エージェントはランダムにペアになる。チェックすると（そして「誤差」の数字が0だと），エージェントは自分と同じケーキ要求量をもったエージェントとペアになる。チェックして誤差の数字が大きくなるほど，ペアになれるエージェントのケーキ要求量に幅が出てくる。「Outputmemo」と書いてあるウィンドーにはシミュレーションの初め（第1世代）から最後（この場合は500世代）までのさまざまな統計量が書き出されるようにしてある。そして「スタート」と書かれたボタンをクリックすると，シミュレーションが始まる。シミュレーションが始まると，「Outputmemo」と書いてあるウィンドーに数字が書き込まれるだけでなく，インターフェイスの下半分の箇所にケーキ受け取り量の平均値と標準偏差の時間的変化のグラフが描かれるようにしてある。

シミュレーションの結果は大きく3つに分かれる（図C4-2，図C4-3，図C4-4）。それぞれの図のグラフの横軸は世代，縦軸はケーキ受け取り量の平均値と標準偏差である。図C4-2はある世代から後は，平均値が50ピース，標準偏差

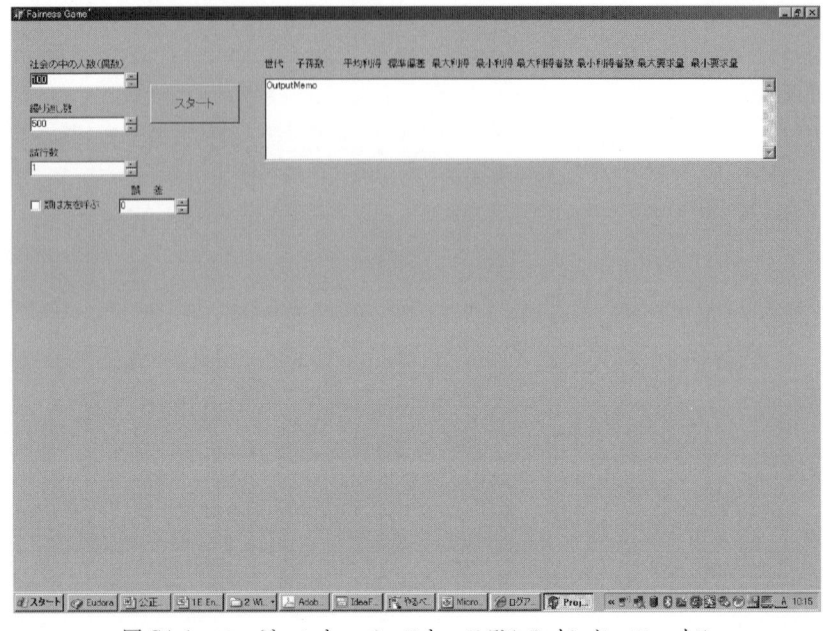

第Ⅱ部　モダニティからグローバリティへ

図 C4-1　エージェント・ベースト・モデルのインターフェイス

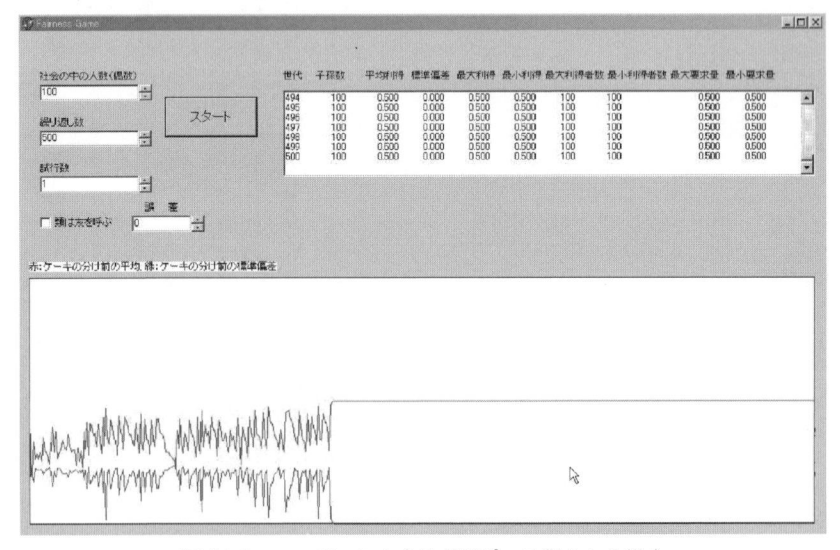

図 C4-2　エージェント全員が50ピース得られる場合

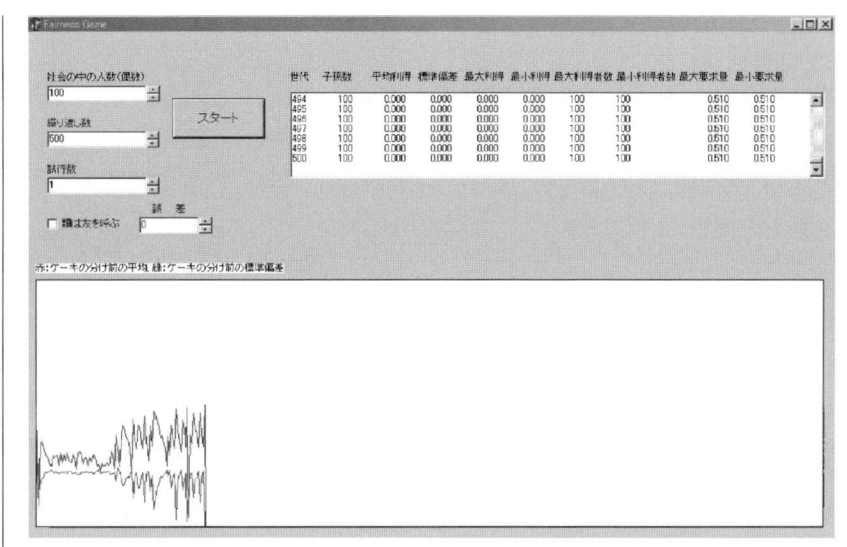

Column 4 公平な分配はいかにして社会に広がるのか？

図 C4-3 エージェント全員が 0 ピースしか得られない場合

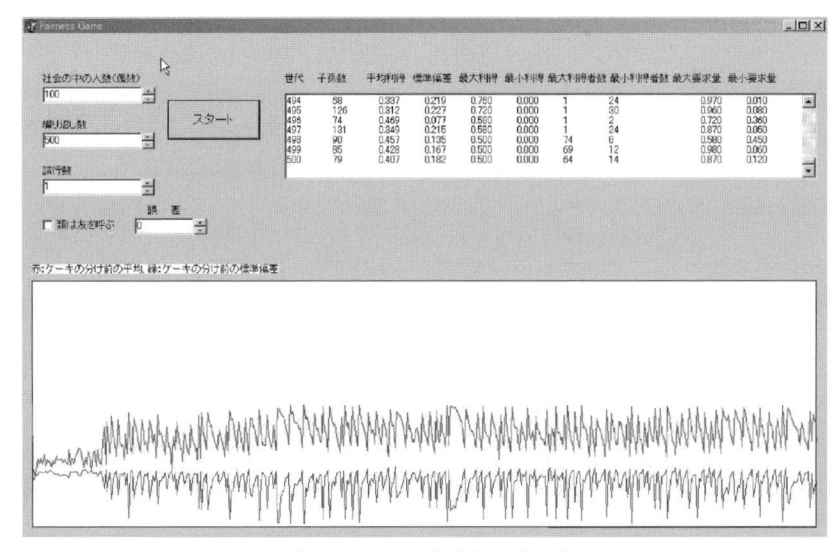

図 C4-4 ケーキ受け取り量の平均値と標準偏差が振動する場合

が0であることを示している。つまり,エージェント全員が50ピースを受け取っている状態である。このとき,すべてのエージェントは50ピースを要求している。つまり公平な分配が実現している。

これに対して,図C4-3は,ある世代から後は,平均値が0ピース,標準偏差も0である状態を示している。また図C4-4は,図C4-2や図C4-3と異なり,平均値も標準偏差も振動して収束しない状態を示している。

これらの3つの結果のうち,図C4-4のように収束しない結果がもっとも多く生じる。このことは,このエージェント・ベースト・モデルが現実の社会を説明できないことを意味する。

そこで,「類は友を呼ぶ」チェックボックスをチェックして,ケーキ要求量が同じエージェントをペアにするようにした。そうすると,図C4-2のように平均値が50ピース,標準偏差が0の状態が多く生じるようになった。このことは,公平な社会の実現に必要な条件のひとつとして,人々が自分と共通した特性をもった人と付き合う傾向があることを示唆する(Skyrms 1996)。

エージェント・ベースト・モデルの可能性

ここで紹介したモデルはたいへん単純なものだが,公平社会の実現について原理的な考察を可能にする。社会科学において,今までは社会調査と実験室実験が理論の経験的妥当性を検証する主な方法だった。エージェント・ベースト・モデルは第3の方法と考えることができる。従来の方法のように現実のデータと理論をつきあわせるわけではないが,理論にもとづいて社会の動態を理解するのに適した方法である。とりわけ,マクロな社会的要因がエージェントレベルのミクロな社会過程にどのような影響を及ぼし,ミクロな社会過程がどのようにマクロな社会的結果を生み出すのかを分析するのに適している。エージェント・ベースト・モデルは社会科学研究におけるあらたな可能性を示している。

追記

本稿は,『学術の動向』2012年2月号掲載の「公平な分配はいかにして社会に広がるのか——公平な分配とシミュレーション」を加除して転載したものである。

文献

Skyrms, Brian, 1996, *Evolution of the Social Contract*, Cambridge University Press.

第**13**章

グローバル化社会の理論社会学

黒石　晋

1　均等化と不均等化

　人々の欲望が結びつき，絡み合いながら全地球を覆いつくしてゆく社会現象，すなわち「グローバリゼーション」は，逆説的にも，世界に「均等化」と「不均等化」を同時にもたらしている。交通や通信といった「手段的」な面において，世界は均等化に向かっているようにみえる。途上国にも大陸の奥地にも道路が通じ，今や携帯電話やインターネットが到達している。世界中で英語が標準語化し，共通の決済通貨として米ドルが用いられている。だが他方，それらを手段として利用しつつ，実際にその中を流れるモノやカネ，情報といった「資源（＝内容物）」の方は，ある特定の場所や特定の人々に集中していく傾向がますます顕著になっている。富はますます一部の人々や地域に集中している。「知る–知られる」の関係において，「知る」の側に立つ人々はよりいっそう限られてきているようにみえる。そしてこの相反するふたつの動きはともに，世界を覆い尽くし世界中に蠢く人々の巨大な欲望が，長い時間をかけて開拓し，相互接続し，自己組織化した結果なのである。

　本章では，前半においてこうしたグローバル化した社会に特有の現象である「手段の均等化」と「内容物の不均質化」が，どのような構造運動の所産であるかを「リゾーム」の仮説によりつつ論じてみたい。そして後半においては，その特有の構造運動を前提に，たとえば「開発–低開発」，「ハードカレンシー

とローカル・カレンシー」等々にみられる不均等な現象がどのようなカラクリによって生じ，自己組織化していくのかを，〈群知性 swarm intelligence〉や〈多様性 diversity〉といった新しいシステム論の視点から解釈する。これらのあらたな論点はシステム理論においてもいまだ研究途上のものであり，本章での行論も確証というより，せいぜい観点の呈示といった程度のものにとどまるだろう。だがこれによって従来「支配-従属」「搾取-被搾取」「不等価交換」といった古い左翼的視点(2)から論じられてきた問題に，新たな理解をもたらすものと信ずる。また，機能主義とともに葬られた観のある「制御システム」の視点が，あらたな衣をまとって蘇る可能性を検討したい。

2　グローバル化社会の構造
―その過程と実在―

構造運動への視角 ―― 欲望とリゾーム

　私見によれば，現状においてグローバリゼーションという社会変動を事実に即し感性を駆使して記述する研究は多々あるが，それがなぜ，どのような機序によって生成しどのように作動するのかを原理論に即して構造的に説明しようとした理論社会学的研究は，さして多く見受けられない。等価交換を前提とする市場理論では，そもそも，問題とすべき「不均等化」を扱えるように思われない。イマニュエル・ウォーラーステイン（Immanuel Wallerstein）の世界システム論は数少ない成功例に挙げられようが，理論的緻密性においてまだまだの感がある。グローバリゼーションの原理論は困難なのだ。

　グローバリゼーションの原理論が困難な理由のひとつは，グローバリゼーションを理論化しようとすれば，考えうるもっとも大きな社会（全地球的なスケールの社会）を，しかももっとも複雑な社会を理論化しなければならない，という宿命にあるといえるだろう。社会学の出発点は基本的に人間諸個人（最小値）であるが，「人間-社会」という関係性において，グローバル化した社会は社会の側の最大値を占めるからである。伝統的な方法論的個人主義ではもっと

第13章　グローバル化社会の理論社会学

も手ごわい対象といえよう。

　以上の困難を回避すべくここで提起するのは，ドゥルーズ＝ガタリ（Gilles Deleuze et Félix Guattari）の所論である。すなわち，人々の〈欲望〉を出発点としつつ，そういった人々の"欲望の連鎖"が細長く繋がって形成される「リゾーム」を分析単位とする理論（ポリマーの理論と言ってもいい。筆者はこれをかつて〈リゾーミック・システム〉と称した）である。

　こうして本章では，グローバリゼーションを「欲望に主導された巨大な社会現象」ととらえて，基本的にドゥルーズ＝ガタリの「リゾーム」によりつつ構造的把握を試み，その結果を，数少ない本格的なグローバリゼーションの理論及び記述と見込まれるウォーラーステインの「世界システム論」に重ね，対照してみる。これにより，グローバルな世界システムにおいて，なぜ，どのように中枢部をもつシステムが生成し，やがて中枢部が世界を制御する（かのような事態）にいたるのかを考察する。

リゾームのグローバル構造

　グローバル化システムのスケールにおいて，典型的なリゾームとして認識されるべきは商人たちの「販路網」「決済網」である。これは，ウォーラーステインが彼の理論枠の中で「商品連鎖 commodity chain」と表現しているものに相当する。紙幅の関係で，このリゾームがどう成立しどう自己組織化するのかという重要な論点はここでは詳述できない。ただ結論のみを図示するならば，図13-1のようになる。

　このように，リゾームに立脚すると，グローバル化社会の基本構造は，〈中核-(半周辺)-周辺〉の「同心円状構造」としてではなく，むしろ〈中枢-末梢〉の「放射状構造」としてとらえる方が良い。そして〈中核-(半周辺)-周辺〉という形での資源の同心円的な不均等分布は，むしろ，この放射状構造が正常に運動した結果としてもたらされるのである。

　こうしてグローバル化社会の構造を放射状にとらえた場合，これを神経系になぞらえてその中心付近を〈中枢系〉，末端付近を〈末梢系〉と呼ぶことにし

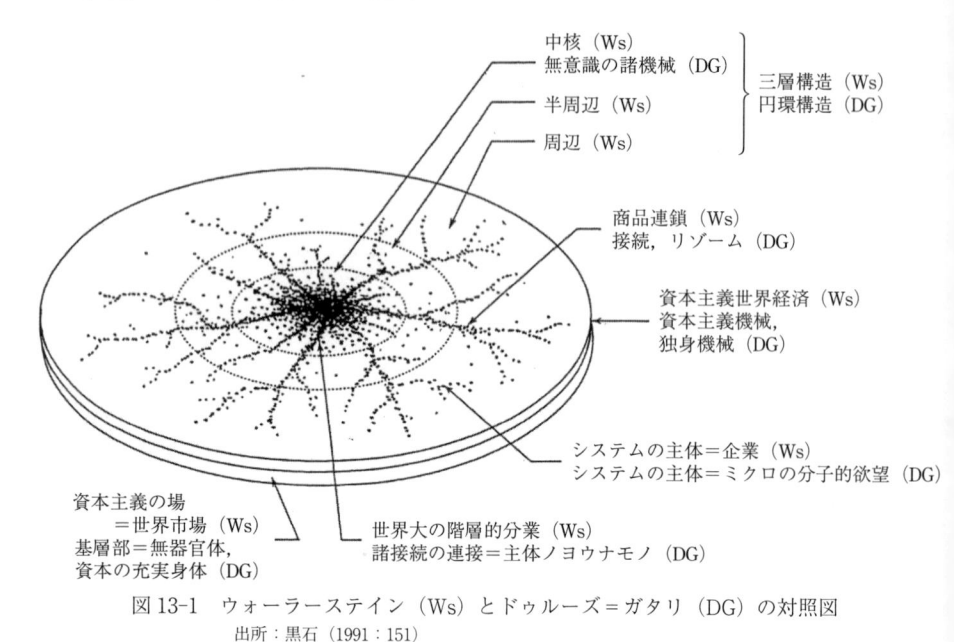

第Ⅱ部　モダニティからグローバリティへ

図13-1　ウォーラーステイン（Ws）とドゥルーズ＝ガタリ（DG）の対照図
出所：黒石（1991：151）

たい。これらの構造は，もとはといえば人々の欲望の集合的挙動に根差したものであり，それゆえにきわめてしぶとく，強靭である。

3　グローバル化社会に出現する「制御システム」としての準・主体

均等な網目状から不均等な放射状へ

　さて，もともと，世界に張り巡らされる大量のリゾーム（販路）は，均等に，縦横無尽に，張り巡らされたはずのものである。だがそれは要不要の点から事後の取捨選択（選択淘汰）を受けて整理され，結果として放射状の構造を残す。つまりこの放射状構造は，それに先立つ「網目状構造」からの選択淘汰によってもたらされる。これがドゥルーズ＝ガタリのいう〈独身機械〉すなわち〈準・主体〉（＝主体ノヨウナモノ）を成立させる一般的メカニズムであり，均等性と不均等性が共存・両立する理由である。

第13章　グローバル化社会の理論社会学

とりわけグローバリゼーションにおける販路・決済網の取捨選択においては，「買い」の側（貨幣の側）が中枢系に集中し，「売り」の側（商品の側）が末梢系に分散的に分布してゆくという著しい傾向をもつ。そしてこのような方向性のある，放射状の構造ゆえ，中枢系（中核）では世界中の末梢系（周辺）から多種多様な商品をますます自在に「買う」ことができるようになり，逆に末梢系（周辺）では地元に特化した単純な商品を中枢系（中核）へ「売る」こと（「買われる」こと）しかできなくなってゆく。このように限られた商品の生産とその「売り」に特化した末梢部の経済が，いうまでもなくモノカルチュアと呼ばれる経済である。モノカルチュア産品は，「自身の消費のために」でなく「売りのために」生産される換金作物であることが特徴である。本章の立場でいえば，モノカルチュアは世界経済の放射状構造の末梢にあらわれる，論理的な帰結である。

　これは旧来，端的に，「中核が周辺を支配し，周辺が中核に従属する」と表現されてきた関係であるが，かかる「支配-従属」ないし「開発-低開発」の関係は，いわゆる「従属論」の論者によってつとに認識されていたことで，新しいものではまったくない。そしてそこではマルクスの影響下に，「不等価交換」による「搾取」という解釈がなされることが多かった。

　だがここでは別の解釈を試みよう。すなわち〈準・主体〉における「制御-被制御」のシステム論的関係（systemic relation）としてとらえることを提案する。

集中的意思決定の不在

　まずここで確認しておきたいのは，国民社会のスケールに必ず見られるような政治的意思決定の中枢機能が，グローバル化した社会には欠けていることである。グローバル化社会は，政治的意思決定の中枢が不在の無政府状態にある。いや，むしろグローバル化社会は，独裁的な意思決定の中枢が成立することを慎重に拒否してきたのだ。つまりグローバル化社会にあるのは明確な「支配-従属」の関係ではないのである。あるのは，世界のあらゆる箇所で「自分は何

275

かが欲しい」と望む欲望のローカルで自由な運動でしかない。

　しかし，それゆえにこそ，そこには「あたかも知性のようなもの」が成立するのではないか。そしてそれが「あたかも中枢として制御しているかのような」状況をつくりだしているのではないか。いや，むしろこういおう。グローバル化した〈準・主体〉の中核部は意思決定のうえで統合されていてはならず，無政府状態でなければならない，と。それはなぜか。

必要多様度の法則——制御のための情報処理能力

　中央集中型の意思決定を行うには，システムのとりうる多様性に応じて，それに匹敵する情報処理能力がなければならない。これが制御の基本原理すなわち「必要多様度の法則」（アシュビーの原理）である。意思決定が行われるとすれば，必要多様度の法則により，「制御者（中核）は，制御対象（周辺）のとりうる状態をすべて把握し計算できる情報処理能力をもたねばならない」。だがそれは相当に単純な条件でしか成立しえず，おびただしい財の流通する複雑な社会ではとうてい不可能であることがわかっている。[13]

　にもかかわらず，グローバル化システムの〈準・主体〉においては，それが巧みにすりぬけられている。できないはずのことがなし遂げられている。それはなぜか。以下にふたつの可能性を見よう。a）群知性とb）多様性を通約する未分化な貨幣である。この2者は，上記した「放射状構造」の帰結としてあらわれる。

群知性と準・主体

　まずひとつには，グローバル化システムが政治的に無政府状態にあり，そこでは判断の「集中的中央知」ならぬ「集合的分散知」が存在しているからである。この問題設定は，かつての「社会主義経済計算論争」の顛末を想起させるものである。社会主義における独裁的中央計画者は，結局この多様度（認知能力・計算能力・判断能力）をもちえなかった。だから社会主義計画は不可能だったのである。それに対して，資本主義の長所としてハイエクが指摘したその

結論がまさに,「知識の分有」であった。知識は分有され,判断は分散していなければならないのである。世界経済におけるこの「独身機械」にあっては,ハイエクが指摘したように,その知性が中核部における多数の商人の間に見事に分散しているのである。

近年のシステム科学で注目されている〈群知性 Swarm Intelligence〉とは,蚊の群れやイワシの群れ,コウモリやムクドリの群れなどに見られるように,個体レベルではローカルで些細な意思決定にすぎぬ運動が,大きな集合体になると全体としてアタカモ「巧妙な意志をもって判断している」カノヨウニ(quasi)振舞う現象をいう。個々の判断はひとつに統合されることなく分散している,しかしそれらが密集し集合している,このような場合に良く見られる現象である。

グローバル化システムの分散的知性とは,一般的には人々の欲望であり,具体的には商人たちである。確かにひとりひとりの商人の知識は小さく局所的で,彼らの個々の判断は些細である。だが個別には小さな意思決定であっても,それらが集合すると巨大な「知性」を生む。これが現代システム理論でいう〈集合知〉として振舞うのである。

こうした「集合的知性」は,ハイエクが「社会主義経済計算論争」の末にたどりついた「知識の分有」や,ウォーラーステインが「世界経済」において強調した「政治的に統合されていない」ことによる,強力な(ロバストな)作動様式なのである。

多様性の縮約——貨幣

それだけではない。世界の取引は物々交換ではなく貨幣決済である。この「貨幣決済」というカラクリが〈準・主体〉の作動に一役買っているのだ。

貨幣とは,選択権の束である(安冨歩)。貨幣はさまざまな商品を選択する権利や能力をもつ。このことは,「貨幣⇔商品」の対峙構図において,貨幣がひとたび成立すれば貨幣の側が優越的選択権をもち,商品の側はそれに対して自分を選択するよう努力する(つまり「営業」の努力をする),という構図を生

み出す。それゆえ一般に貨幣をもつ側の〈買い〉の方が自由でかつ容易であり，商品をもつ側の〈売り〉の方が不自由であり困難である（岩井 1993）。貨幣の側に存する，この「選択」の力を本章では〈選択能 selectivity〉と呼ぶ。

こうして「貨幣-商品」の交換にあっては，それが数値的には等価交換であっても，交換の過程には非対称な「選択-被選択」の関係が隠されている。そしてシステム論的にみるとき，重要なのは交換における「等価／不等価」云々ではなく，「選択-被選択」という関係性にこそある。

しかも貨幣的上流の側が選択能をもつこと（下流がどれでもよいこと，因果的必然性のなさ）により，この構造はきわめてしぶとく，強靭（robust）なものとなる。販路が切断されても別の販路を「選択」しなおせばよいからであり，実際にその選択能をもつからである。

多様性工学

これについて，貨幣の「選択能」と欲望の「未分化性」の関係を見直しておこう。

近年，「多様性工学 Diversity Engineering」という新しく意欲的な工学分野が産業技術総合研究所（産総研：つくば市）の中田亨によって提唱されている[16]。また，サンタフェ研究所のスコット・ペイジ（Scott Page）らは「多様性」と「複雑性」の関係を理論化しようとしている[17]。

中田によると，多様性とは：

- 種類の多さ。品数の多さ。バラエティ（variety）のこと。
- 画一的ではなく，多種多様そろっていることを強調するなら「ダイバーシティ（diversity）」という言葉を使う。
- 「できること」「能力」の多様性は「レパートリー（repertoire）」と言う[18]。

ということであり，また多様性工学とは：

- 何らかの目的のために，多様性を制御する技術。
- そのための，多様性の観測や評価，予測の技術も含む。

というものである（中田 2011）。

貨幣のレパートリーと商品の多様性

　ここで筆者は，「商品多様性をもつ社会」と「それを購入しうるレパートリーとしての貨幣」という概念対を提起したい。

　　　　【レパートリー】　―　【多様性】
　　　　　　貨幣　　　　―　　商品
　　　　　〔貨幣と商品，その対照〕

　筆者の理論的立場によれば，貨幣はヒトの欲望を担う「欲望の社会的媒体」である[19]。欲望は，貨幣を介して，欲望の対象となるものを商品として入手しようとする（商品化する）のであって，そのこと（商品化）を社会が承認している場合，そこに「貨幣と商品」の関係が成立するのだ。この貨幣への「社会的承認」が，「社会的媒体」と述べたゆえんである。そして欲望とは，もともと未分化な心的エネルギーである。つまり，「何かが欲しい，でも何が欲しいかわからない」のが欲望の本来の姿であって，実にこの未分化な欲望のゆえにこそ，ヒトは潜在的に何でも買える貨幣を手に入れておこうとするのである[20]。

　ところで，そのような未分化な欲望を，社会的媒体として貨幣が体現するには，社会の側に帰せられる「条件」が存在する。貨幣が当該社会において欲望のメディアとして十全に機能するには，「何が欲しいかわからない」という欲望の「未分化性」を貨幣が十分に体現する必要があり，そのためにはそもそも「未分化」というにふさわしいだけの「多様な商品」が社会に提供されていなければならないのである。具体的には，「こんなにたくさんの商品があるので，どれを選んだらいいかわからない」という状況にならねばならない。それが「未分化」ということだからである。このように，当該の貨幣社会において貨幣による購入が可能な「商品の種類や価格の広がり・幅」のことを〈商品多様性 diversity of commodities〉という。貨幣が貨幣たるためにはある程度以上の選択能が必要である[21]。これが貨幣の〈レパートリー repertoire〉である。貨幣は，そのレパートリーによって商品多様性を縮約し，商品多様性に対処する

のである。こうして財の多様性を solve（解決，溶解）する貨幣。貨幣決済は煩雑な情報処理の困難を一挙に解決する，簡潔で誤りの少ない方法なのだ。

逆に，社会の提供する商品多様性が限られ，貨幣の選択の幅が小さくなると，「それを欲しがるしかない」「それを欲しがれ」という欲望への抑圧的な条件になってしまうため，貨幣は十全な貨幣として機能しなくなり，ついには〈配給切符 ration coupon〉というべきものへと退化する。社会主義末期のソ連におけるモノ不足状態では，違法な財が地下に流れて，通貨ルーブルではこれを購入できなかった。社会に開かれた商品多様性が失われたため，ルーブルの選択能が失われたからである。このとき，ルーブルに代わってコネによる取引や闇ドルが横行した。

ハードカレンシーとソフトカレンシー

世界中には実に多種多様な貨幣が行われているが，すべての貨幣が同等のレパートリーを有しているわけではない。そして諸貨幣にはこれに応じて公然とした序列があるのだ。ここで，国際決済の場におけるハードカレンシー（hard currency；硬貨）とソフトカレンシー（soft currency；軟貨，またはローカル・カレンシー）の区分を想起しよう。いうまでもなく，ある通貨が自由に外貨と交換可能な場合，これをハードカレンシーといい，自由に交換できない通貨をソフトカレンシーという。

ある通貨がハードカレンシーであるための条件は，必ずしも決定版は存在しないが，割合広く行われているのは，

1) その通貨発行国に多種多様な商品（商品多様性）があり，これらを購入可能なこと
2) 多くの国際的金融機関で当該の通貨が容易に取引され，流通豊富で信用があること

というものである。

ここで，1) によれば，ハードカレンシーとはまさしく多様な商品に対するレパートリーの大きな通貨であり，ソフトカレンシーは逆にレパートリーの小

さい通貨であるといえる。

ハードカレンシーとソフトカレンシーの分布と欲望・欲求

　そしてハードカレンシーは中枢系（中核）に，ソフトカレンシーは末梢系（周辺）に存在分布している。これは，リゾームの放射状構造の原因であり，かつ結果でもある。中枢系にこそ放射状構造に由来する豊かな商品多様性があり，それゆえにレパートリーが（購入可能な財が）多くなるからである。これはそれだけ選択能が生じることにほかならない。そしてレパートリーの多い貨幣にこそ，世界はモノを売りたがる。

　ハードカレンシーの商品レパートリーが大きいことは，それだけ買える商品が多いこと，すなわちそれだけ未限定・未分化である（欲望的である）ことを意味する。またソフトカレンシーの商品レパートリーが小さいことは，それだけ買える商品が限られていること，すなわちそれだけ限定・分化している（欲求的である）ことを意味する。[24]

　しかも中枢では，こうした未分化な欲望のゆえに新奇な行為が繰り返され，その中で「発明・発見」「技術革新」が誘発される傾向がある。欲望とは未知のものを求める心的エネルギーだからである。これによって中枢ではますます多様性が増大し，ハードカレンシーの選択能を強化する。これに対して，末梢では分化した欲求が分布するので，日々のルーティンが繰り返される傾向がある。

放射束を集中させる自己増幅メカニズム

　ここで，「方向性をもった選択権の放射束が中枢に集中してゆく，自己増幅的なメカニズム」について論ずることができる。いったん放射状構造が成立すると，中枢部にそれだけ多様な商品がもたらされる。豊かな商品多様性は中枢部に存する貨幣のレパートリーを増し，それによって選択権を強める（ますます未分化化・欲望化する）。かかるレパートリーの多い貨幣にこそ，世界はモノを売りたがる。それは周辺部のローカル・カレンシーよりもいっそう需要され

るので，周辺部の貨幣を凌駕し周辺商品への購買力を強める。このことが中核への「売り」の販路を強化する。これらの関係には相互に強めあい増幅しあう関係（ポジティブ・フィードバックの関係）があるのだ。

貨幣のカラクリ

　実は，多様な商品に対して未分化である貨幣，言い換えるとあらゆる商品に対してレパートリーをもつ（購入可能である）ハードカレンシー，このハードカレンシーこそが，制御における「必要多様度 requisite variety」の困難を著しく縮約するのである。あらゆる商品に対してこれを許容額だけ払えばよい，と認められた簡潔で万能な選択能，それがハードカレンシーだからである。これが，グローバル化社会における準・主体が情報処理の困難（アシュビーの法則）をすりぬける第二の理由である。

　ところで，数あるハードカレンシーの中でも，とりわけ米ドルは基軸通貨として君臨し，世界中でほとんどあらゆる商品を購入しうるレパートリーをもつ。他方，日本円は世界経済で通常ハードカレンシーとして扱われるものの，石油や主要な穀物に対する購買力をほとんどもたない。それらへのレパートリーがないのである。このような財を購入しようとすれば，日本も含めた世界の諸国は米ドルを外貨準備しておかなければならない。いまや米国本国に流通する米ドルよりも海外で流通する米ドルの方が多いらしいが，この海外の米ドルは，もともとアメリカの貿易赤字（債務）によって海外流出したものだから，本来アメリカ経済に対して購買力をもつのだが，その購買力の多くは行使されない。ドル決済のための外貨準備としてタンス預金されるからである。この構図は，事実上アメリカがドル札の紙切れによってタダで多様な商品を購入した，という結果を生む。ドル札は返済不要の債務なのである。それゆえに，貨幣決済は，とりわけドルによる決済は，等価交換であるにもかかわらず対等交換ではない。

　ドルを筆頭に，ハードカレンシーはかくも法外な地位を認められている。しかもその理由は，「ほかに代わる手段がない」からにすぎないのである。

第13章　グローバル化社会の理論社会学

4　不等価交換による搾取ではない，選択・制御である

制御とは何だったか

　まず制御という概念について確認しよう。これについては日本工業規格（JIS）が〈制御 control〉に定義を与えている。それによると制御とは，「ある目的に適合するように，対象となっているものに所要の操作を加えること」である（JIS Z8116-1972）。

　制御の論理的実際は，

　　①目的をもつ制御中枢が，

　　②対象となるシステムの状態を計測（認知）し，

　　③目的に沿うように選択肢を選択する（意思決定する）

　　④その結果を再度計測し目的と照合する（フィードバックする）

ことである。ここでは「選択する」ことが「制御する」ことを意味する。そして「選択する」側が制御者（controller），「選択される」側が被制御者（controlled system）となる。

　グローバル化システムにおいて，欲望の上流は〈選択能 selectivity〉を有し，下流は〈選択肢 selectables〉と化す。グローバル化システムの中枢系それ自体には，はっきりした目的は存在しない。だが，中枢系は「買い」という行動によって選択を行っており，そこそこよい結果ならばそれを続ける，という消極的な（リゾーム的な）フィードバックにより，買いを継続する。結果的に，アタカモ目的をもつカノヨウニ，準・制御というべき状況が生じることになる。[25]

　世界大の大きさで成立する「貨幣（上流側）→商品（下流側）」の構図において，貨幣サイドに（とくにハードカレンシーのサイドに）選択能がある，ということは，結果としてポリマー＝リゾームの「欲望的・貨幣的上流」（貨幣サイド＝買い）が「貨幣的下流」（商品サイド＝売り）を〈選択する〉，すなわち〈制御する〉という傾向を生むことになる。「制御する」とは，「所定の目的に合うように，所与の選択肢の中から適切なものを選択する」ことだからだ。[26] 選択能

は制御能に等しいのである。ともかく、貨幣のポリマーにおいて「上流が下流を制御する（選択する）」という構図が生まれやすい。ここに、貨幣的上流とは、マクロに見た場合の、欲望の上流ということでもある。

　もちろん、ポリマーを構成する貨幣的接続のひとつひとつにミクロの欲望が介在し、そのことが貨幣の流れを局所的に支えている。その意味では、欲望は均等に配置されているし、個々の局所的交換は等価交換である。しかし大域的にみた場合、貨幣的上流に位置する欲望の方が、より選択能を発揮しうる立場に立つ。貨幣的上流にある欲望の方が、より「欲望らしく」自由に振舞えるのである。そしてこのことは、局所的交換の当事者には気付かれない、マクロの効果なのだ。結果、貨幣的上流の方が「思い通りに」コトを進め、貨幣的下流の側は「思い通りに」はコトを進めえない。比喩的にいえば、上流の欲望が選択能を行使して下流の欲望の多くを「見捨てながら」流れていくからなのである。

　むろん、末梢部とて、バランスのとれた発展を望んでいるのであって、モノカルチュアを望んでなどいない。これは、周辺諸国からすればまったく不健全な事態であり、これこそが「従属」を象徴する、世界システムの特性だ。しかるに、これこそが「中核による周辺の選択・制御」の表れなのである。モノカルチュアとは自身の「選択肢のなさ」の謂いである。末梢におけるローカルな制御（選択）者を、中枢の欲望がグローバルに制御（選択）する。末梢部は、中枢から「選択され制御され続けた」結果、自らの選択能を失ったのである。これが全体を制御するありふれた一般図式なのである。

選択するとは制御するということ

　貨幣と商品との交換は、市場理論的に等価な交換であっても、情報理論的に対等な交換ではないのである。なぜなら、選択権が貨幣の側にあるからであり、交換が貨幣による選択権の行使という性格をもつからである。

　ここで重要なのは、貨幣決済が「等価交換か不等価交換か」、ということではなく、「選択したのか選択されたのか」ということである。つまり、能選択

か受選択か，ということである。なぜなら，大きなシステム運動（systemic movement）の中で，選択するとは「制御する」ということであり，選択されるとは「制御される」ことを意味することになるからだ。

グローバル化した社会では，手段の均等化が資源の不均等化を生む。この不均等は中核が周辺を支配する構図を生みだすが，それは不等価交換が理由ではない。つまりこれは搾取ではない。等価交換であっても，貨幣決済という形でなされるかぎり，それは「選択-被選択」の点において非対等なのである。しかもその非対等は，未分化な貨幣的欲望（選択能，広いレパートリー）が中枢に集中し，それが維持されるという準・主体という基本構造において自己強化される。中枢が世界をコントロールするという構図が生ずる。そしてこの構造を象徴するのが，世界決済メディアとしての「ハードカレンシー」であり，統合されざる商人たちによる分散的・集合的知性（集合知）なのである。

5　「制御」の形式の復権

理論社会学において，社会システムを「制御」の形式でとらえようという立場は，機能主義（とりわけ「構造機能分析」がその代表とされた）の衰退とともに葬り去られたように見える[29]。たしかに，「機能的要件」という形で「制御者」をただ形式的に仮設するのはやはり不自然だし，社会主義の中央計画制御が不可能であることを世に「証明」した「計算量の困難」は論理的事実である。さらに「社会変動」を扱おうとするとき，「制御の屋上屋を重ねる」というトップダウン型の発想は，それだけで論点先取とのそしりを免れない。

だが，にもかかわらず，「集合知」「多様性工学」の視座はこうした「制御システム」の困難に新しい手を差し伸べるのである。とりわけ，グローバル化社会に自己組織化する「独身機械」にこれらを適用する場合においては。かつての機能主義は暗に「国民社会」のスケールに依拠していたが，今日のグローバル化社会では，実際にそれを超えた新しい依拠水準が求められているのである。

結論を確認すると，まず，グローバル化社会においては「機能的要件」のよ

うな中央制御者の「形式的仮設」は不要であり、そこには代わって中核における「商人たちの群集知」が実在概念として措定される。このことは、「中央集中制御」という社会主義の困難をも回避してハイエク的な「分散的知性」を実現し、かつこれによって制御の形式を有効にするものである。

また、「計算量の困難」は、あらゆる財の購入について、中枢が「ハードカレンシーを許容水準だけ支払えばよい」、という単純な選択によってすべてが一挙に対応可能になる。このように、「個々別々に独自の対応を用意しなくてよい」というのが貨幣決済の利点なのであり、まさにその簡潔性のゆえに誤りも少なく、システムがそこそこ存続し機能するのである。

それはまた、「結果的に自己組織化したシステム」(ハイエクのいう自生的秩序)であるから、社会変動における理論社会学的な高次制御の困難(論点先取の困難；difficulty of petitio principii) も存在しない。

わたしはかつて、サイバネティックな自己組織性(制御的秩序)とシナジェティックな自己組織性(自生的秩序)との架橋は、両者の対立的対照としてでなく、「両者の中間にある本来の自己組織性の両端がたまたまサイバネティックな性質とシナジェティックな性質をもつ」という形で理解され、また解決されるべきだと主張した。その「本来の自己組織性」こそ、リゾームである。そしてここでの「制御能(サイバネティック)」の発生は、まさにその中間的システムがその一端に析出する機能なのである。

注
(1) 本章では、「グローバル化」の語を「状態概念」として (globalized の意味で) もちい、「グローバリゼーション」の語を「過程概念」としてもちいる。
(2) 「搾取」の語には、暗に「搾取する側の悪意」が含意されている。しかし、後述する構造のもとで、かりに皆が善意で行動しても、価値の不均等分布が帰結することを見ることになろう。
(3) 彼らはリゾームの理論を「分子的理論」と表現しているが、そこでいう分子とは、2要素からなるような「小さな分子」ではなく、基本単位が延々と繋がって生じる「高分子(ポリマー)的」な分子を念頭に置くということである。また市

場均衡理論が依拠するような，均等・均衡状態を志向する「モル」の理論ではなく，同じ構成要素でも大きな（長大な）構造をもつ「モレキュール」の理論であり，それが伸長し・接続し，組み換えられてゆく変動の理論なのである。

(4) Deleuze et Guattari（1980=1994），とくに第 1 章（「リゾーム」の章），及び Deleuze et Guattari（1972=1986・2006）を参照。筆者はドゥルーズ＝ガタリの所論をシステム論の立場から独自の視点から読み解き，これを一般システム上の一類型として〈リゾーミック・システム〉と呼んできた。黒石（1991：第 3 章，2009：第11章）。

(5) かつて筆者は，黒石（1991）の最終章において，このテーマを論じた。

(6) 黒石（2009：第11章），及び黒石（2013）の該当項目を参照。

(7) Wallerstein（1983＝1985：第 1 章）を参照。

(8) 詳しくは，以下の文献を参照されたい：黒石（1991：第 3 ，4 章，2009：第 3 部）。

(9) こうして対照してみると，ウォーラーステインは世界経済を同心円状に（「中核-半周辺-周辺」と）とらえたのに対し，ドゥルーズ＝ガタリは同様のものを放射状に（「放射状リゾームの連接」と）とらえたのである。黒石（1991：151）

(10) 「網目状構造」は，世界を均等にカバーしようとする。ところが，実用の上ではこれが取捨選択され，「放射状構造」が残余する。これが資源の不均等化をもたらすのである。

(11) 黒石（2009：271）

(12) ウォーラーステインが，世界帝国でなく世界経済であることを強調した論点こそ，これに相当する。そしてこれこそ，グローバル化社会のみにみられる，特有の社会現象なのである。

(13) たとえば塩沢（1990）

(14) 今田ほか編（2011：36-37）

(15) 安冨（2000）

(16) 中田亨によると，「『多様性工学』自体は私の造語であるが，従来の分野の括りで言えば，統計学，制御理論，カオス理論，経営学，経済学，生物学，オペレーションズリサーチなどに該当部分がある」という（中田 2011）。そして中田は，多様性の尺度，多様性をもっとも的確に表す量として〈エントロピー entropy〉を挙げる。このエントロピー概念は情報量をあらわす尺度（単位：bit）としてシャノンによって導入されたもので，その後，生物多様性などの多様性一般をあらわす尺度として拡張され，広く使われている考え方である。なお，貨幣を「選

(17) Page (2011)。
(18) 〈レパートリー repertoire〉の概念は免疫学においても広く一般にもちいられている。免疫学では，環境側に存在する多種多様な病原体（diversity）に対して生命体がどれだけの防御能力を有しているか，つまり病原体への対抗能力（どれだけ多様な抗体を産生する能力があるか）のことを当該免疫系の「レパートリー」というのである。免疫学での，この用法は中田のそれと符合している。原語の発音のままレパトワということもある。
(19) 黒石（2009：127-134）。貨幣は欲求の媒体ではなく欲望の媒体である。
(20) 日本経済が戦後復興期に対米貿易黒字によって米ドルをため込もうとしたのは，まさにこの動機のゆえである。
(21) 安冨歩は，商品多様性を測定する尺度として〈商品エントロピー〉の概念をすでに提案している（安冨 2000：159-165）。なお安冨は選択能ではなく選択権という語をもちいる。
(22) ブダペストに研究の拠点を置き，社会主義経済の矛盾を現地で体験し続けた盛田常夫は次のようにいう。「……製品と価格の差別化が存在しないところには，消費者選択の問題も存在しない。社会主義経済にも貨幣が存在したこと，つまり貨幣による消費財の交換は，選択の存在を意味しない。既述した条件〔引用者注：商品多様性の少なさ〕のなかでは，生産者にとっても消費者にとっても，貨幣はたんなる生活物資配給受取書以上の役割を果たしていないのである」（盛田 1994：82-83）。
(23) 貨幣制度への政治的な介入のリスクがあり，自由な売買が躊躇われる通貨はハードカレンシーたりえない。ロシアのルーブルや中国の人民元がハードカレンシーとして認知されないのは，このことが大きい。
(24) 欲望と欲求との違いや特性については，黒石（2013）の当該項目を参照されたい。
(25) 中枢系の選択の「目的」を強いて考えるならば，それは「生産性の向上」だと考えられる。何らかの選択を行ってみてそれが結果的に生産性の向上をもたらすなら，その選択は支持される。逆に選択の結果が生産性の低下をもたらすなら，その選択は破棄される。これがリゾームの取捨選択をもたらすわけである。ただし事前選択ではなく事後選択であるから，真の意味での「目的」とはいえない。生産性の向上は経済構造の進化であり，これに抗うことは非常に困難である。な

お，この機序は生物進化における「適応度の向上」に相当する。
(26) すでにみたように，JIS（日本工業規格）による〈制御 control〉の定義は，「ある目的に適合するように，対象となっているものに所要の操作を加えること」である（JIS Z8116-1972）。制御の論理的実際は，目的をもつ制御中枢が対象となるシステムを計測（認知）し，目的に沿うように選択肢を選択する（意思決定する）ことである。選択する側が制御者，選択される側が被制御者となる。
(27) 「欲望らしい」とは選択能が大きいこと，つまり選択の余地が大きいこと（選択肢が多いこと，それだけ未分化であること，レパートリーが大きいこと）である。逆に選択能が小さいとは，選択の余地が小さいこと，つまり選択肢が少数に特化分化しているということ（レパートリーが小さいこと，欲求的であること）である。黒石（2013）を参照。
(28) ウォーラーステインは中核と周辺との間に〈半周辺〉というカテゴリーを措定しこれを重視する。これは，「制御の制御」の中間に介在して「『制御の制御』の制御」の構造をつくることにより，制御全体の構造をさらに安定化せしめる。
(29) 直井（2001：189-202）。この論文は日本における構造機能理論の学界における推移を簡潔にまとめ，理論的な検討も当を得ている。私見によれば，機能主義の代表とされた構造機能理論は機能主義の中でも相当に特殊な事例であって，この否定をもって機能主義を否定することにはならない。
(30) このことは，解の「最大値」を求めんとせばシステムに完全情報が要請される，という「完全情報の困難」をも同時に解決する。言い換えれば，システムの存続解は不完全情報下の「許容値」で十分である。吉田民人は卓抜にも機能主義でいう「機能的要件の充足」が実は「許容化基準の達成」にほかならぬと説き，その意義を強調した。吉田（1990：186-196）
(31) 黒石（2009：244）
(32) Imada（2005：27）
(33) 山内・黒石（1987：42）及び黒石（1991：54）

文献

Deleuze, Gilles et Félix Guattari, 1972, *L'Anti Œdipe: Capitalisme et schizophrénie*, Les éditions de minuit.（＝1986，市倉宏祐訳『アンチ・オイディプス』河出書房新社。）（＝2006，宇野邦一訳『アンチ・オイディプス』河出文庫。）

Deleuze, Gilles et Félix Guattari, 1980, *Mille Plateaux: Capitalisme et schizophrénie*, Les éditions de minuit.（＝1994，宇野邦一他訳『千のプラトー』河出書房新

社。)

Imada, Takatoshi, 2005, *Self-Organization and Society*, Springer.
今田高俊・鈴木正仁・黒石晋編著，2011,『社会システム学をめざして』(シリーズ「社会システム学」別巻) ミネルヴァ書房。
岩井克人，1993,『貨幣論』筑摩書房。
黒石晋，1991,『システム社会学』ハーベスト社。
黒石晋，2005,「自己組織理論の現段階——パラダイム転換をめざして」統合学術国際研究所編『複雑系，諸学の統合を求めて』晃洋書房。
黒石晋，2009,『欲望するシステム』(シリーズ「社会システム学」第2巻) ミネルヴァ書房。
黒石晋，2013,「欲望・貨幣・商品・商人」『彦根論叢』(滋賀大学経済学部紀要) 第394号。
盛田常夫，1994,『体制転換の経済学』新世社。
直井優，2001,「構造-機能理論の危機そして没落からの克服」『大阪大学大学院人間科学研究科紀要』27：189-202。
中田亨，2011,「多様性工学 Diversity Engineering」(http://www015.upp.so-net.ne.jp/notgeld/diversityengineering.html)
Page, Scott E., 2011, *Diversity and Complexity*, Princeton University Press.
塩沢由典，1990,『市場の秩序学』筑摩書房。
Wallerstein, Immanuel, 1974a, *The Capitalist World Economy*, Cambridge University Press.（＝1987，藤瀬浩司他訳『資本主義世界経済』名古屋大学出版会。)
Wallerstein, Immanuel, 1974b, *The Modern World-System*, Academic Press.（＝1985，川北稔訳『近代世界システム』岩波書店。)
Wallerstein, Immanuel, 1983, *Historical Capitalism*, Verso.（＝1985，川北稔訳『史的システムとしての資本主義』岩波書店。)
山内康英・黒石晋，1987,「システム理論と秩序の形成」『理論と方法』2(1)：29-44。
安冨歩，2000,『貨幣の複雑性』創文社。
吉田民人，1990,『情報と自己組織性の理論』東京大学出版会。

第14章

グローバリゼーション下での政治的なエスノセントリズム
――進化シミュレーションをもちいた考察――

中井　豊

1　グローバリゼーション下のエスノセントリズム

　資本の自由化，企業の多国籍化，環境問題，IT革命，EUの通貨統合，外国人労働者・移民・難民等の要因を背景に，ヒト，モノ，カネ，情報等が，激しく国境を行き来し，国民国家（ネーション）の枠組みを突き崩しつつある。一方，このグローバリゼーションに対抗するかのように，固有の歴史，文化，民族，宗教を再評価するローカリゼーションの動きも，世界各地で強まっている。市場原理主義を信奉するグローバリゼーションが，規制緩和，外国資本導入，自由貿易協定等を介して，格差問題や雇用問題等の社会不安を先鋭化させ民衆を直撃するのだが，民衆の側はこの不安を取り払い社会問題を解決し得るたしかなアイデンティティと新しい社会システムを模索し始めており，このローカリゼーションの代表例として，エスノセントリズムが台頭してくるとされる（大澤 2007）。
　ところで，グローバリゼーション下では人々が地域を越えて頻繁に交流するのだから，素朴に考えれば文化的な差異が縮まるはずで，ローカリゼーションとは直ちに結び付きにくい。また，代表的持続主義者であるA. スミス（Smith 1986）が主張するように，エスニシティが変化しにくいものであるとしても，これはグローバリゼーション下にあっても固有のエスニシティが維持されることを意味するのであって，そのままエスノセントリズムの台頭につながるもの

ではない。エスノセントリズムの発生に関しては，他のエスニシティと接触することで自らを強く意識するようになるという心理レベルの説明がなされるが，社会レベルでの詳しいメカニズムはよくわかっていない。そこで，本章は，進化シミュレーションを使ったシステム科学的なアプローチによって，グローバリゼーション下のエスノセントリズムの発生を検討してみたい。

　本章では，わたしたちの世界を，協力と非協力が交叉するジレンマに満ちた世界であるとみなす。そして，他者と出会った時，協力（C）か非協力（D）のいずれかを選択しなければならず，皆が協力し合うのが最善であるのはわかってはいるが，協力しても将来協力してもらえるかどうかは何の保証もないので，結局，非協力を選んでしまう，そんな人工社会を準備する。また次に，この人工社会には複数のタグがあって，人間はいずれかひとつのタグをもつと想定しよう（以下，プレイヤーと言おう）。そして，各プレイヤーは，相手のタグとは無関係に同確率で他者と出会うとし，さらに，同じタグを有する他者との出会いが高い利得に直結するものではないと仮定しよう。タグが固有の民族や宗教に対応していると考えれば，この人工社会の人間は，固有のエスニシティ（文化，歴史，宗教）をもつのであるが，彼らは同じエスニシティの他者と頻繁に出会うわけではないし，出会ってもより高い利益を得るわけでもない。つまり，この仮想の世界では，エスニシティの影響から開放された人々が自由に他者と出会い行為し合っている訳で，人々が激しく行き交うグローバリゼーションが貫徹した世界を表現している。そしてそこでは，見知らぬ他者が，つまり信頼に足るかわからない他者が日常的に現れる世界であり，ともすれば不信の連鎖に絡め取られてしまう世界となっている。

　人間はたぶんこのままでは耐えられない。ここで本章では，人々が，他者を「友」か「敵」かに区別するとしよう。近代の政治とは，公正な選挙，秩序の維持，社会保障（格差是正），産業振興等，多岐に渡る機能を意味するが，C. シュミット（Schmitt 1932）は，他者を友と敵に区別する行為が政治の起源であるとし，これを「政治的なるもの」と呼ぶ。本章では，人々が友と敵のコードにしたがってこのようなプリミティブな政治的行為を繰り返す時，どのよう

な戦略が生き残り，どのような秩序が形成されるのかしないのかをシミュレーション実験する。言い換えれば，本章は，グローバリゼーション下において，プリミティブな意味での政治的な考え方がどのような社会を生み出すのかを考察するものである。

　グローバリゼーションとローカリゼーションは多様な文脈をもち歴史依存的な現象であるから，本章のモデルは，乱暴なまでに簡略化され，現実とはかけ離れたものに見えるかもしれない。しかしながら，事象の本質と思われる最小限のロジックだけで構成され，敢えて多様な側面をそぎ落とした理念型の人工社会を構成することで，これがなければ確認出来ないような因果関係を抽出することが可能となる。そしてシミュレーションの結果を，さまざまな理論研究，経験的研究に対する補助線のひとつとして供したい。

2　政治的な一般交換を行う社会

　まず最初に，ジレンマに満ちた世界を，一般交換を通してシュミット的な政治的行為を行うプレイヤーで満たされた人工社会として表現しよう。つまり，わたしたちのプレイヤーは，他者と出会った時に相手が友か敵かを判断する政治的なアクターであって，相手が友の場合は一方的に友好的に振る舞い（助け），敵の場合は一方的に敵対的に振る舞う（助けない）人間であるとする（一方的でその場での相手からのリアクションは考えない）。また以降，「助ける（協力）」をＣ行動と，「助けない」（非協力）をＤ行動と呼び，行為する側を「donor」，行為される側を「recipient」と呼ぼう。そして，donor が recipient を助けた場合，donor にコスト c（c>0）が，recipient に便益 b（b>c）が発生すると考える。以上のような政治的な一般交換を，ギビング・ゲーム（Novak and Sigmund 1998）を参考にして，以下のように定式化しよう（図14-1）。

　Ａ）各プレイヤーは独自の友人リスト（誰が「友」で誰が「敵」か）をもつ
　　　（後で説明するように，この友人リストは模倣を通じて随時更新される）。

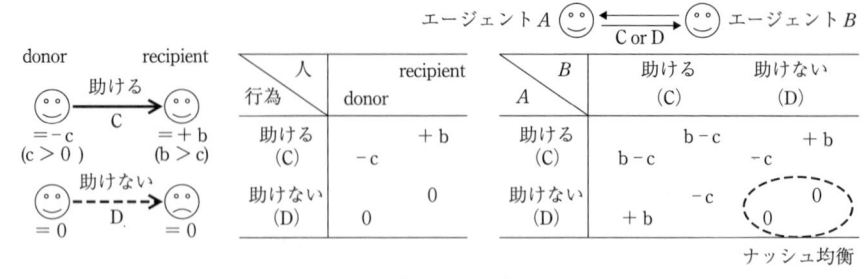

図 14-1　政治的な一般交換の利得

B）1回のゲームで，各プレイヤーは他者とM回ランダムに出会う（以降，このMを遭遇数と言う）。

C）donor は，自らの友人リストにしたがって，出会った recipient が彼の「友」である場合は助け（協力），逆に「敵」である場合は助けない（非協力）。

D）助けた場合，donor はコスト c を支払い，recipient は便益 b を得る。また，助けなかった場合，両者は何も得ず何も失わない（利得は変わらない）。

ここで敢えて，2人のプレイヤーが双方向で行為しあう場合を想定して，このゲームのもつ意味を考えてみよう。この場合，2人の損得の様子は図14-1右のようになるが，b＞c，つまり「少しの手間が大きな人助けになる」と仮定すると，この状況は，まさに2人囚人のジレンマの状態にあることがわかる。つまり，人々が何の知恵もなくただ単に政治的な一般交換を行うのであれば，すべての人がすべての他者を助けない一種のホッブズ状態にいたってしまう。

本章では，このような環境の下で，人々が「友」と「敵」の区別に目覚めてしまったと考えるのだが，区別に目覚めた以上，友人を選別するさまざまな知恵（戦略）が生まれて来るであろう。ゲームの実行の点から考えると，上記のゲームの定義に，そもそも友人リストをどう作るのか，「友」や「敵」の判定の仕方をどうするかが言及されておらず，このままでは実行出来ない。そこで

次に,「友」と「敵」を判定する友人選別戦略を導入しよう。

3 タグと自集団での評判にもとづく友人選別戦略

　簡単にするため,この世界にはふたつのタグ,Blue と Red があるとし,プレイヤーは一度いずれかのタグを付与されたら変更出来ないとしよう。すると世界は,Blue 集団と Red 集団の 2 集団から構成されることになるが,さらに,これらの集団内部において内外を問わずすべての人に対する評判が形成されていると仮定しよう。つまり,出会った他者が自集団のメンバーに過去どう振る舞ったかが集団内で共有され,彼が自集団にとって友好的な人間か敵対的な人間かという評判が形成されていると考える(異なる集団間での評判の交換は考えない。また,ある人に対する Blue 集団と Red 集団の評判は必ずしも一致しない)。繰り返しになるが,本研究の集団は所属することが直接利益に結び付く利益集団ではないが,他者の評判を形成・流通させるいわば世論形成クラブともいうべき存在であって,単なる同一カテゴリーの人の集まり以上の存在である。なお,ネーション形成の諸研究では,ネーションが,人々の交流や接触といった社会的なコミュニケーション(Deutsch 1966)を通じて形成されるとの共通認識があり(山本 2008),本仮定はこれに沿っている。

　さてこのような世界で人が他者と出会った時,他者が自分の友か敵かを人はどのように判断するであろうか。まず素朴に考えて,彼は他者が自分と同集団に属しているかいないかに注目するであろう。そしてまた,自らが所属する集団で彼がどのような評判を得ているかにも耳を傾けるであろう。言い換えれば,他者を次の 4 つのカテゴリーのいずれかに分類するであろう。

A)同集団に属し(同胞で),自集団での評判が良い(自集団に協力的な)他者
B)同集団に属し(同胞で),自集団での評判が悪い(自集団に非協力的な)他者

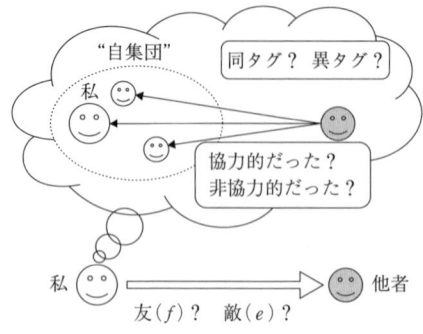

第Ⅱ部　モダニティからグローバリティへ

タグ＼評判	協力的	非協力的
同（同胞）	f or e	f or e
異（異邦）	f or e	f or e

タグと自集団での評判にもとづく友人選別戦略

図14-2　タグと自集団での評判にもとづく友人選別戦略

C) 異集団に属し（異邦で），自集団での評判が良い（自集団に協力的な）他者
D) 異集団に属し（異邦で），自集団での評判が悪い（自集団に非協力的な）他者

そして，このカテゴリーそれぞれに対して，自分にとって友（f）とみなすか敵（e）とみなすかを決めてやれば，理論的には$2^4=16$通りの戦略が出来上がる（図14-2。これらを，「タグと自集団での評判にもとづく友人選別戦略」(Friend Selection Strategies based on Tag and Reputation in Group: FSS-TRGs 戦略）と呼ぼう）。

ここでFSS-TRGs戦略を"XXXX (X=$f$or$e$)"と4ビット列で記述しよう。前半の2文字が同胞に対する戦略を表し，後半の2文字が異邦に対する戦略を表し，この2文字には，ff, fe, ef, eeのいずれかが該当する。ffは自集団に協力的であったか否かに関わらず誰でも友とみなす友好性であり（ALL_C戦略に相当），eeは逆に誰でも敵とみなす敵対性である（ALL_D戦略に相当）。feは自集団に協力的であった他者を友，非協力的であった他者を敵とみなす応報性であるからTFT戦略（Tit For Tat：しっぺ返し戦略）に相当し，efはその逆であるから卑怯者（Coward: CWD）と名付けよう。たとえば，$feee$戦略は，前半の2文字が"fe"なので自集団に協力的であった同胞を友，非協力的であっ

第14章　グローバリゼーション下での政治的なエスノセントリズム

表14-1　タグと自集団での評判にもとづく友人選別戦略

戦略	略称	説明
ffff	CC (ALL_C)	タグや自集団に対する行為とは無関係に誰でも友とみなす戦略。お人好し。
fffe	CT	自集団に対する行為とは無関係に，同胞（同タグ）を友とみなし，自集団に協力的な異邦（異タグ）を友，非協力的な異邦を敵とみなす戦略。対内友好性と対外応報性。
ffee	CD	自集団に対する行為とは無関係に，同胞（同タグ）を友，異邦（異タグ）を敵とみなす戦略。対内友好性と対外敵対性。過激なナショナリスト。
feff	TC	自集団に協力的な同胞（同タグ）を友，非協力的な同胞を敵とみなし，自集団に対する行為とは無関係に異邦（異タグ）を友とみなす戦略。対内応報性と対外友好性。
fefe	TT	タグとは無関係に，自集団に協力的な人を友，非協力的な人を敵とみなす戦略。対内応報性と対外応報性。リベラリスト。
feee	TD	自集団に協力的な同胞（同タグ）を友，非協力的な同胞を敵とみなし，自集団に対する行為とは無関係に異邦（異タグ）を敵とみなす戦略。対内応報性と対外敵対性。厳格なナショナリスト。
eeee	DD (ALL_D)	タグや自集団に対する行為とは無関係に誰でも敵とみなす戦略。意地悪。

た同胞を敵とし，後半の2文字が"ee"なので協力的か否かを問わず異邦をすべて敵とみなす戦略である（対内応報性と対外敵対性）。なお，以降，$ff \Rightarrow C$，$fe \Rightarrow T$，$ef \Rightarrow W$，$ee \Rightarrow D$と置き換え，戦略をよりわかり易く表現しよう。たとえば$feee$戦略は，以降TD戦略と記述される。

さてこの16のFSS-TRGs戦略であるが，卑怯者Wを含む7戦略やDC戦略とDT戦略を，現実の社会に相応の規模で見出すのはむずかしいし，必要以上にシミュレーションを複雑にするべきではないので，シミュレーションの対象から除外しよう。したがって，FSS-TRGs戦略の中で本シミュレーションの対象となるのは，CC戦略，CT戦略，CD戦略，TC戦略，TT戦略，TD戦略，DD戦略の7戦略である（表14-1）。ちなみに，CC戦略とDD戦略は，事実上，無条件に協力するALL_C戦略や協力しないALL_D戦略と変わりないので，以降，ALL_C戦略とALL_D戦略に換えよう。

本章のプレイヤーはいずれかの戦略をもち，他のプレイヤーに対して政治的

な一般交換を行う。そして結果として高い利得を獲得する者や逆に低利得に終わる者が出てくるわけだが，低利得のプレイヤーが最高利得のプレイヤーの戦略を模倣すると考え，この過程を何度も繰り返すことで，どの戦略が優越してくるのかを調べてゆく。

4 エスノセントリズムの進化シミュレーション

以下，進化シミュレーションの手続きを説明しよう（図14-3）。仮想世界は，N人のプレイヤーから構成され，各プレイヤーは（変更できない）固有のタグと（変更可能な）独自の戦略をもつ。1回のシミュレーション（1試行）はラウンドの繰り返しで構成される。各ラウンドは，5つのフェーズ，評判フェーズ，認識フェーズ，行為フェーズ，模倣フェーズ，変異フェーズ，で構成される。評判フェーズでは，各プレイヤーの経験が所属する集団で共有され，すべて（集団の内・外を問わず）のプレイヤーに対する評判が形成される。認識フェーズでは，各プレイヤーは，自集団における他プレイヤーに対する評判を聞き，自身の戦略にしたがって，自身の友人リストを更新する。行為フェーズでは，各プレイヤーはM人の他者とランダムに遭遇し，donorとなった場合，更新した自らの友人リストにしたがって，他者を助けたり助けなかったりする。なお，この社会ではグローバリゼーションが進んでいるのだから，プレイヤーのタグは，他者との遭遇頻度や協力における便益やコストに影響を及ぼさない。模倣フェーズでは，行為フェーズで低利得に終わった下位R％のプレイヤーが挫折し，自らの戦略を破棄し，最高利得を得たプレイヤーの戦略を模倣する（以降Rを模倣率と呼ぼう）。変異フェーズでは，変異率μ_sで，少数のプレイヤーの戦略が突然変異する。0次ラウンドにおける各プレイヤーの戦略はランダムに設定され，また，その友人リストの各成分もランダムに「友」か「敵」に設定される。

ところで，この人工社会は他者の振る舞いに注目する世界なのだから，素朴に考えれば，所属集団ではなく自分自身が他者にどう行為されたかだけに注目

第**14**章　グローバリゼーション下での政治的なエスノセントリズム

図14-3　進化シミュレーションの流れ

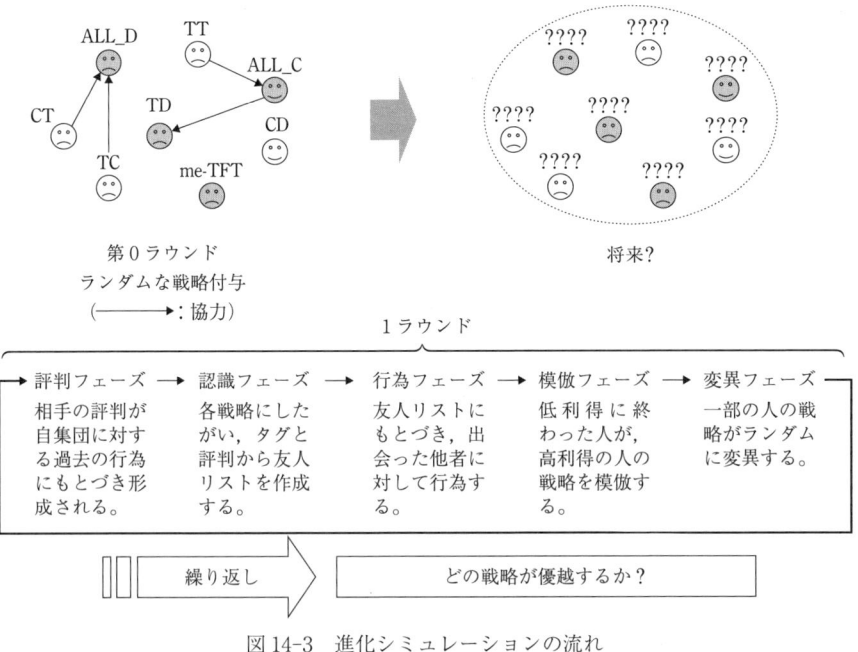

する人々も現れるであろう。そこでシミュレーションに当たっては，友人選別戦略としてはもっとも基本的でシンプルな戦略である次の戦略を加えたい（Nakai and Muto 2008）。

A）me-TFT 戦略：「私」を助けた他者を「友」とみなし，助けなかった他者を「敵」とみなす戦略

本章では，ALL_C 戦略，ALL_D 戦略，CT 戦略，CD 戦略，TC 戦略，TT 戦略，TD 戦略，me-TFT 戦略の，計8戦略で進化シミュレーションを行う。この内，ALL_C 戦略，ALL_D 戦略，me-TFT 戦略の3戦略は，自分が所属する集団や相手のタグに無関心である。つまり，各プレイヤーには，集団に関心を向ける戦略だけでなく，無関心な3戦略も選択肢として与えられることに

なるので，その中から集団に関心を向ける戦略が優越してくるかを調べることになる。

5　3つの均衡状態
―ホッブズ状態，内集団びいき状態，博愛状態―

前述の通り，政治的な見方に目覚めた世界で，友と敵を定める知恵（友人選別戦略）がなければ，万人が万人を助けない状態（ホッブズ状態）に陥ると述べたが，まず最初に，これをシミュレーションで確かめておこう。この場合，友人選別戦略に気付いていない人々は，ALL_C 戦略か ALL_D 戦略のいずれかを選択するしかない。代表的な結果を図14-4に示す。図の横軸はラウンド数，縦軸は友人比率（各 player の友人比率を社会全体で平均したもの）である。友人比率が1.0の場合が完全に協力的な状態に対応し，逆に0.0の場合が完全に非協力的な状態に対応している。この図によれば，友人比率は早々に０％に落ち込んでしまい，誰に出会っても助けない世界が確かに再現されている。

次にここに，友人選別戦略である me-TFT と FSS-TRG 戦略5戦略を投入しよう。図14-5は代表的な友人比率の時系列である。この図によれば，図中のA，B，Cに示す通り，3種類の均衡状態が現れていることが見て取れる。[1]

また次に，図14-6に示す行列形式をもちいて，これら均衡状態においてどのような友人関係が生まれているかを調べた。図14-6の行列の各行は，各プレイヤーの友人リスト（誰が友で誰が敵か）に対応しており，プレイヤー i が j を友とみなしている時，要素（i, j）が白いマスで表現されている（なお，対角成分は自分自身を表しているので白マスにした）。ここでとくに，対角線上に白い正方形が現れる場合に注意しよう。この正方形は，互いに互いを友とみなし合う相思相愛の集団が生まれていることを示している。図14-5の各均衡状態におけるプレイヤー間の友人関係を示したものが図14-7である。

この図を見れば，3つの均衡状態がそれぞれ，以下の意味の，ホッブズ状態，内集団びいき状態，博愛状態に対応している事がわかる。

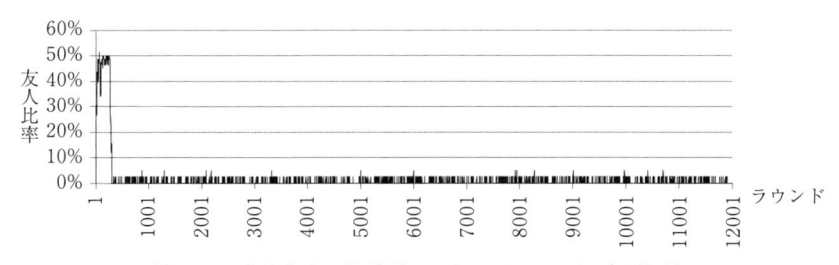

第**14**章　グローバリゼーション下での政治的なエスノセントリズム

図 14-4　友人比率の時系列のスナップショット（2 戦略）
注：人口：$N=40$（Blue エージェント：20，Red エージェント：20），1 ラウンドのゲームに遭遇数：$M=20$，協力のコスト：$C=1.0$，協力効率（便益／コスト）：$B/C=3.0$，模倣率：$R=10\%$，突然変異率：$\mu_s=0.3\%$

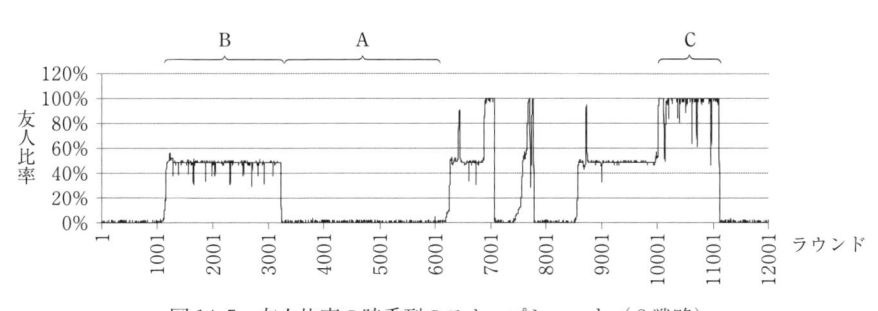

図 14-5　友人比率の時系列のスナップショット（8 戦略）

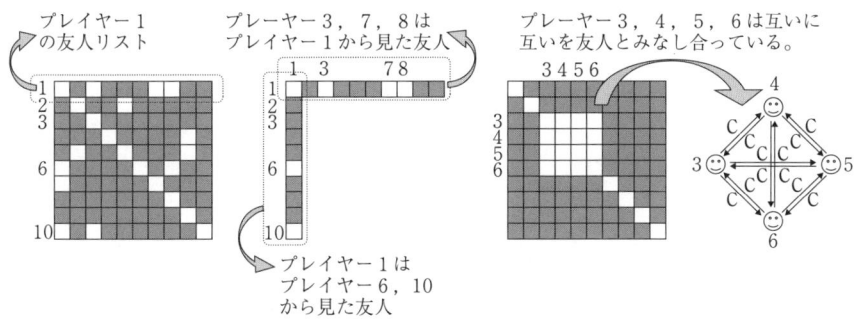

図 14-6　友人関係の観測

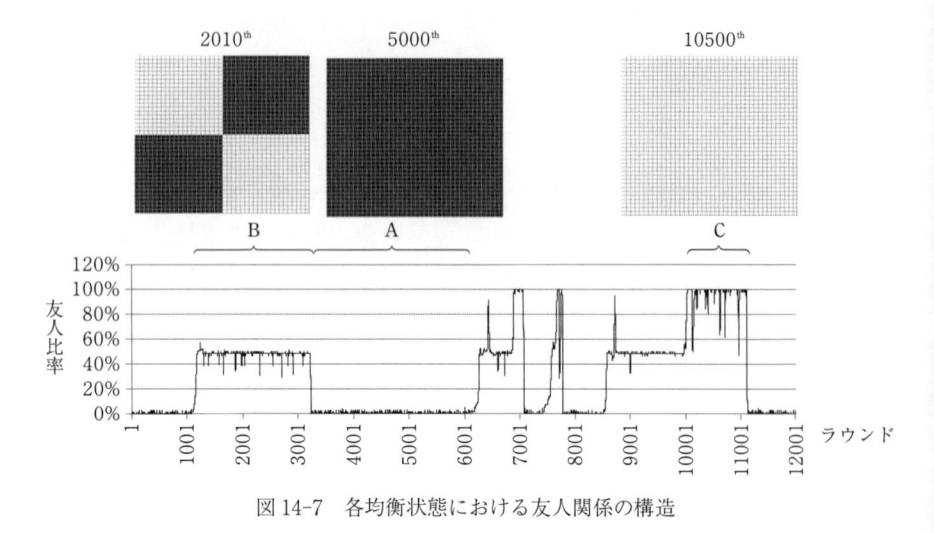

図 14-7　各均衡状態における友人関係の構造

A）図中の均衡Aに対しては，行列全体が黒いことが認められる。したがって，この状態は，タグとは無関係に互いに互いを敵とみなし合っている状態である（「ホッブズ状態」）。
B）図中の均衡Bに対しては，対角線上にふたつの白い正方形が認められる。そして，左上の正方形はBlueプレイヤー同士が，右下の正方形はRedプレイヤー同士が友好的である事を示している。この状態では，同じタグをもつすべての人が互いに互いを友とみなし合っているが，一方，異なるタグ間は，互いに敵対し合っている状態である（以降，「内集団びいき状態」と呼ぼう）。
C）図中の均衡Cに対しては，行列全体が白い。つまり，この状態では，すべての人がタグとは無関係に互いに互いを友とみなし合っている（以降，「博愛状態」と呼ぼう）。

また次に，各均衡状態がそれぞれどの戦略によって構成されているのかを調べた。このためには，各均衡状態別に各戦略の構成比を知る必要があるが，具体的には，90000ラウンドのデータを均衡状態別に仕分け，それぞれの均衡状

第14章　グローバリゼーション下での政治的なエスノセントリズム

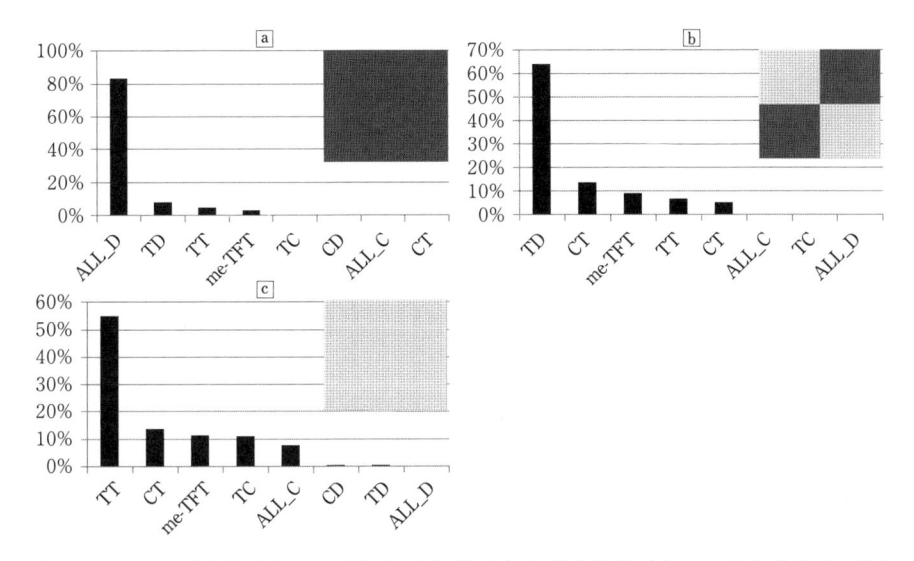

図14-8　ホッブズ状態（a），内集団びいき状態（b）と博愛状態（c）における各戦略の平均構成比
注：仕分けに当たっては，各ラウンドがどの状態にあるかを判定しなければならないが，その判定基準を以下の通りとした。ホッブズ状態：同集団内の平均協力率＜10％＆異集団間の平均協力率＜10％，内集団びいき状態：同集団内の平均協力比率≥90％＆異集団間の平均協力比率＜10％，博愛状態：同集団内の平均友人比率≥90％＆異集団間の平均友人比率≥90％

態に対して戦略別に構成比のラウンド平均を取った。結果を図14-8に示す。

この図から上位3戦略を抜き出すと以下の通りである。

A）ホッブズ状態では，ALL_D 戦略が多数派であり，これに TD 戦略，TT 戦略，me-TFT，が続く。

B）内集団びいき状態では，TD 戦略が多数派であり，これに CD 戦略，me-TFT 戦略，が続く。

C）博愛状態では，TT 戦略が多数派であり，これに CT 戦略，me-TFT 戦略，が続く。

6 エスノセントリズムとリベラル多文化主義の発生

さて,この結果のもつ意味を検討しよう。まず内集団びいき状態だが,この状態は,TD戦略やCD戦略が創り出しているが,その対外敵対性(T"D"やC"D")がエスノセントリズムを想起させる。また,博愛状態は万人が万人に友好的な状態であるのだが,注目すべきは,これが主にTT戦略によって生み出されており,BlueやRedというタグが人々の行為選択に当たって機能していない点である。BlueやRedという集団は消滅することなくたしかに存在していながら異集団に対する排他性が消えており,リベラル多元主義を想起させ興味深い。そしてこのように解釈すると,シミュレーション結果は,「グローバリゼーションが進み他のエスニシティとの接触が増加した世界の中に,自集団の友と敵に注目する政治的な見方が持ち込まれると,世界は,ホッブズ状態に陥るか,エスノセントリズムが台頭するか,あるいは,多文化共生状態に落ち着く」ことを示唆する。

ここで,本モデルのタグは他者の評判を生み出し流通し合う社会的コミュニケーションの境界を示すシンボルであったが,同じタグのプレイヤー間でより頻繁に遭遇するとか,より高い便益を得るといった,具体的な行動や利得に直接結びつかないものであったことを思い出そう。内集団びいきに関しては,最初は高利得をもたらすものか不明であった単なるコミュニケーション上のシンボルが,最終的には,相互協力的な内集団という内実を帯びるにいたったことを示しており,要するに,シンボルが存在するだけで内集団びいきが生み出される点が興味深い。A. コーエン(Cohen 1969, 1974)は,西アフリカをはじめとするさまざまなエスニック集団の研究を通じて,経済的・政治的集団としてエスニック集団が組織化される過程を検討し,シンボルを通じて利益集団が形成されるということを指摘した。本章での結果は,システム科学的な観点から,コーエンの主張を裏付けるものである。

さらにこの結果は,グローバリゼーションが進むと,政治が潜在化していた

固有の民族や宗教に目を付け，それらを，「その深い中身ではなく彼我を区別するシンボルとしてだけ」利用し，民衆を排他的な互助集団に組織する可能性を示している。[3]この事態は不幸である。政治の側では，冷めた眼で固有の民族,宗教，歴史等を利用し，相互協力なゲゼルシャフトを運営しているだけであるのに対し，民衆の眼にはこの集団が血や魂にもとづく本質主義的な共同体であるかのように映り，それが大規模な紛争勃発のリスクを高めるからである。

一方，博愛主義に関しては，グローバリゼーション下で必ずしもエスノセントリズムのみが現れるわけではなく，リベラル多文化主義が生まれて来る可能性も示唆している。この状態では，政治的な判断はエスニシティとは無関係になされ，他のエスニシティに対する排他性が消え，一方で，各々のエスニシティ自体は消滅せず存在しており，政教分離のような意味で望ましい状態が生まれている。グローバリゼーションの進展は固有の文化を破壊するとの見方もあるが，本章での結果は，グローバリゼーションが多文化共生の苗床としての積極的な意味をもち得る可能性を示している。しかしながら楽観出来ない。本研究は，自集団の友と敵という政治的なコードが原理的にどのような秩序を形成するかを調べるための理念型研究であって，多くの前提が現実の社会とは異なっている。とくに，遭遇頻度や協力がもたらす便益がタグに依存しないという仮定には留意する必要がある。グローバリゼーションが進んでゆくとは言え，この仮定が完全に成り立つとは考えにくい。現実には，同一タグ間の協力は比較的頻繁に起こるだろうし効果も高くあり続けるだろう。とすれば，リベラル多文化主義の発現がより抑制されることになる。[4]

注

(1) 本モデルは，ホッブズ状態，内集団びいき状態，博愛状態の3つの状態をもっており，偶然戦略を変える人が現れるという出来事をきっかけに（突然変異），社会全体がこの3つの状態の間を遷移してゆく（3つの状態間の遷移には順番は認められない）。

(2) 筆者の知るかぎり，内集団形成に関する数理モデルはいずれも homophily（同類選好），つまり，同じタグをもつ者同士は異なるタグをもつ者との間より頻繁

に接触をもつと仮定する（Macy and Skvoretz 1998: Orbell, Zeng, and Mulford 1996）。
(3) このシナリオは，自国の団結を高めるため政治がナショナリズムを煽るというわたしたちの直感によく符合する。
(4) 言い換えれば，本章の結果は，文化面以外でタグ間の差異を無くしてしまうまで人々の接触が激しくなって初めて多文化共生の余地が生まれてくるとも解釈できる。

文献

Cohen, Abner, 1969, *Custom and Politics in Urban Africa*, Routledge & Kegan Paul.
Cohen, Abner, 1974, *Two-Dimensional Man: An Essay on the Anthropology of Power and Symbolism in Complex Society*, University of California Press.
Deutsch, Karl W., 1966, *Nationalism and Social Communications, 2nd ed.*, MIT Press.
Ekeh, Peter, 1974, *Social Exchange Theory: The Two Traditions*, Harvard University Press.
Ellemers, Naomi, Ad van Knippenberg., de Vris Nanne, and Henk Wilke, 1988, "Social identification and permeability of group boundaries," *European Journal of Social Psychology*, 18: 497-513.
Macy, Michael and John Skvoretz, 1998, "The evolution of trust and cooperation between strangers: a computational model," *American Sociological Review*, 63: 638-660.
Nakai, Yutaka and Masayoshi Muto, 2005, "Evolutionary Simulation of Peace with Altruistic Strategy for Selected Friends," *Socio-Information Studies*, 9 (2): 59-71.
Nakai, Yutaka and Masayoshi Muto, 2008, "Emergence and Collapse of Peace with Friend Selection Strategies," *Journal of Artificial Societies and Social Simulation*, 11(3).
Novak, Martin and Karl Sigmund, 1998, "Evolution of indirect reciprocity by image scoring," Nature 393：573-577.
Orbell, John, Zeng Langche, and Matthew Mulford, 1996, "Individual experience and the fragmentation of societies," *American Sociological Review*, 61: 1018-1032.

第14章　グローバリゼーション下での政治的なエスノセントリズム

Sachdev, Itesh and Richard Y. Bourhis, 1985, "Social categorization and power differentials in group relation," *European Journal of Social Psychology*, 15: 415-434.
Schmitt, Carl, 1932, *Der Begriff des Politischen*, Dunker and Humblot.
Smith, Anthony D., 1986, *The Ethnic Origins of Nations*, Blackwell.
大澤真幸，2007，『ナショナリズムの由来』講談社。
山本和也，2008，『人工社会の可能性02――ネーションの複雑性』書籍工房早山。

あ と が き

　本書は，日本学術会議の社会学委員会の中に設置された社会理論分科会の研究活動を基盤にして，構想・執筆されたものである。

　第20期の日本学術会議（任期は，2005年10月から2008年9月）の社会学委員会は，2006年秋より，社会理論分科会を設置し（世話役は，学術会議会員の今田高俊氏と，同連携会員の厚東洋輔氏），グローバリゼーションを鍵概念として，21世紀社会学の理論的あり方をさぐる作業への取り組みを開始した。社会理論分科会の設置目的は，その出発時点で，次のように表現されている。

　　同時代のトレンドを分析する上で「グローバリゼーション」はキーワードとしての地位を確立した。グローバリゼーションの時代は，しばしば，post-societal era あるいは age of post-modernity と規定され，society あるいは modernity 概念の分析上の無効性が宣告されている。society あるいは modernity は，従来の社会理論の骨格を支える基礎概念であった。グローバリゼーションのもとでは従来の社会理論は失効するということなのか。社会理論が復権するには，society あるいは modernity という基礎概念のディコンストラクションから始めることが必須不可欠といえよう。問われるべきは，21世紀において社会学のアイデンティティはどのような方向に向かって変容される必要があるのか，ということである。（社会学委員会資料）

　このような問題意識を背景に，社会理論分科会は定期的な研究会を続け，2008年8月2日には，シンポジウム「公正な社会を求めて――グローバル化する世界の中で」を開催した。その内容のエッセンスは，学術会議の機関誌『学

術の動向』2009年1月号に掲載されている。

　引き続き，第21期の日本学術会議の社会学委員会（任期は，2008年10月から2011年9月）においても，社会理論分科会（宮島喬委員長，友枝敏雄副委員長）が組織化され，前期の議論を継承すると共に，その中にグローバリゼーション小委員会，モダニティ小委員会，シミュレーション小委員会を設置した。そして，学術会議社会学委員会は，2010年10月7日には，日本社会学会大会（名古屋大学）において，日本社会学会との共催シンポジウム「グローバル化する世界——何を問題とするか」を開催した。さらに，社会理論分科会は2011年9月17日には，日本社会学会大会（関西大学）において，特別セッション「社会的なるものの復権——あらためてモダニティを問う」を開催し，議論の蓄積を図ってきた。引き続き，2011年10月からの第22期学術会議においても社会学委員会の中に社会理論分科会を設置し活動を継続している。

　この間，2011年3月11日には東日本大震災が起こり，未曾有の原発災害が日本社会に衝撃を与えた。震災は日本社会のあり方に対する根本的反省の必要を突きつけるものである。東日本大震災は「災害の社会学」に多くの課題を投げかけるものであるが，震災の有する意義と震災が日本社会に投げかけた課題については，それを超えて，社会学のより広範な諸分野における取り組みを要請するものである。この時，グローバリゼーションという視点からの社会と社会学への自己反省は，震災を契機にした日本社会の自己反省に不可欠な視点を提供する。それと同時に，大震災の意味は，グローバリゼーションの進行と関係づけつつ読み解いていかなければならない。社会の危機は，社会学の自己革新の機会でもある。本書は，このような状況の中での現在の社会学の革新のためのひとつの試みとも言える。それが，どれだけの貢献をなしえたかは，読者各位の批評にまちたいと思う。

　本書の企画・刊行にあたっては，2011年3月より，ミネルヴァ書房に協力いただき，担当の編集部涌井格氏との間で，何回もの意見交換の機会を持つことができた。社会理論分科会のメンバー以外にも執筆者を求め，当初は，16章構

あとがき

成案であったが，やむを得ない事情で執筆を断念する者が出たため，現在の形におちつくことになった。この間，構想の再編の過程をねばり強く見守っていただき，本書の刊行まで御尽力いただいた涌井氏に，深甚なる感謝を捧げたい。

2012年11月15日

編 者 一 同

人名索引

あ行

アーリ，J. 58, 59, 73
アサンジ，J. 242
アシュビー，W. R. 276
アドルノ，T. W. 226
アパデュライ，A. 36
アペルバウム，R. 32
石澤博子 70
石橋克彦 126
板木雅彦 34
市野川容孝 196
今田高俊 287
イリイチ，I. 36
岩井克人 278
ウェーバー，M. 250
ヴェーバー，M. 185, 193, 197, 199
上田紀行 59
上野千鶴子 113
ヴェンカテッシュ，S. 212
ウォーラーステイン，I. 216-218, 249, 272, 273, 277, 287, 289
エチオーニ，A. 94
大澤真幸 291
大津留（北川）智恵子 215
落合恵美子 90
オバマ，B. 240
オング，W. J. 252, 254

か行

カースルズ，S. 4
ガーフィンケル，H. 201
ガタリ，F. 273, 274, 287
川島武宜 227
菅直人 127
キツセ，J. I. 201
キテイ，F. E. 108
ギデンズ，A. 4, 165, 169, 170, 189, 191, 198, 199
ギトリン，T. 205, 207, 217, 218
キム・ハクスン（金学順） 113
キムリッカ，W. 3
ギリガン，C. 96
グーテンベルク，J. 233
グールドナー，A. W. 198, 201
クリントン，B. 232
ゴア，A. 232
江沢民 83
厚東洋輔 196, 228
河野哲也 73
コーエン，A. 304
ゴッフマン，E. 219, 220
ゴルツ，A. 36
権田保之助 225
コント，A. 6, 188, 189, 197
今和次郎 225

さ行

作田啓一 227
サッセン，S. 24, 27, 34
佐藤嘉倫 91
サンデル，M. 94, 223
ジェイムソン，F. 256
ジェファーソン，M. 73

ジェファソン, T. 205, 206
塩沢由典 287
清水幾太郎 77
シャノン, C. 287
シュミット, C. 292, 293
シュラーズ, M. 125
上丸洋一 135
ジンメル, G. 225
スカイラムズ, B. 266, 270
スパーク, P.-H. 41
スペクター, M. 201
スミス, A. 291
セン, A. 95

た 行

武川正吾 90
翟学偉 91
ディーヴァス, N. 65
テイラー, J.L. 64
テニエス, F. 197
デュルケム, É. 202, 251
土居健郎 91
鄧小平 235
ドゥルーズ, G. 273, 274, 287
トゥレーヌ, A. 228
ドーア, R. 202
トクヴィル, A. 186
ドゴール, C. 43
富永健一 77

な 行

直井優 289
中田亨 278, 287

は 行

ハーヴェイ, D. 35, 72
バーガー, P. 201

パーク, R. 225
パーソンズ, T. 219, 220, 251
ハイエク, F. 276, 277, 286
ハイデガー, M. 96
バウマン, Z. 32, 211, 212, 214, 217
パットナム, R. 207, 215, 216
濱口惠俊 91
早瀬保子 64
原純輔 198
ビュラオイ, M. 203
ファーバー, A. 206
ファインマン, M.A. 106
フーコー, M. 200
福武直 227
布野修司 74
ブラマー, K. 190
フリードマン, T. 58
ベイエン, J.W. 41
ペイジ, S. 278
ベッカー, H.S. 201
ベック, U. 2, 120, 172, 173, 198, 199, 231
ヘブディジ, D. 221
ベラー, R. 94
ベル, D. 228
ヘルド, D. 232
ボードリアール, J. 255
ポスター, M. 254
ホックシールド, A.R. 101
ポラニー, K. 186
ホルクハイマー, M. 226
ボルケンシュタイン, F. 52, 56
ホワイト, W.H. 227

ま 行

マーシャル, T.H. 185
マクルーハン, M. 234, 245, 249
マシオニス, J.J. 190

町村敬志　35
マッキノン，C.　4
マルクス，K.　275
丸山眞男　135, 227
マンハイム，K.　171
ミラー，M.　4
ミルズ，C.W.　227
ムーア，B.　226
メルケル，A.　124
モネ，J.O.M.G.　43
盛田常夫　288
モンデール，W.　208, 209, 214, 215

　　　　や　行

安冨歩　277, 287
吉田謙吉　225

吉田民人　289

　　　　ら　行

ラッシュ，S.　198, 200
ラトゥーシュ，S.　36
リッツア，G.　256
リン，N.　210
リンカーン，A.　205, 206
ルソー，J.J.　186
ルックマン，T.　201
ルフェーブル，H.　35
レーデラー，E.　184
ローティ，R.　218
ロールズ，J.　94
ロストウ，W.W.　166, 226
ロビンソン，W.　32

事項索引

あ行

アーバン・リストラクチャリング 68, 74
愛国主義教育 83
アイデンティティ 31, 207, 212-214
アジアナイゼーション 79, 90
アジア・バロメーター 81, 83, 87, 90
アシュビーの法則 282
アダット（慣習）63
網目状構造 274
アルジャジーラ 239
安全なエネルギー供給のための倫理委員会 125
慰安婦問題 113
域内の地域格差の縮小 43
育児休業 106
依存批判 108
一次理論の疑似二次理論化 201
一般交換 293, 294, 298
移民問題 241
インターネット 83, 85, 230, 237, 239, 242
内集団びいき状態 300, 302-304
ウチ／ソト意識 78
ウリ／ナム関係 78
エージェント・ベース・モデル 266, 270
エスニシティ 210, 211
エスノセントリズム 291, 292, 304, 305
エネルギー技術のシフト 144
エネルギー源の変遷 143
エネルギー資源の分布の不平等 145
円卓会議 123
エントロピー 287
欧州憲法 52
オブジェクト指向言語 267
オルデバル（新体制）64, 65
音声言語 252, 253
温暖化問題 155

か行

階級 195, 197, 198, 209
開教 260
外国人労働者 47
開発主義国家体制 60, 64, 65
外部拡張的 234
ガヴァナンス 128
「科学的知見」の不確実性 129
科学の政治化 121
核家族 195-197
格差社会 30, 31
核兵器 146
過酷事故 128
重なりあう個人 176, 178
過剰都市化 67
家族 195
　　──再結合 47
活版印刷 252
家庭内男女平等 106
『蟹工船』30
環境主義 148
環境制御システム 150
環境的公正 3, 4
環境負荷 153
関係（コネ）81
韓国 88

事項索引

カンポン・フェアベタリング 63
間メディア環境 239
機会構造 140
機械時計 233
技術的確率論的リスク評価 126
規制緩和 21, 38
機能主義 285
ギビング・ゲーム 293
基本的人権 151
9.11 73
旧ユーゴ（スラビア）国際戦犯法廷 112
行 259
『共産党宣言』 183
共生配慮型の社会 96
業績主義 219
共通善 94
共同体主義(コミュニタリアニズム) 94
緊急防護措置計画範囲 134
近代 233
　——国家 210
　——市民社会 227
　——社会の自己認識 77
　——の超克 7, 227
　第一の—— 7, 172-174
　第二の—— 7, 172-174
近代化論 166, 167, 226, 227
クチャマタン 64, 65
グローカライゼーション 8
グローカリズム 93, 97
グローバリズム 39
　反—— 34
グローバリゼーション 79, 85, 87-90, 99, 139, 140, 158, 228, 230-232, 235, 244
　反—— 54
　ポスト近代型—— 194
グローバリティ 5, 231, 233, 234, 240, 243, 246
グローバル化 206, 211, 213, 214, 221, 222, 230,
249
　——EU 55
グローバル・カルチャー 21
グローバルな管理能力 27
グローバル市場 236
グローバル・シティ 22, 24-29, 35, 67
　ポスト—— 67
グローバル資本 34
グローバル性 250
グローバル文化 253, 257, 258, 263
　——圏 8
群知性 277
ケア 96, 97, 178
　——・ドレイン 101
　——の倫理 99
　——（配慮）の倫理 95
計画経済 87
計画的避難区域 127
携帯電話 239
ゲーテッドコミュニティ 68, 74, 211, 222
ケイパビリティ 70
経路依存性 89
原子力 144
　——安全委員会 133-135
　——安全・保安院 133, 135
　——規制委員会 135
　——事故 152
　——発電 146
　——複合体 147
　——防災体制 134
原発事故
　スリーマイル島—— 148
　チェルノブイリ—— 124, 149
　福島第一—— 126
原発震災 126
　福島—— 156
原発の安全設計審査指針 133

317

賢明さ 152
行為の影響の拡大 141
工業社会 122
　ポスト—— 120
公共性 176, 210
公正 3, 154
　——な決定手続き 155
　——な討論機会 155
構造基金 44
公平 155, 265
　——な分配 265, 270
公民権運動 208, 209
コード 256
コーヒーパーティ 241
ゴールデン・トライアングル 66
国際移動における「女性化」 4
国際過剰資本 23, 35
国際結婚 79, 81
国際原子力機関 134, 147
国際社会 77, 80
国際余剰資本 22, 25
国際世論 239
国進民退 89
国民国家 38, 53, 195, 196
　——レジーム 39
国民社会 3
個人化 123, 174
個人主義 176, 210
　——-集団主義 78, 80
戸籍制度 87
国家 244
国会事故調査報告書 134
国家主権の相対化 2
ゴトンロヨン 65, 72
個別主義 217
コミュニタリアン 223
コミュニティ 211, 212, 214, 219, 220

コンセンサスモデル 125
コンピュータ・シミュレーション 266

さ 行

再帰性 122, 130, 136, 169-171
再帰的近代 198
　——化 122, 128
再生可能エネルギー 157, 158
サステイナビリティ 158
サブ政治 121, 129
ジェンダー 192
　——研究 192, 193
シカゴ学派 225
資源枯渇 148
自国己中心主義 144
自己破壊性 147
自主避難 127
市場化 21
市場経済化 85, 88
持続可能性 125, 150
自存化傾向の諸弊害 154
実験室実験 270
実在的文化 259
資本主義市場経済の世界化 1
シミュラークル 255, 256
シミュレーション 255, 256
　進化—— 292, 298, 299
市民イニシアティヴ 54
社会 6, 195, 196
社会学 6
　——のローカル化 78
　アジア—— 90
　家族—— 192
　近代型—— 197
　後期近代型—— 200
　ポスト近代型—— 201
社会関係資本 210

事項索引

社会基金（ESF） 49
社会主義 85, 89
　　──経済計算論争 276
社会調査 270
社会的ジレンマ 152
社会的なもの 183
社会的なるもの 175, 176
社会的ヨーロッパ 49
社会保障 185
　　──制度 49
社会問題 183
ジャスミン革命 237
上海万博 236
集合知 285
自由主義 94
集団主義 210
自由貿易主義 39
住民動員 65, 69
受益圏と受苦圏の分離 153
儒教文化圏 81
熟議デモクラシー 124
主権の委譲 42
循環 150
準・主体 274-277
純粋な関係性 165
使用済み核燃料 127
商品多様性 280, 281, 288
情報格差 238
情報化社会 230
情報統制 237, 238
称名念仏 261
植民都市 61, 63
食物連鎖 129
女性国際戦犯法廷 113
除染 130
進化ゲーム理論 266
シンガポール 87, 88

人種 209
新自由主義 93, 216
シンボル性の記号 252
スプラトマン計画 74
生活の保障 49
正義の二原理 94
正義の倫理 95
制御 283
制御努力 139
　　──の進展 141
　　環境主義による── 149, 151
　　個別主義的── 141, 142
　　システム準拠的── 142, 149, 156
制御問題 147
　　──の提起 141
政治的・経済的覇権争い 145
政治的なるもの 292
生殖ツーリズム 103
精神的近代化 77
政府間主義者 55
生物多様性 150
制約条件 140
西洋-東洋 78
石炭 144
　　──鉄鋼共同体条約 40
石油 144
　　──危機 146
　　──メジャー 145
　　──利権制度 146
ゼノフォビア 51
戦時性暴力 100, 112
選択能 278, 280, 281, 283-285, 288, 289
全電源喪失 133
戦略的エネルギーシフト 156
相互入れ子型 234
創発性 73
ソーシャル・サポート 87

ソーシャルメディア 241
属性主義 219
ソフトカレンシー 280, 281

た 行

タイ 86
第三世界の内部化 45
大衆社会 186
　　──論 227
大西洋憲章 183, 185
第二期五ヶ年計画 63
代理出産 103
台湾 86, 88
多国間主義 39
多国籍企業 29
他者性の導入 95
脱領域化／再領域化 80
多文化主義 205
　　アジア的── 3
タムリン・プロジェクト 63
多様性 278, 280
　　──工学 285
地域経済の活性化 43
地域研究 77, 85, 90
地球環境問題 2, 148, 149
知識の分有 277
チャマット 65
中間技術 71
中国 81, 86-89
　　──企業 88
中心-周縁 237, 244
中心都市 60
中枢系 273, 275, 281
超国家的組織 72
ティーパーティ 241
ディジタル・ディバイド 2
離床（ディスエンベッディング） 1

低線量被爆 129
データアーカイブ 81, 85, 90
デサ 74
デサコタ 68
デジタル情報 257
デジタル・メディア 245
電子メディア 253, 257
天津市定点観測調査 88
電脳投資家集団 59
ドイツ 157
ドゥーリア 110
東京電力 133
統合 42
　　──主義者 55
同心円状構造 273
道理性 156
独身機械 274, 277, 285

な 行

ナショナリズム 89
　　方法的── 33
　　方法論的── 196
ナッシュ均衡 265
難民 48
二次的依存 107
二重基準の連鎖構造 153
二重の解釈学 169-171
日本企業 86-88
ニューリッチ 31
ネーション 291, 295
ネオリベラリズム 32, 93
ネット革命 240
ネットルーツ 241
ネットワーク 211
ネポティズム（身びいき主義） 81
農民工 87

は 行

ハードカレンシー 280-282, 285, 286
VAWW-NET ジャパン 113
バタヴィア 60, 61
パトロン-クライエント 72
　──関係 78
反EU感情 50
反格差社会運動 241
反政府運動 237
パンデミック性 242
反日デモ 83
比較可能性 80
必要多様度 282
　──の法則 276
人の移動の自由 44, 46, 47, 50
ピューリタン 175
　──革命 175
貧困の共有 74
ブーメラン効果 122, 130
フェミニズム 99
不確定性 130
複合社会 61
福祉国家 185
福島原発事故 124
　──独立検証委員会 127
複製技術 233
　機械的── 234
　電気的── 234
不公平 155
2人囚人のジレンマ 294
普通選挙 175
　──権 175
仏教 260
普遍主義 208
プライメイト・シティ 60, 67, 73
フランクフルト学派 226
ブルントラント委員会報告書 2
プロテスタンティズム 233
文化 250, 251
文化戦争 218
文化的なもの 250
『ベヴァリジ報告』 184
北京オリンピック 238
ベネルクス3国 41
封建遺制 227
放射状構造 273, 281
「ポーランドの配管工」問題 52
ポスト開発 67
ポストコロニアル 60, 63, 67, 70
ポストモダニズム 228
ポストモダン 120, 206
　──論 6
ホッブズ状態 294, 300, 302-304
「ボルケンシュタイン指令」問題 52

ま 行

マーストリヒト条約 46, 51
マイノリティ 215, 218, 220
末梢系 273, 275, 281
マレーシア 81
未分化性 279
民営化 21
民主化運動 240
民族浄化 4
無責任の構造 136
無知のヴェール 94
メディアリティ 231, 234, 238-240, 242, 243, 245, 246
メルトスルー 126
メルトダウン 126
免疫学 288
文字 252
モダニゼーション 235

モダニティ　5, 206, 209, 225, 231, 233, 234, 243-246
　　第二の——　122
　　単純な——　122

や 行

友人選別戦略　295, 296, 299, 300
ユーロ危機　53
月嫂(ゆえさお)　101
輸出加工区　29
ヨーロッパ共同体(EC)　39
ヨーロッパ社会基金(ESF)　43
ヨーロッパ人権条約　40
ヨーロッパ地域開発基金(ERDF)　44
ヨーロッパ評議会　40, 42
欲望　273, 279, 281, 283, 284

ら 行

利権資本主義　68
リスク
　　——管理　128
　　——査定委員会　123
　　——の不可視性　123
リスク社会　2, 120, 122, 128
　　世界——　122
リストラクチャリング　67
リゾーム　273, 274, 281, 286
リベラリズム　94, 99

自由主義(リベラリズム)-共同体主義(コミュニタリアニズム)論争　94
リベラル多元主義　304
リベラル多文化主義　305
倫理委員会　123
ルラ　65
レパートリー　278-282, 285, 288, 289
労働力移動
　　向都——　67
　　国際——　81
ロー・インカム・ハウジング　70
ローカリゼーション　8, 58
ローカル性　252
ローマ条約　39-41, 44, 45

A-Z

ALL-C　296, 297, 299, 300
ALL-D　296, 297, 299, 300, 303
Delphi　267
domestic labor　101
EPA　102
EUの東方拡大　51
facebook　239
IMF・GATT体制　23
Occupy Wall Street　241
TFT　296, 299, 300, 303
Twitter　239
WikiLeaks　242
YouTube　239

《執筆者紹介》（あいうえお順，＊は編著者）

井上　俊（いのうえ・しゅん）**コラム3**
　　　1938年　宮城県生まれ
　　　1967年　京都大学大学院文学研究科博士課程中退
　　　現　在　大阪大学名誉教授
　　　主　著　『スポーツと芸術の社会学』世界思想社，2000年
　　　　　　　『武道の誕生』吉川弘文館，2004年

今田高俊（いまだ・たかとし）**コラム1**
　　　1948年　神戸市生まれ
　　　1975年　東京大学大学院社会学研究科中退
　　　現　在　東京工業大学大学院社会理工学研究科教授
　　　主　著　『意味の文明学序説──その先の近代』東京大学出版会，2001年
　　　　　　　Self-Organization and Society, Springer, 2008.

伊豫谷登士翁（いよたに・としお）**第1章**
　　　1947年　京都府生まれ
　　　1979年　京都大学大学院経済学研究科博士課程単位修得退学
　　　現　在　一橋大学名誉教授
　　　主　著　『グローバリゼーションと移民』有信堂，2001年
　　　　　　　『グローバリゼーションとは何か』平凡社，2002年

＊遠藤　薫（えんどう・かおる）**序章・第11章**
　　　1952年　神奈川県生まれ
　　　1993年　東京工業大学大学院博士課程修了
　　　現　在　学習院大学法学部教授
　　　主　著　『社会変動をどうとらえるか1-4』勁草書房，2009-2010年
　　　　　　　『メディアは大震災・原発事故をどう語ったか──報道・ネット・ドキュメンタリーを検証する』東京電機大学出版局，2012年

黒石　晋（くろいし・すすむ）**第13章**
　　　1958年　群馬県生まれ
　　　1985年　東京大学大学院社会学研究科国際関係論専門課程修士課程修了
　　　現　在　滋賀大学経済学部教授
　　　主　著　『システム社会学』ハーベスト社，1991年
　　　　　　　『欲望するシステム』ミネルヴァ書房，2009年

厚東洋輔（こうとう・ようすけ）**コラム2**
　　　1945年　北海道生まれ
　　　1974年　東京大学大学院社会学研究科博士課程中退
　　　現　在　大阪大学名誉教授
　　　主　著　『モダニティの社会学──ポストモダンからグローバリゼーションへ』ミネルヴァ書房，2006年
　　　　　　　『グローバリゼーション・インパクト──同時代認識のための社会学理論』ミネルヴァ書房，2011年

佐藤嘉倫（さとう・よしみち）**コラム4**
    1957年　東京都生まれ
    1987年　東京大学大学院社会学研究科博士課程単位取得退学
    現　在　東北大学ディスティングイッシュトプロフェッサー
    主　著　*Japan's New Inequality*, Trans Pacific Press, 2011.
            『不平等生成メカニズムの解明』（共編著）ミネルヴァ書房，2013年

盛山和夫（せいやま・かずお）**第9章**
    1948年　鳥取県生まれ
    1978年　東京大学大学院社会学研究科博士課程単位取得退学
    現　在　関西学院大学社会学部教授
    主　著　『制度論の構図』創文社，1995年
            『社会学とは何か』ミネルヴァ書房，2011年

園田茂人（そのだ・しげと）**第4章**
    1961年　秋田県生まれ
    1988年　東京大学大学院社会学研究科博士課程中退
    現　在　東京大学大学院情報学環／東洋文化研究所教授
    主　著　『不平等国家 中国』中公新書，2008年
            『中国問題』（共編）東京大学出版会，2012年

＊友枝敏雄（ともえだ・としお）**序章・第8章**
    1951年　熊本市生まれ
    1979年　東京大学大学院社会学研究科博士課程中退
    現　在　大阪大学大学院人間科学研究科教授
    主　著　『モダンの終焉と秩序形成』有斐閣，1998年
            『社会学のアリーナへ』（共編著）東信堂，2007年

中井　豊（なかい・ゆたか）**第14章**
    1957年　神戸市生まれ
    2002年　東京工業大学大学院博士課程満期退学，博士（学術）
    現　在　芝浦工業大学システム理工学部教授
    主　著　"Emergence and Collapse of Peace with Friend Selection Strategies," *Journal of Artificial Societies and Social Simulation*, 11(3), 2008.
            『熱狂するシステム』ミネルヴァ書房，2009年

長谷川公一（はせがわ・こういち）**第6章**
    1954年　山形県生まれ
    1983年　東京大学大学院社会学研究科博士課程単位取得退学
    現　在　東北大学大学院文学研究科教授
    主　著　『脱原子力社会へ――電力をグリーン化する』岩波新書，2011年
            『脱原子力社会の選択――新エネルギー革命の時代［増補版］』新曜社，2011年

＊舩橋晴俊（ふなばし・はるとし）**第7章**
　　1948年　神奈川県生まれ
　　1976年　東京大学大学院社会学研究科博士課程中退
　　現　在　法政大学社会学部教授
　　主　著　『組織の存立構造論と両義性論──社会学理論の重層的探究』東信堂，2010年
　　　　　　『社会学をいかに学ぶか』弘文堂，2012年

　丸山哲央（まるやま・てつお）**第12章**
　　1940年　神戸市生まれ
　　1967年　大阪大学大学院文学研究科社会学専攻修士課程修了
　　現　在　名城大学大学院特任教授，佛教大学名誉教授
　　主　著　『マクドナルド化と日本』（共編著）ミネルヴァ書房，2004年
　　　　　　『文化のグローバル化──変容する人間世界』ミネルヴァ書房，2010年

＊宮島　喬（みやじま・たかし）**序章・第2章**
　　1940年　東京都生まれ
　　1967年　東京大学大学院社会学研究科博士課程中退
　　現　在　お茶の水女子大学名誉教授
　　主　著　『文化的再生産の社会学』藤原書店，1994年
　　　　　　『移民社会フランスの危機』岩波書店，2006年

　牟田和恵（むた・かずえ）**第5章**
　　1956年　福岡市生まれ
　　1987年　京都大学大学院博士課程退学
　　現　在　大阪大学大学院人間科学研究科教授
　　主　著　『ジェンダー家族を超えて──近現代の生／性の政治とフェミニズム』新曜社，2006年
　　　　　　『部長，その恋愛はセクハラです！』集英社新書，2013年

　山田真茂留（やまだ・まもる）**第10章**
　　1962年　東京都生まれ
　　1992年　東京大学大学院社会学研究科博士課程単位取得退学
　　現　在　早稲田大学文学学術院教授
　　主　著　『信頼社会のゆくえ』（共編著）ハーベスト社，2007年
　　　　　　『非日常性の社会学』学文社，2010年

　吉原直樹（よしはら・なおき）**第3章**
　　1948年　徳島県生まれ
　　1977年　慶應義塾大学大学院社会学研究科博士課程単位取得退学
　　現　在　大妻女子大学社会情報学部教授，東北大学名誉教授
　　主　著　『モビリティと場所』東京大学出版会，2008年
　　　　　　Fluidity of Place, Trans Pacific Press, 2010.

グローバリゼーションと社会学
——モダニティ・グローバリティ・社会的公正——

2013年7月15日　初版第1刷発行　　　　　　　　　　〈検印省略〉

定価はカバーに
表示しています

編著者	宮島　喬 舩橋晴俊 友枝敏雄 遠藤　薫
発行者	杉田啓三
印刷者	田中雅博

発行所　株式会社　ミネルヴァ書房
607-8494　京都市山科区日ノ岡堤谷町1
電話代表　(075)581-5191
振替口座　01020-0-8076

Ⓒ宮島・舩橋・友枝・遠藤, 2013　　創栄図書印刷・兼文堂

ISBN978-4-623-06610-0
Printed in Japan

MINERVA 社会学叢書（＊は在庫僅少）

- ① 労使関係の歴史社会学　　　　　　　　　　　　　　　山田信行 著
- ④ 転　　職　　　　　　　　　　グラノヴェター 著　渡辺深 訳
- ＊⑤ 公共圏とコミュニケーション　　　　　　　　　　　　阿部潔 著
- ⑦ 社会学的創造力　　　　　　　　　　　　　　　　　　金子勇 著
- ⑧ 現代高校生の計量社会学　　　　　　　　　　　　尾嶋史章 編著
- ⑨ 都市と消費の社会学　　クラマー 著　橋本和孝・堀田泉・高橋英博・善本裕子 訳
- ＊⑩ 機会と結果の不平等　　　　　　　　　　　　　　　鹿又伸夫 著
- ⑭ ボランタリー活動の成立と展開　　　　　　　　　　　李 妍焱 著
- ⑯ 大集団のジレンマ　　　　　　　　　　　　　　　　木村邦博 著
- ⑰ イギリス田園都市の社会学　　　　　　　　　　　西山八重子 著
- ⑱ 社会運動と文化　　　　　　　　　　　　　　　野宮大志郎 編著
- ＊⑲ ネットワーク組織論　　　　　　　　　　　　　　　　朴 容寛 著
- ㉑ 連帯の条件　　　　　　　ヘクター 著　小林淳一・木村邦博・平田 暢 訳
- ＊㉒ エスニシティ・人種・ナショナリティのゆくえ　ワラス 著　水上徹男・渡戸一郎 訳
- ㉔ ポスト工業化と企業社会　　　　　　　　　　　　　　稲上毅 著
- ㉕ 政治報道とシニシズム　　カペラ・ジェイミソン 著　平林紀子・山田一成 監訳
- ㉖ ルーマン 法と正義のパラドクス　　　　　トイブナー 編　土方透 監訳
- ㉗ HIV/AIDS をめぐる集団行為の社会学　　　　　　　　本郷正武 著
- ＊㉘ キャリアの社会学　　　　　　　　　　　　　　　　辻 勝次 編著
- ㉚ 再帰的近代の政治社会学　　久保田滋・樋口直人・矢部拓也・高木竜輔 編著
- ㉛ 個人と社会の相克　　　　　　　　　　　　　　土場 学・篠木幹子 編著
- ㉝ 地域から生まれる公共性　　　　　　　　　　　　　田中重好 著
- ㉞ 進路選択の過程と構造　　　　　　　　　　　　　中村高康 編著
- ㉟ トヨタ人事方式の戦後史　　　　　　　　　　　　　辻 勝次 著
- ㊱ コミュニケーションの政治社会学　　　　　　　　　山腰修三 著
- ㊲ 国際移民と市民権ガバナンス　　　　　　　　　　　樽本英樹 著
- ㊳ 日本に生きる移民たちの宗教生活　　　　　三木 英・櫻井義秀 編著
- ㊴ 「時代診断」の社会学　　　　　　　　　　　　　　　金子勇 著

―― ミネルヴァ書房 ――
http://www.minervashobo.co.jp/